LES ANCÊTRES DE LA COMMUNE

L'Attentat

FIESCHI

IL A ÉTÉ TIRÉ :

Cinquante exemplaires numérotés sur papier de Hollande.

Prix : **7** francs.

LES ANCÊTRES DE LA COMMUNE

L'ATTENTAT

FIESCHI

PAR

MAXIME DU CAMP

PARIS

G. CHARPENTIER, ÉDITEUR

13, RUE DE GRENELLE SAINT-GERMAIN, 13

1877

L'ATTENTAT FIESCHI

I

PATER IS EST QUEM SCELUS DEMONSTRAT.

Un Livre à faire. — La volonté du peuple. — Capeluche. — Similitude. — La ligue. — La terreur. — La postérité de Caïn. — Indulgence coupable. — La vertu des régicides. — Auguste Blanqui. — Ses états de service. — Les incendies prémédités. — Un lever de rideau. — Le parti républicain en 1835. — Les républicains modérés. — Les révolutionnaires. — Leur république. — Le génie de la liberté. — Quels services les régicides de 1835 auraient rendus à la Commune. — Légende et réalité. — Conseils à demander à l'expérience.

Les Ancêtres de la Commune : Sous ce titre, il y aurait à faire un livre curieux dont tous les éléments sont dispersés dans nos annales; il suffirait de les réunir et de les grouper pour prouver que, plus d'une fois, au cours de notre histoire, des hommes de volonté perverse et d'instincts mauvais ont essayé d'installer à Paris un pouvoir sinistre, analogue à celui dont nous avons été les témoins désespérés en mars, avril et mai 1871.

Les aspirations sont identiques, la formule peut en varier selon les époques, mais le fond est le même ; il n'est pas jusqu'aux mots qui ne se répètent avec une odieuse monotonie. Lorsque, le 22 février 1358, le Dauphin de France, celui qui fut Charles le Sage, vit massacrer à ses côtés les maréchaux de Champagne et de Normandie, il fut obligé de s'entendre dire par Étienne Marcel : « Ce qui a été fait est la volonté du peuple. » Déjà, au moyen âge, la faction révoltée, la bande de l'insurrection et de l'assassinat, absorbait en elle la nation tout entière et se proclamait exclusivement le peuple.

Les maillotins de 1382 ne sont-ils pas, eux aussi, semblables à ceux que l'on a flétris du nom de communards ? Et, le 12 juin 1418, quand maître Capeluche, le bourreau de Paris, mène ses égorgeurs à l'assaut des prisons ; lorsqu'il met à mort les prêtres, les magistrats, les hommes d'armes, sous prétexte que ceux-ci soutiennent le parti d'Armagnac ; lorsque ces hontes sanglantes s'étalent au grand jour, sous les yeux des Anglais qui ravagent la France, ne croirait-on pas assister au meurtre de M. Bonjean, de Mgr Darboy, de M. Deguerry et de tant d'autres gens de bien, meurtre sans excuse possible, accompli en présence des Allemands victorieux qui regardaient brûler Paris ?

Ces aïeux des furibonds sans principe et sans programme qui dirigèrent la Commune de 1871, l'histoire les retrouve pendant la Ligue, à nos plus mauvaises heures, lorsque les bandits malfaisants enivrés de la frénésie des moines, soudoyés par l'Espagne établie au cœur même de Paris, tuent à tous les carrefours, brûlent les maisons et arment Jacques Clément.

L'histoire les voit encore grouiller dans les prinpales journées de la Fronde et rester impuissants, parce que les intérêts qui s'agitent entre les princes ne peuvent descendre jusqu'à eux; mais à la fin du siècle dernier, dès que la Révolution française commence à dévier de sa route, lorsqu'elle veut saisir trop rapidement, et par la force, les conséquences des prémisses posées pendant la fameuse nuit du 4 août, on les reconnaît à leurs œuvres; ils sont aux massacres de septembre; en braillant le *ça ira,* ils escortent les « fournées de la Terreur »; ils applaudissent le 22 prairial lorsque la loi est prise de démence furieuse; en juin 1795, au milieu de la Convention envahie, ils portent la tête de Féraud au bout d'une pique (1). Ces hommes, dont l'histoire a enregistré les crimes, que nos pères ont connus et su-

---

(1) Ce fut Boucher, marchand de vins, qui assassina Féraud, et ce fut Tinel qui porta sa tête; ils furent exécutés tous les deux le 6 prairial an III.

bis avec horreur, nous les avons vus aussi régner dans Paris stupéfait de leur audacieuse bêtise et débilité par les souffrances d'un siége de cinq mois ; nous avons eu à supporter la même phraséologie, les mêmes insanités, les mêmes violences, les mêmes attentats.

Les hommes de 1418, de la Ligue, de septembre 1792 peuvent, à travers l'histoire, embrasser les hommes de 1871 ; ceux-ci sont bien leurs fils légitimes ; c'est la postérité de Caïn.

L'étude que j'offre aujourd'hui au public ne traverse pas toutes ces périodes historiques ; d'autres, plus dignes que moi d'un tel labeur, l'entreprendront peut-être un jour. A chaque heure suffit sa tâche ; je n'ai voulu parler que des faits, pour ainsi dire, contemporains ; je me suis limité à l'histoire dont les témoins vivent encore, et j'ai raconté le grand crime qui domine tout le règne de Louis-Philippe.

Par une étrange perversion morale, on a une certaine propension à user de quelque indulgence envers l'homme qui nuit à la collectivité et à être plus sévère pour celui qui, frappant l'individu seul, ne compromet pas les intérêts généraux. Cette façon de raisonner me semble faite au rebours du bon sens, car l'un me paraît bien plus coupable que l'autre. Troppmann tue sept personnes pour s'emparer d'une cinquantaine de mille francs ; qui donc songerait à l'excuser? Morey, un vieux fanatique obtus, arme, surveille Fieschi, par lui massacre dix-huit personnes, en blesse vingt-deux et cherche à précipiter le pays dans un effroyable bouleversement ; Alibaud tend au même but en essayant d'assassiner Louis-Philippe ; Morey et Alibaud ont des admirateurs ; plus d'un historien sérieux, qu'il serait facile de citer, a chanté leurs louanges et parlé de leur « vertu ». Un homme incendie une maison habitée : il est condamné à mort, par application de l'article 434 du code pénal, et nul n'élève la voix en sa faveur ; des meurtriers, gorgés d'absinthe, versent du pétrole sur nos monuments, détruisent à jamais les documents de notre histoire, fusillent, sous prétexte de représailles, les plus honnêtes gens du pays, et il se rencontre des personnes, — animées d'excellentes intentions, — qui invoquent les circonstances atténuantes, introduisent la question politique là où elle n'a que faire et réclament la clémence au nom de la justice et de la raison d'État : ce qui reviendrait à dire que plus les résultats d'un crime peuvent être ou sont graves, moins le criminel est coupable (1). Je n'ignore

---

(1) Bien des gens croient encore que l'incendie allumé par les communards fut une œuvre spontanée, désespérée et inspirée par les besoins de la défense ; c'est là une erreur que les faits démentent. Le projet était formé depuis longtemps (voir *Procès-verbaux des*

pas que la commisération est une vertu primordiale, mais je sais aussi que les amnistiés de 1837 ont fait les émeutes du mois de mai 1839.

Les rêveries funèbres au nom desquelles les révolutionnaires, par principe, croient avoir le droit de mettre la civilisation à sac, subsistent et ne se dissiperont point parce que toute condamnation méritée sera regardée comme non avenue. Auguste Blanqui a été gracié et amnistié plusieurs fois ; il était derrière Fieschi, il était à l'insurrection de 1839, il était au 15 mai 1848, il était au 31 octobre 1870, il était partout où la destruction sociale essayait son œuvre.

Cet Auguste Blanqui, sorte de Cartouche politique qui aime l'émeute pour l'émeute, comme Lacenaire aimait le meurtre pour le meurtre, est le type même de ces incorrigibles que leur cervelle mal d'aplomb pousse toujours vers les attentats à la sécurité et à la liberté de tous. Le relevé de ses *états de service* prouvera que l'indulgence et la sévérité sont impuissantes à ramener au bien certaines natures dont le trouble psychologique relève des successeurs de Pinel et d'Esquirol. Né le 1er février 1805, à Puget-Théniers, dans les Alpes-

---

séances du gouvernement de la défense nationale, p. 82) ; 27 novembre 1870 : « Un dépôt de 8,000 bombes au pétrole était signalé et *la Ligue républicaine à outrance* avait déclaré que Paris devait être brûlé ou appartenir aux prolétaires. »

Maritimes, Auguste Blanqui a été condamné le 12 janvier 1831, par la cour de Versailles, à un an de prison pour insulte aux magistrats; le 12 janvier 1832, il est condamné, à Paris, pour cris séditieux et complot, à une année d'emprisonnement; le 11 août 1836, il est condamné à deux ans de prison pour fait de société secrète (*Société des familles*) et fabrication clandestine de poudre; il bénificie de l'amnistie du 7 mai 1837 et recouvre la liberté; le 31 janvier 1840, il est condamné à mort par la cour des pairs, pour l'émeute des 12 et 13 mai 1839, qu'il avait suscitée et dirigée; le 4 février 1840, sa peine est commuée en celle de la déportation perpétuelle; la révolution de 1848 ouvre les portes de sa prison; le 2 avril 1849, il est condamné à dix ans de détention pour complot contre la sûreté de l'État (affaire du 15 mai 1848); le 17 juillet 1861, il est condamné à quatre ans d'emprisonnement pour affiliation à une société secrète. Il est le promoteur des tentatives insurrectionnelles du 17 août (1), du 31 octobre 1870 et du 22 janvier 1871; après le 18 mars, quoique absent de Paris, il est nommé membre de la Commune, pour le vingtième arrondissement, par

---

(1) Dans le numéro du 17 septembre 1870 de *la Patrie en danger*, A. Blanqui a revendiqué l'honneur d'avoir provoqué cette tentative insurrectionnelle dont les frais (18,000 francs) ont été faits par un révolutionnaire nommé Granger.

13,859 voix sur 16,792 votants et 20,960 inscrits ; le 29 avril 1872, le sixième conseil de guerre le condamne à la déportation dans une enceinte fortifiée pour participation aux faits du 31 octobre 1870 ; le 27 mai 1872, le jugement est confirmé. Dix-huit années de prison, deux condamnations perpétuelles, une condamnation à mort : voilà, certes, une existence bien remplie.

Parmi les hommes qui ont trôné à l'hôtel de ville pendant l'orgie de la Commune, il en est un chez lequel fut saisie, au mois de janvier 1871, une lettre dans laquelle on peut lire : « La République de 1871 ne sera pas comme celle de 48 et de 93, où ont coulé seulement quelques gouttes du sang des riches ; on tiendra compte, et grand compte, de leurs infamies ; il faut un exemple ; que ce soit la terreur ! Prolétaires, votre tour est venu, levez-vous ! Vous avez des armes, à vous la torche ! Laisserez-vous debout les palais et les châteaux ? Une rue ne sera-t-elle pas tracée à travers les Tuileries et le Louvre ? Le pétrole peut couler au besoin dans les rues de Paris. » Ce même homme que l'on eût pu croire affolé par des circonstances exceptionnellement douloureuses, n'en était point à son coup d'essai en fait de projets pareils. Dans ces années de somnolence générale, qui précédèrent en France la révolution de février, vers 1846, il alla trouver Armand Marrast, qui était alors rédacteur en chef du *National,* et lui dit qu'il avait enfin trouvé un excellent moyen, très-simple et très-pratique, de se débarrasser de Louis-Philippe. A une question de Marrast, il répondit : « Rien n'est plus facile : nous mettons le feu à la grande galerie du Louvre, — la galerie des tableaux, — et, grâce à l'incendie, nous pourrons parvenir jusqu'au roi. » Le vieux dramaturge conspirateur, qui avait imaginé ce dénouement, fut très-surpris lorsqu'il entendit Armand Marrast lui répondre : « Tu es fou ! »

Les hommes de cette espèce, ces porteurs de torches, ces chantres de « la petite balle », ont eu des ancêtres dignes d'eux dans notre histoire contemporaine ; j'ai cherché ceux-ci et je les rencontre dans Morey, dans Fieschi, dans Pepin, dans Boireau, dans tous ceux qui ont préparé, exécuté l'attentat du 28 juillet 1835 ; et je les trouve aussi dans ceux qui, connaissant le plan des assassins, ne l'ont ni déjoué, ni dénoncé, et se sont, au contraire, mis en mesure d'en profiter pour se ruer au pouvoir et réaliser leur cauchemar politique. L'attentat Fieschi est une sorte de prélude lointain de la Commune : en termes de théâtre, cela s'appellerait un lever de rideau.

A cette époque, en 1835, cinq ans après la révolution de Juillet, en pleine monarchie, le titre de républicain n'était point positivement à la mode, et on l'appliquait, à tort et à travers, à des hommes dont le but était différent. Parmi les adversaires de la royauté constitutionnelle, il faut compter d'abord et dégager de toute participation à des faits analogues à ceux de la Commune, les républicains doctrinaires. Pour ceux-ci la forme du gouvernement était la plus sérieuse préoccupation; ils se seraient volontiers accommodés de toutes les allures de la monarchie, pourvu que la dénomination fût républicaine. Ces hommes étaient de simples ambitieux, qui voulaient le pouvoir pour le pouvoir; qui, une fois nantis de la puissance, n'auraient reculé devant aucune mesure réactionnaire afin de le conserver. Ils ont eu leur jour; après la révolution de 1848, le pouvoir leur appartint; à leur tour, ils se déclarèrent « satisfaits » et ne rentrèrent dans l'opposition qu'après l'avoir perdu. Ces hommes, que la locution vulgaire appelle justement des républicains modérés, ont gouverné la France honnêtement, médiocrement, sans éclat comme sans dommage; ils ont été et sont sans périls. Ils savaient assez l'histoire pour ne pas ignorer que tout pouvoir légitime est issu d'une usurpation, et cependant ils ont profité de la violence d'autrui plutôt qu'ils n'ont été violents eux-mêmes.

Il faut bien se garder de les confondre avec les hommes qui rêvent de se saisir brutalement du pouvoir afin de combattre plus facilement la société, qu'ils ont en haine, parce que leur insuffisance n'a pas trouvé à s'y créer une place en rapport avec leur vanité. Ils se soucient fort peu de la forme ; ils évoquent la liberté de tout faire pour eux seuls, l'égalité des autres devant la souffrance, la fraternité de la confiscation et des exécutions sommaires. Nous avons vu les uns et les autres en action, maîtres de la place et cherchant à diriger les destinées du pays ; les premiers n'ont été coupables que d'incapacité ; les seconds sont ceux qui ont chargé la machine infernale de Fieschi et dont nous avons compté les galons, les panaches, les décrets, les incendies et les meurtres pendant la Commune de 1871.

Les uns sont républicains par conviction ou par intérêt ; les autres sont révolutionnaires par tempérament ou par envie.

La République, comme ces gens la comprennent, n'a rien de commun avec celle qui s'est évanouie au coup d'État de décembre 1851, ni avec celle dont la naissance légale date du 25 février 1875 ; c'est là un gouvernement qui ne plaît pas à tout le monde, mais qui offre du moins des garanties derrière lesquelles on peut s'abriter ; le reste, comme dit notre proverbe, est affaire de goût qu'il ne faut point discuter.

La République que les énergumènes ont aperque à travers les songes de leur ignorance et de leur infatuation est un despotisme insupportable, destiné à faire prévaloir de prétendues réformes sociales qui entraîneraient infailliblement la ruine universelle ; ne sachant quel nom donner à ce système de dépression et d'effondrement, ils l'appellent république, à peu près comme la loi du 22 prairial a, en 1794, été appelée une loi pénale. Cette république, dont la trinité pourrait être Marat, Hébert et Babœuf, faisait horreur au temps de mon enfance ; elle avait, dans son passé, les souvenirs de la Terreur, des noyades de Nantes, des mitraillades de Lyon, et cela ne semblait pas suffisant pour la faire aimer ; aujourd'hui, il n'en est plus tout à fait ainsi, et comme elle a inscrit à son avoir l'insurrection de Juin, la Commune de 1871, le massacre des otages, l'incendie de Paris, cela satisfait les plus difficiles. Les uns en parlent avec regret et d'autres avec espérance. On est indulgent pour ces actes horribles ; on plaide je ne sais quel droit de légitime défense, et certaines consciences sont tellement atrophiées, que l'on essaye de réhabiliter ces vulgaires criminels, comme en 1835 et en 1837 on a tenté l'apothéose de Morey et d'Alibaud. Ceci serait puéril, si ce n'était odieux, et si nous ne savions que les gens de la Commune attendent impatiemment ce qu'ils nomment la revanche.

Le supplice de Morey, de Pépin, de Fieschi, n'a découragé ni Alibaud, ni Meunier, ni Darmès, ni Quénisset. La répression de l'insurrection du 18 mars 1871 et de ce qui s'en est suivi n'a fait qu'exaspérer jusqu'au délire des cerveaux atteints d'envie purulente. Il me semble, depuis ces jours néfastes, que le flambeau dont le génie de la Liberté est armé au sommet de la colonne de Juillet a terriblement l'apparence d'une torche incendiaire ; heureusement que le soubassement du monument est assez large pour pouvoir loger une compagnie de pompiers : c'est là une précaution qu'il ne faut point négliger de prendre.

L'attentat de Fieschi, que je vais raconter avec quelques détails, n'a pas été un fait aussi isolé que l'on a bien voulu essayer de le faire croire ; il a eu des prémisses, il aurait eu des conséquences, produites les unes et les autres par l'action des sociétés secrètes, par les prédications régicides où se complaisaient les exaltés de 1835, comme la Commune, sortie des réunions publiques de la fin du second empire, a été le résultat de la propagande ultra-révolutionnaire qui se clabaudait à Paris pendant que les armées allemandes affamaient la ville. Si Fieschi, Morey, Boireau, Pepin et bien d'autres avaient encore vécu à cette époque dont ils furent les énergiques précurseurs, ils eussent trouvé là un théâtre à leur taille et digne du rôle qu'ils auraient aimé à jouer. Morey, homme d'expérience, aurait pu donner d'utiles conseils, et Fieschi, homme d'exécution, eût rendu d'inappréciables services. Que n'auraient-ils pas fait, tous deux, pour bien employer les huiles minérales et les matières explosibles que la science, — trop tardive, — a découvertes depuis leur mort? Ils ne sont plus, ceux que la Commune a dû regretter et dont elle eût si bien utilisé les grandes facultés méconnues par la monarchie; contentons-nous de raconter leur histoire en l'éclairant de toutes les lumières que nous ont prêtées les documents originaux.

Nous oublions vite en France; nous rentrons facilement dans les voies déjà parcourues et où nous avons rencontré les désastres et la ruine. Est-ce parce que nous sommes légers, comme on le prétend? est-ce parce que nous sommes doués d'une mansuétude inaltérable? je n'en crois rien; c'est peut-être, — je le dis tout bas, — parce que nous sommes un tantinet ignorants. La surface des faits nous suffit, nous n'allons pas au fond : — une épouvantable catastrophe se produit, tentative de régicide, qui jette quarante-deux victimes sur le pavé, — chacun est saisi d'horreur; peu à peu l'impression s'efface; on parle de cet « accident »; c'est l'œuvre d'un assassin de profession, d'un « sicaire » isolé; il n'en reste pas plus dans le souvenir. La légende se forme, la tradition s'impose; la corrélation du crime avec les actes antécédents, le but que les assassins avaient entrevu au-delà de l'explosion de leur machine infernale, la cause même du crime et les effets auxquels il espérait atteindre, sont oubliés. Un nom reste, — celui de Fieschi, — chargé de l'exécration universelle, et cela suffit.

Non, cela ne suffit pas; et nous croyons qu'il faut, après plus de quarante ans écoulés, rappeler toutes les scènes de ce drame lugubre afin de demander quelques conseils à notre propre expérience; c'est pourquoi, prenant comme point de départ un souvenir tout personnel, nous avons écrit cette étude qui ne sort pas de nos travaux familiers, car elle a pour sujet un des épisodes les plus émouvants de la vie intime de Paris.

II

LE 28 JUILLET 1835

Anniversaire de la révolution de 1830. — Congé dans les colléges. — Un maître d'études. — Empressement vers la revue. — Le boulevard du Temple. — La foule. — La garde nationale. — Louis-Philippe. — Le cortége. — Le maréchal Lobau. — L'explosion. — La panique. — Auprès du Jardin-Turc. — La maison maudite. — M. Thiers. — Exaspération de la foule. — Le général Colbert. — Girard. — Au collége. — L'œillet rouge. — *Desideratum.*

Sous le gouvernement de Louis-Philippe, il y avait tous les ans réjouissances publiques, feu d'artifice et festoiement général, pour célébrer l'anniversaire de la révolution de 1830. C'était une bonne aubaine, fort impatiemment attendue par les collégiens, au nombre desquels je me trouvais, en 1835, pour longtemps encore, car nous avions plusieurs jours de congé. Le roi devait, cette année-là, passer, le 28 juillet, une grande revue de la garde nationale et de la garnison de Paris, massées dans les Champs-Élysées et sur les boulevards intérieurs, depuis la Madeleine jusqu'à la place de la Bastille. Comme tous les enfants, — je venais d'entrer dans ma treizième année, — j'étais fort amoureux de choses militaires, et il fut décidé que j'assisterais à la revue chez M. L..., conseiller à la cour de cassation, ami intime de ma famille, et qui habitait, rue de Vendôme, n° 10, une maison dont le jardin, bordant le boulevard du Temple, s'ouvrait précisément en face du Cirque-Olympique, que l'on appelait alors le théâtre de Franconi.

Le 28 juillet tombait un mardi; dès le matin, ma mère et moi nous étions montés dans un de ces grands fiacres à six étages de marchepied, qui, à cette époque, trottinaient dans Paris avec une lenteur désespérante, et nous prîmes notre chemin à travers les rues. Je regardais machinalement par la portière, et j'aperçus, place Gaillon, un certain M. O..., qui était mon maître d'études au collége : c'était un assez vilain homme, de face verdâtre, toujours grelottant, invariablement vêtu, hiver comme été, d'un pantalon gris et d'un habit bleu. Nous ne l'aimions guère; il était dur et pédant; mais nous nous en moquions beaucoup, et sans générosité, parce qu'il était le fils d'une fruitière de la rue Saint-Jacques. Je dis : « Tiens ! voilà mon pion ! » Ma mère me demanda : « Où donc est-il ? — Là, répondis-je, il entre dans la rue du Port-Mahon, il a un œillet rouge à la boutonnière. »

2.

Les rues étaient fort animées ; les gardes nationaux, tambours battants et en grande tenue d'été, c'est-à-dire avec le pantalon blanc, se rendaient aux emplacements qu'un ordre du jour avait minutieusement désignés. Tout le monde était en l'air, comme l'on dit. Les gens « endimanchés » se hâtaient vers les boulevards ; le soleil, un vrai soleil de juillet, éclatait sur les maisons blanches. Nous restâmes longtemps en route, arrêtés à chaque pas par les troupes qui passaient, nous détournant parfois pour obéir aux injonctions d'un sergent de ville, et cahin-caha, marchant toujours à travers le dédale de ruelles qui s'enchevêtraient alors entre le quartier de la Chaussée-d'Antin que nous quittions et celui du Marais où nous étions attendus, nous arrivâmes enfin. Je courus prendre mon poste d'observation dans le jardin qu'une forte grille, à barreaux très-espacés, séparait du boulevard. En face, on apercevait le Cirque, les Délassements-Comiques, les Folies-Dramatiques, les Funambules et quelques basses masures qui servaient de cabaret.

La foule encombrait les contre-allées où s'élevaient alors de vieux ormes feuillus ; la chaussée restait à peu près libre pour le mouvement des troupes ; beaucoup de personnes se dirigeaient vers le Jardin-Turc qui s'ouvrait à cent mètres de nous environ, vers la droite. C'était un brouhaha inexprimable; les marchands de coco, agitant une sonnette et portant sur le dos leur lourde cathédrale de zinc, débitaient leur fade boisson; des enfants munis d'une boîte et d'une mèche allumée criaient : Voici, messieurs, des cigares et du feu ! Des femmes en robe de jaconas, avec de grandes manches à gigot, la tête abritée sous d'énormes chapeaux de paille qui avaient la forme d'une capote de cabriolet, les pieds serrés dans des souliers dont les cothurnes noirs s'entre-croisaient sur le bas blanc, passaient aux bras d'hommes vêtus d'habits bleu barbeau et de pantalons de nankin. La foule était très-gaie, très-bruyante, se haussait sur les pieds pour voir arriver les soldats dont la marche soulevait un flot de poussière, car on avait négligé d'arroser la voie publique; le théâtre de Franconi était pavoisé de drapeaux tricolores; à toutes les fenêtres on voyait des têtes; il y avait des curieux jusque sur le toit et les cheminées des maisons.

Peu à peu une sorte de calme relatif s'établit; la garde nationale se rangea sur la marge des contre-allées; les officiers, le sabre à la main, le pantalon tendu par le sous-pied, se promenaient avec importance sur la chaussée, rectifiant un alignement, faisant passer au second rang les hommes dont l'uniforme n'était pas irréprochable et jetant un regard de satisfaction sur leurs pelotons beaucoup plus bourgeois que militaires. Vers midi on entendit au lointain des roulements de ambour et puis immédiatement après battre au champ. Le roi approchait ; chacun se prépara ; on rassura les lourdes buffleteries croisées sur la poitrine, on mit le fusil au repos, près du corps, de façon à pouvoir présenter les armes facilement, au premier commandement donné et l'on attendit. Chacun tournait la tête vers la gauche comme pour apercevoir plus promptement le cortége qui s'avançait au pas, marchant de la Madeleine vers la Bastille.

Je m'étais hissé entre deux des barreaux de la grille, de façon à voir par-dessus la foule. L'état-major qui accompagnait le roi était très-nombreux ; il occupait toute la largeur de la chaussée, sur une profondeur considérable ; en l'évaluant à cent cinquante personnes, je ne crois pas être en dehors de la vérité. Louis-Philippe, portant l'uniforme de général de la garde nationale, passait lentement devant le front de bandière de la huitième légion placée à droite du boulevard ; il montait un cheval gris pommelé, qu'il maniait avec aisance, car il était bon cavalier ; il saluait parfois de la main, parfois du chapeau, lorsque de vives acclamations l'accueillaient.

Autour de moi l'on désignait les principaux personnages du cortége ; j'entendis nommer ainsi le comte Alexandre de Laborde, qui recevait les pétitions, le duc de Broglie, le maréchal Mortier; on cherchait surtout à voir le prince de Joinville, qui, pour la première fois, accompagnait son père dans une cérémonie publique. Je me rappelle avoir vu le maréchal Lobau, que je connaissais : sa face de bouledogue était plus refrognée encore que de coutume; l'uniforme ouvert, la main droite dans le gilet sous le grand cordon rouge, il regardait les fenêtres en fronçant les sourcils. Quelqu'un dit à mes côtés : « Qu'a donc le maréchal? il a l'air d'entrer dans une ville prise d'assaut. »

On avait agité les mouchoirs et les chapeaux, on avait crié : Vive le roi! avec beaucoup d'entrain; le cortége s'était écoulé, il ne restait plus devant nous que la suite des grooms et des piqueurs, lorsque tout à coup retentit une explosion qui me parut composée de trois détonations successives, quoique très-rapprochées les unes des autres. Le spectacle qui frappa alors mes yeux ne sortira jamais de mon souvenir; ce fut un ouragan humain qui se précipita sur le boulevard, en poussant des clameurs dont l'ensemble formait un hurlement confus que dominait le cri aigu des femmes. Des gardes nationaux se sauvaient en jetant leur fusil; des chevaux sans cavalier se démenaient au milieu de la foule emportée; des femmes entraînant des enfants couraient devant elles comme des folles; on s'appelait, on criait : Quelle horreur! Cela ne dura pas une minute, mais ce fut affreux. Précisément devant la grille à laquelle j'étais suspendu, un marchand de coco tomba, renversé dans sa fuite; une femme buta contre lui et fut projetée en avant, les jupes par-dessus la tête; deux ou trois personnes s'abattirent aussi sur eux, et il y eut là, pendant un instant, un inexprimable pêle-mêle. Bien des gens passaient, qui criaient : Arrêtez! arrêtez! comme s'ils avaient été lancés à la poursuite d'un voleur.

Ma mère m'avait ordonné de descendre; je lui avais obéi; toutes les personnes qui se trouvaient avec moi dans le jardin étaient, selon leur caractère, exaspérées ou désespérées; M. L... joignait les mains et disait : « Hélas! il y a donc encore des monstres comme ceux de la rue Saint-Nicaise! » Un domestique accourut et dit : « Le roi est sauvé, mais c'est une boucherie! » A la question : « Et les princes? » il répondit : « Je ne sais pas! » C'en était trop pour ma curiosité; je me faufilai derrière les arbres, je traversai lestement la cour, en deux sauts j'étais dans la rue de Vendôme, que je remontai au galop de mes jeunes jambes, et je me précipitai sur le boulevard par la rue Charlot. Ce que je vis était navrant.

J'arrivai au moment où l'on transportait vers

le Jardin-Turc le général Lachasse de Vérigny, que je connaissais de vue. La chaussée était jonchée de chapeaux, de coiffures militaires, de fusils, de cannes, de châles, d'ombrelles ; des blessés gémissaient appuyés contre des arbres, des cadavres étaient couchés sur la voie pavée dans des flaques de sang. Vers la Bastille on apercevait le cortége royal qui avait repris sa marche (1). Beaucoup de soldats et gardes nationaux se bousculaient, de l'autre côté du boulevard, vers une toute petite maison à trois étages, très-étroite, de laide apparence et n'ayant qu'une fenêtre de façade. Je crois voir encore les sergents de ville en pantalon blanc, avec leur grand frac disgracieux, le tricorne de travers sur la tête, se jetant, l'épée haute, au milieu des groupes qui se ruaient sur la maison maudite. On disait : « C'est là ! » et l'on montrait du doigt une petite croisée placée au-dessus d'une enseigne du *Journal des connaissances utiles*, et où pendait une jalousie disloquée. On disait : « Ils étaient plus de quarante qui ont

---

(1) On a écrit, et bien des gens de bonne foi ont affirmé, qu'après l'explosion, Louis-Philippe avait tourné bride et était revenu vers la Madeleine ; en présence des versions contradictoires, je me suis défié de la précision de mes souvenirs et j'ai demandé au duc de Nemours la permission d'interroger les siens. La réponse qu'il a bien voulu me faire ne laisse place à aucun doute : le roi a repris sa route ; c'est-à-dire qu'il marcha en avant, vers la Bastille ; l'événement ne modifia donc en rien le programme qui avait été arrêté en conseil des ministres.

tiré ensemble ; — ce sont les carlistes ! — ce sont les républicains ! — Le roi n'a rien eu ; les princes n'ont rien eu ; quel bonheur ! c'est la Providence ! O les gueux ! les assassins ! On va demander le rétablissement de la torture ; la mort est trop douce pour des brigands pareils ! »

J'étais épouvanté et comme médusé ; posté contre un arbre, tout près de la chaussée, je regardais avec anxiété, voyant les blessés, voyant les morts, écoutant les imprécations et ne comprenant rien, sinon qu'un effroyable forfait venait d'être commis. La foule affluait maintenant, car, le premier moment de terreur passé, tout le monde était revenu « pour voir ». Je me rappelle avoir remarqué un petit homme pas plus grand que je n'étais alors, portant des lunettes sur son nez crochu, la taille serrée d'une ceinture blanche, revêtu d'un uniforme brodé d'or, la tête presque complétement disparue sous un vaste chapeau à plumes, qui se démenait, criait d'une voix aigre, interpellait les officiers, les soldats, les sergents de ville, donnait des ordres, sautait en place, gesticulait, pirouettait sur lui-même et paraissait atteint de la danse de Saint-Guy. J'ai su depuis que c'était M. Thiers, alors ministre de l'intérieur ; il faisait partie du cortége royal et était resté sur le lieu du crime pour faire procéder, autant que possible, aux premières investigations.

La foule, devenue assez compacte, était dans un état d'exaspération indicible; on n'entendait que des menaces de mort. Vers le Château-d'Eau, il y eut un grand mouvement de la garde nationale d'où sortaient des clameurs confuses; beaucoup de gens coururent de ce côté; j'entendis dire près de moi : « C'est un des assassins que l'on vient d'arrêter, des gardes municipaux l'ont tué à coups de baïonnette. » Quelques niais répondirent : « C'est bien fait! » Un commissaire de police, précédant un peloton de soldats, traversa le boulevard, semblant se diriger vers le Jardin-Turc près duquel j'étais resté. J'eus peur d'être pris dans quelque bagarre; je m'enfuis et je rentrai dans le jardin de la rue Vendôme, où ma mère ne m'accueillit pas positivement avec des félicitations, car elle avait été fort inquiète de mon absence que je n'essayai même pas de justifier.

Ma mère avait hâte de revenir chez elle; nous pûmes traverser le boulevard à la hauteur de la rue Saint-Denis, et, vers deux heures, nous étions arrivés dans la rue de Clichy, que nous habitions depuis quelques mois. — Nous étions à peine rentrés qu'une sorte de rumeur se fit dans la rue; je regardai par la fenêtre et je vis ramener le général Colbert, qui habitait le premier étage de notre maison; il avait la tête enveloppée de linges ensanglantés; une heure après, le duc de Nemours, suivi d'un aide de camp, venait lui faire visite et partait avec la conviction que la blessure était sans gravité, Mes oncles nous apportèrent des nouvelles : on ignorait encore le nombre des morts, mais il était considérable ; l'assassin avait été arrêté au moment où il tentait de prendre la fuite ; il se nommait Girard et avait été si cruellement atteint par l'explosion de son infernale machine, que l'on désespérait de le sauver ; les fêtes réservées pour le lendemain, 29 juillet, c'est-à-dire le feu d'artifice, les représentations théâtrales en plein air, les joutes sur l'eau, les illuminations, toutes les réjouissances, en un mot, étaient contremandées. C'était, du reste, ce qu'il y avait de mieux à faire, en présence de l'indignation et de la consternation générales.

Deux jours après, j'étais rentré au collége ; notre maître d'étude, O..., était à son poste, plus vert et plus désagréable que jamais. Le lendemain, pendant la récréation du déjeuner, tout en grignotant mon pain sec, je m'approchai de lui pour lui dire : « Monsieur, je vous ai aperçu avant-hier. » — Il me regarda avec une certaine surprise. — « Vous m'avez vu ? Où donc ? — Place Gaillon. — Cela m'étonne ; je n'y ai point passé. Quelle heure était-il ? — Il était près de huit heures du matin. — C'est impossible ; vous rêvez ; je ne suis sorti que le soir, pour aller dîner. » — J'insistai avec la ténacité d'un enfant et je répliquai : — « Oh! par exemple, je suis bien sûr de vous avoir rencontré et reconnu ; vous entriez dans la rue du Port-Mahon et vous aviez un œillet rouge à la boutonnière ; à preuve ! » Le pion contracta son visage comme s'il eût fait un violent effort pour ne se point mettre en colère ; il me prit le bras, me secoua vivement, et me dit avec une sorte de brutalité contenue : « Si vous vouliez bien ne point vous mêler de ce qui ne vous regarde pas, vous me rendriez service. »

Treize ans plus tard, en causant avec un homme, — alors personnage fort considérable, — qui avait pris part à toutes les émeutes du règne de Louis-Philippe, je compris qu'en effet je m'étais mêlé de ce qui ne me regardait pas : le 28 juillet 1835, l'œillet rouge avait été un signe de ralliement.

Voilà tout ce que j'ai personnellement vu de l'attentat Fieschi, dont un hasard m'a rendu presque témoin, et si je n'avais eu que cela à en dire, je prie le lecteur de croire que j'aurais gardé le silence. Mais cet événement m'avait causé une impression d'horreur que l'âge n'a point affaiblie, et j'en suis resté préoccupé pendant ma vie entière. Partout où j'en ai trouvé l'occasion, j'ai recueilli des renseignements et des notes à cet égard. Le procès public, devant la cour des pairs, a-t-il dit le dernier mot? Ne reste-t-il pas à dégager un *desideratum* que la justice a laissé dans l'ombre? La lecture attentive de toutes les pièces du procès renfermées aux archives nationales dans vingt-sept cartons (1), les rapports de police, la correspondance des accusés, les enquêtes secrètes, les dossiers particuliers de certains hommes qui ont eu de l'influence sur nos désordres politiques, les procès-verbaux de réunions mystérieuses tenues à Londres, entre 1835 et 1840, toute sorte de documents, en un mot, qui, par leur nature même, échappent à la publicité et que j'ai eus à ma disposition, me laissent croire que tout était préparé pour profiter de l'attentat si celui-ci n'avait pas échoué.

Ceux qui ont commis le crime ont été punis selon le texte de la loi; ceux qui comptaient en bénéficier, au point de vue de leur rêve secret et de leur ambition, ont pu être surveillés, mais n'ont point été inquiétés. Depuis quarante-deux ans, bien des souvenirs se sont effacés; notre histoire a traversé des périodes si particulièrement douloureuses, qu'elles ont fait oublier les catastrophes antécédentes; les individus qui, de près ou de loin, ont pris part à cette horrible aventure sont presque tous morts; un de ceux qui survi-

---

(1) Bvi 854 à 880.

vent et que j'aurai à nommer ne mérite guère de commisération. Aussi j'ai cru devoir raconter tout ce que j'ai pu apprendre sur le fait du 28 juillet 1835 ; si ce n'est toute la vérité ce n'est, du moins, que la vérité.

III

LES SOCIÉTÉS POPULAIRES.

Les adversaires de Louis-Philippe. — L'état des esprits. — Les bouzingots. — La barbe. — La *Némésis*. — *L'Aurore d'un beau jour*. — Les carbonari. — Les quatre partis du carbonarisme. — Les ralliés. — L'opposition systématique. — Les centres d'action. — La Société des droits de l'homme. — L'article 291 du Code pénal. — Cent soixante-trois sections. — Les présidents. — Les prétextes à émeutes. — Les pompiers. — Le maréchal Lobau et Gabriel Delessert. — Saint-Merry. — Le comité d'action. — La loi du 10 avril 1834. — Les émeutes d'avril. — Soulèvement avorté. — La victoire du gouvernement. — Le procès monstre. — Évasion des détenus politiques. — Prévision d'un attentat.

Le gouvernement de Louis-Philippe eut fort à faire pour s'établir et résister aux partis hostiles qui l'ébranlaient par des attaques incessantes. Les républicains et les légitimistes, — ces derniers, selon leur nuance, étaient alors appelés carlistes ou henriquinquistes — cherchaient à le jeter bas pour en saisir l'héritage, les uns par des émeutes dans les grandes villes, les autres par la guerre civile en Vendée ; quelquefois même, ils se réunissaient dans une action commune, ainsi qu'on le vit dans l'affaire de la rue des Prouvaires, où la bannière rouge et le drapeau blanc devaient marcher de conserve à l'assaut des Tuileries. Le bonapartisme n'apparut que plus tard, au mois d'octobre 1836, à l'échauffourée de Strasbourg.

La révolution de Juillet, qui avait surexcité tant d'espérances, avait naturellement causé bien des déceptions. L'esprit de la jeunesse était fort actif en ce temps-là et volontiers tourné vers les spéculations de la philosophie, de la littérature, de la politique et des arts. C'était l'heure ardente des prédications Saint-Simoniennes et Fourriéristes; c'était l'heure du romantisme, du moyen âge, des Jeunes-France; on regardait avec un regret orgueilleux vers les gloires de l'Empire, et l'on se sentait heureux d'être délivré du « joug des prêtres »; on était fort exalté et un peu niais. Les chapeaux pointus de la Convention, les gilets à la Robespierre avaient reparu; de longs cheveux et de longues barbes donnaient un air farouche à des jeunes gens, inoffensifs pour la plupart, qui se vantaient du sobriquet de *Bouzingots*, qu'on leur avait infligé. Tout devenait un indice des opinions que l'on professait, une sorte de signe de ralliement facilement convenu et généralement adopté; chaque visage était une étiquette par la façon dont la barbe était disposée; les philippistes, — les juste-milieu, — n'avaient que les favoris; les légitimistes portaient le collier; les bonapartistes, presque tous anciens militaires, gardaient la moustache et la mouche, que l'on appelait alors une impériale; les républicains dédaignaient l'usage du rasoir et promenaient par la ville des barbes de sapeur.

Tous ces enfantillages n'offraient aucune gravité, quoiqu'ils fussent la preuve d'une diversité d'opinions peu rassurante; mais, au-dessous et à côté de ces jeunes gens qui affichaient trop ouvertement leurs prétentions pour être dangereux, s'agitaient bien des mécontents furieux d'avoir été oubliés dans la distribution des places, irrités de voir reculer la réalisation de leur chimère politique, criant à l'ingratitude, à la trahison, à l'oubli des promesses solennelles. Ceux-là, sous prétexte que les associations n'étaient point interdites par la loi, se formèrent en sociétés dites populaires; leur idéal était fort simple : substituer la forme républicaine à la forme monarchique et reprendre la Convention à la veille du 9 thermidor.

Ils avaient un poëte à eux, — un Tyrtée moderne, — qui poussait aux combats : c'était Barthélemy; sa *Némésis* (1) siffla la haine et bava

(1) Barthélemy, dans une note de sa *Némésis*, explique avec quelque naïveté les motifs de cette opposition à outrance, et ces motifs n'ont

son venin jusqu'au jour où on lui passa un collier d'argent autour du cou ; le « chantre inspiré de la Révolution » finit mal ; il fit des vers sur tout et pour tous, pour des banquiers, même pour des dentistes, et alla s'échouer à jamais sur une immondice rimée qu'il intitula crûment : *la Syphilis*. Ce Barthélemy eut des émules qui essayèrent *non passibus æquis* de marcher sur ses traces. J'ai sous les yeux un poëme en quatre chants où la violence de l'expression remplace l'inspiration et la vérité historique ; cette diatribe rimée, intitulée : *l'Aurore d'un beau jour*, est dédiée *Aux mânes des martyrs du cloître Saint-Merry* et porte pour épigraphe : *Passant, va dire à Sparte qu'ils sont morts ici pour obéir à ses saintes lois*. L'auteur qui reconnaît lui-même

> Que la fièvre civique, irritant son délire,
> A fait grincer parfois les cordes de sa lyre,

rien du désintéressement que les révolutionnaires irréconciliables affectent de pratiquer exclusivement : « De quoi se plaint-on ? demande le ministre. Allez le demander à tant de jeunes écrivains pleins de talent et de patriotisme qui, après avoir rendu à la liberté les plus grands services, sont réduits aujourd'hui à l'indigence par l'abandon du gouvernement et les désastres de la librairie. Je suis prêt à prouver que des hommes dont les noms seront écrits en première ligne dans l'histoire des trois jours, qui ont été ruinés par cette révolution qu'ils ont faite, ont demandé, en vain, pour vivre, les plus modiques emplois ; lorsque tant de places ont été données au népotisme, à l'intrigue, à la faveur, à la nullité... Je tiens mes renseignements d'une source haute et pure. » (Voir *Némésis*, t. I, ch. XVII, 31 juillet 1831, réponse à M. de Lamartine.)

a été emporté plus loin qu'il ne voulait sans doute, une fois qu'il eut embouché le cornet à piston de la muse politique ; il a fait sa grosse voix, il a détonné, ce qui ne l'a pas empêché d'avoir été et d'être encore un excellent député, fort assidu et bien peu sanguinaire.

Les chefs ne manquaient pas à ces « intransigeants » ; ils en trouvèrent dans les débris du carbonarisme, qui, brisé, dispersé violemment sous la Restauration, n'avait jamais cessé de subsister dans quelques ventes, dites ventes frontières, situées à proximité de la France, de la Suisse et de l'Italie. Quatre partis nettement distincts, mais agissant dans le but commun de renverser la monarchie des Bourbons, avaient divisé le carbonarisme français : le premier, dirigé surtout par Bazard, voulait la République ; le second, comprenant un groupe important d'officiers, désirait l'avénement de Napoléon II ; le troisième, sur lequel M. Barthe eut une sérieuse influence, cherchait à remplacer la branche des Bourbons par la branche des d'Orléans ; le quatrième enfin, dans lequel Victor Cousin exerça la fonction de *visiteur des grands bons cousins*, réunissait ceux qui se nommaient eux-mêmes *les Orangistes* et qui voulaient, annexant la Belgique à la France, mettre sur le trône un prince de la maison d'Orange.

De ces quatre partis, deux, les orléanistes et les orangistes, s'étaient franchement ralliés, moyennant bons emplois, au gouvernement de Louis-Philippe; les impérialistes ayant échoué à Vienne dans une négociation ébauchée secrètement par Talleyrand pour ramener le duc de Reichstadt, se tenaient dans une demi-réserve dont le roi sut les faire sortir à force d'avances : le rétablissement de la statue impériale sur la colonne de la grande armée, le monument élevé à Ajaccio en 1833 à la mémoire de Napoléon, la reprise des travaux de l'Arc de triomphe furent les gages acceptés d'une alliance qui fut sincère. Quant aux carbonari républicains, ils se tinrent à l'écart, et, voyant la masse de la population accepter avec reconnaissance la royauté bourgeoise du duc d'Orléans, se jetèrent dans l'opposition systématique. Ils devinrent professeurs de mystères politiques, ils enseignèrent aux néophytes comment on organise une société secrète, comment on passe la revue des adhérents sans éveiller les soupçons du pouvoir; ils rédigèrent des statuts; expliquèrent comment il faut bander les yeux des récipiendaires, prêter serment sur un poignard, comment il faut tailler la baguette de coudrier qui est le signe de l'initiation : on joua au conspirateur et l'on finit par conspirer.

Les Amis du peuple, les Condamnés politiques, les

Réfugiés, les *Réclamants de Juillet*, la *Société gauloise*, *l'Union*, la *Société de propagande*, la *Société pour l'instruction populaire*, la *Société pour la défense de la presse*, furent autant de centres où l'on recherchait les moyens de déconsidérer et de renverser le gouvernement de Louis-Philippe. La plupart de ces groupes, formés et dressés par d'anciens carbonari, se plaisaient surtout aux petites manœuvres mystiques des associations occultes; une seule société était véritablement redoutable par les journaux dont elle disposait, par le nombre d'hommes qu'elle faisait mouvoir, c'était la *Société des Droits de l'homme et du citoyen*, qui avait des relations avec les principales villes de France, et était en rapports constants avec les *mutuellistes* de Lyon. La *Société des Droits de l'homme* semblait agir au grand jour; les délibérations du comité directeur restaient seules secrètes; elle avait éludé habilement les dispositions de l'article 291 du Code pénal qui interdisait les associations formées de plus de vingt personnes, en se subdivisant en sections qui paraissaient isolées les unes des autres, portaient chacune un nom spécial et ne comprenaient jamais plus de vingt individus.

Or la Société possédait, à Paris, cent soixante-trois sections qui, à un moment donné, pouvaient fournir 3,260 combattants. La plupart des journaux de l'opposition radicale étaient rédigés par des affiliés à la société, qui eut pour présidents des hommes connus et fort importants dans le parti républicain : Voyer d'Argenson, Audry de Puyraveau, Guinard, Godefroi Cavaignac, Berryer-Fontaine, Kersausie et d'autres. La Société n'avait été définitivement créée qu'en 1832, mais elle prit un très-rapide développement et fit souvent parler d'elle.

Les hommes sont comme les enfants; à force de jouer avec le feu, ils allument des incendies. Tout servit de prétexte aux émeutes : une messe imprudemment dite à Saint-Germain-l'Auxerrois ; une nouvelle adjudication de l'enlèvement des boues de Paris; le 5 mai; le choléra. On harassait la garde nationale, et quand celle-ci bourrait un peu vivement les constructeurs de barricades, on criait à « la tyrannie d'un pouvoir arbitraire », et l'on demandait ce qu'étaient devenues « les promesses de Juillet » et surtout ce fameux « programme de l'hôtel de ville », qui n'a jamais existé que dans l'imagination des mécontents quand même. Parfois les choses prenaient une tournure grotesque assez divertissante.

La société des *Amis du peuple* ayant appris que la croix de Juillet, — la plus inexcusable des décorations, — porterait en exergue : *Donnée par le roi*, se trouva insultée et décida qu'une manifestation était indispensable; le rendez-vous fut fixé place Vendôme. Le rassemblement fut nombreux et très-tumultueux. On commençait à lancer des pierres contre les fenêtres de la chancellerie, lorsque les pompiers, dont la caserne principale était alors située rue de la Paix, n° 4, intervinrent avec opportunité; ils traitèrent l'émeute comme un incendie et l'arrosèrent si bien à l'aide d'une demi-douzaine de pompes manœuvrées avec ensemble, que tous les *Amis du peuple* se sauvèrent en criant : « La mort plutôt qu'une telle humiliation ! » — On fit honneur de l'invention au maréchal Lobau, qui était commandant supérieur des gardes nationales de la Seine, et depuis cette époque les journaux à gravures, — le *Charivari*, la *Caricature*, — le représentèrent toujours armé de l'instrument classique qui effrayait M. de Pourceaugnac. Le maréchal Lobau ne réclama jamais et accepta la responsabilité de cette plaisanterie, dont l'initiative et l'exécution sont dues exclusivement à Gabriel Delessert, qui était alors son chef d'état-major.

Il ne suffisait pas toujours d'un jet de pompe pour réduire les émeutes; on le vit bien, en juin 1832, lors des funérailles du général Lamarque, à la suite desquelles le général La Fayette faillit être jeté à la Seine par deux patriotes ingénieux qui cherchaient un bon moyen de soulever la population; on se battit pendant deux jours dans Paris, et les révolutionnaires qui tinrent jusqu'au dernier moment dans le cloître Saint-Merry auraient pu, s'ils s'étaient comptés, trouver parmi eux plusieurs anciens gardes du corps. La défaite de l'insurrection mena plus d'un pauvre diable en prison, mais ne ralentit en rien l'active propagande faite par les sociétés politiques et notamment par la *Société des Droits de l'homme* où cependant la division s'était glissée. La partie très-militante, — nous dirions aujourd'hui irréconciliable, — avait formé un groupe distinct qui, sous le titre significatif de *comité d'action*, obéissait à Kersausie.

Le gouvernement, qui suivait attentivement toutes ces menées assez peu occultes et qui savait de quel danger il était menacé, n'hésita pas. Il visa surtout la *Société des Droits de l'homme*, dont l'organisation échappait aux répressions légales, et il présenta, le 25 février 1834, une loi qui, promulguée le 10 avril, interdisait les associations de vingt personnes, même lorsqu'elles se fractionnaient en sections d'un nombre moindre d'individus. Le coup porta juste et frappa fort; il n'y eut qu'un cri dans la presse de l'opposition : C'est une loi infernale ! On peut croire qu'elle ne fut pas inutile au maintien de Louis-Philippe, car M. Louis Blanc a écrit : « Sans la loi contre les associations, c'en était fait de la monarchie constitutionnelle; rien de plus certain. »

La *Société des Droits de l'homme* n'entendait pas disparaître sans faire un effort suprême et tenter son va-tout; la loi votée allait devenir obligatoire, forcer la Société à fermer ses portes et à chercher le huis clos des conciliabules secrets où la police tient si facilement une oreille ouverte. Un ordre de soulèvement fut expédié à toutes les villes de France où l'on comptait un groupe sérieux d'affiliés; beaucoup refusèrent de se conformer à l'injonction du comité central, entre autres Lille, Roubaix et Strasbourg; mais, le 9 avril, Lyon ouvre cette sinistre série de méfaits; le 11 et le 12, cet exemple est suivi par Saint-Étienne, Grenoble, Châlon-sur-Saône, Arbois, Marseille; un journal de cette dernière ville, le *Peuple souverain*, publie à la date du 13 et sous la rubrique : *Dernières nouvelles de Paris :* « L'exaspération du peuple est à son comble; Louis-Philippe est assiégé dans les Tuileries, d'où sa femme et ses filles sont parvenues à s'évader. » Le même jour Paris était en insurrection; quoique la police eût prestement fait enlever Kersausie au moment où il allait prendre la direction du mouvement, celui-ci n'éclata pas moins avec violence. Il fut réprimé non sans peine et brutalement.

L'affaire de la rue Transnonnain est restée dans

toutes les mémoires ; elle a laissé parmi la population émeutière un ferment de haine qui a résisté à la chute de Louis-Philippe. Ces différents soulèvements, combinés pour agir avec simultanéité et prouver que la France entière rejetait les institutions qu'elle avait acclamées en juillet 1830, venaient d'échouer misérablement, comme allait échouer le 16 avril, à Lunéville, le complot militaire dirigé de Paris par la *Société des Droits de l'homme,* et dont le maréchal des logis Clément Thomas était le chef.

Le gouvernement sortait vainqueur de cette lutte de tous les instants que, depuis quatre années, il était forcé de soutenir contre des adversaires sans merci ; la légitimité et la république se voyaient obligés de rentrer dans l'ombre et de ne plus faire aux armes un appel qui leur réussissait si mal. L'équipée vendéenne de la duchesse de Berry s'était terminée peu tragiquement à la citadelle de Blaye par un baptême inattendu ; les revendications républicaines avaient été plus graves, mais tout aussi infructueuses ; beaucoup de sang inutilement répandu, de nombreuses condamnations avaient été le résultat le plus clair de ces tentatives coupables auxquelles la population refusait énergiquement de s'associer. Le pouvoir avait été le plus fort, ceci est incontestable ; mais il s'exagéra singulièrement sa force, et il commit une faute grave. Il joignit tous les procès pour faits des émeutes du mois d'avril 1834, et renvoya les accusés devant la Chambre des pairs érigée en cour souveraine. C'était ne tenir aucun compte des passions exaspérées, et fournir bénévolement une tribune publique, retentissante, universelle, pour ainsi dire, à tous les exaltés d'un parti plus que militant.

Les débats s'ouvrirent le 5 mai 1835 ; les petits journaux s'égayaient fort, depuis quelque temps, de ce qu'ils appelaient le procès monstre ; jamais dénomination ne fut mieux justifiée : 121 accusés et leurs défenseurs, 558 témoins cités par le ministère public, 261 témoins à décharge, les défenseurs, les gardiens, formaient littéralement une foule qui encombrait la grande salle du palais du Luxembourg. Les scènes les plus tumultueuses et les plus scandaleuses ne furent point épargnées aux 174 pairs de France qui siégeaient ; on se serait cru revenu au 7 prairial de l'an V, à la haute cour de Vendôme jugeant, au milieu des vociférations, Gracchus Babœuf et ses complices. La cour, surmenée par les cris et les imprécations, fut obligée de décider qu'elle procéderait hors de la présence des accusés.

Peu de jours avant l'attentat de Fieschi, le 12 juillet 1835, un incident se produisit qui prouvait plus que de la négligence de la part des autorités compétentes; vingt-sept détenus politiques appartenant au procès s'échappèrent de Sainte-Pélagie. Gisquet, le préfet de police, fit preuve d'esprit et ne se montra pas aussi irrité que ses subordonnés auraient pu le craindre; il se contenta de dire : « Tant mieux, la République déserte. » Parmi les évadés on comptait quelques personnes qui depuis ont eu leur heure de notoriété : Godefroi Cavaignac, Guinard, Armand Marrast. Le coup avait été habilement préparé par un nommé Henri Leconte, qui avait obtenu de sortir sur parole.

Les hommes qui venaient de déjouer la surveillance illusoire dont ils étaient l'objet à Sainte-Pélagie ne quittèrent point Paris; ils s'y cachèrent et plus d'un put assister à la revue du 28 juillet. Ceux de leurs compagnons qui restèrent sous les verrous étaient bien persuadés que l'heure de la liberté, ou plutôt de la délivrance, allait bientôt sonner pour eux. En effet, plus d'un rapport de police constate que, dans les prisons, les détenus politiques ne cachent guère leurs espérances et qu'ils semblent répéter comme un mot d'ordre : « Il y aura quelque chose à l'anniversaire des glorieuses ! » L'événement n'a que trop justifié ces prévisions. Du reste, on pouvait s'attendre à tout, car la fureur des anciens combattants de juin 1832 et d'avril 1834, des membres des Sociétés politiques actuellement surveillées avec une extrême rigueur, dépassait toute mesure; ils étaient soutenus dans leur irritation par la presse hostile qui leur donnait le ton dans des termes dont l'imagination peut difficilement se figurer la violence.

IV

LES EXCESSIFS.

Illuminations et anniversaires. — Armand Carrel à Sainte-Pélagie. — La Société de la Tête-de-Veau. — L'attentat du 19 novembre 1832. — Un propos de Godefroi Cavaignac. — La presse incendiaire. — *Le Pilori*. — *Le Charivari* du 27 juillet 1835. — *La Poire*. — Prédiction des journaux de l'opposition. — Forces du gouvernement. — Population de Paris. — Personnel de la préfecture de police. — La garde municipale et l'armée. — Embauchage des soldats. — « Proclamation d'un homme du peuple. » — La garde nationale. — Coquetterie de Louis-Philippe à son égard. — Emplacement déplorable choisi pour la revue du 28 juillet 1835. — Responsabilité.

Quelques faits démontreront à quels excès pouvaient se porter des hommes dont l'opinion s'exaltait jusqu'à la démence, dans les conciliabules secrets où ils se complaisaient loin de toute contradiction raisonnable, n'écoutant que leurs paroles, se grisant de leurs propres rêves et regardant comme des traîtres tous ceux qui ne s'associaient pas à la brutalité de leurs conceptions.

Le 14 mai 1832, Casimir Perier est enlevé par le choléra; le 17, les détenus politiques de la Force illuminent en signe de joie; pour cette œuvre méchante, légitimistes et radicaux sont

d'accord, ainsi que le prouve l'ordre du jour suivant qui fut placardé sur les murs de la prison :
« A la nouvelle de la mort du président du conseil, les détenus soussignés, carlistes et républicains, ont unanimement résolu qu'une illumination générale aurait lieu ce soir à l'extérieur de leur humide cabanon. Signé : Le baron Schauenbourg, Roger, Toutain, Lemerle (henriquinquistes); Pelvilain, Considère, Degaune (républicains et patriotes). »

Le 20 mai 1834, le général La Fayette meurt à son tour; sa mémoire ne trouve pas grâce devant les hommes incarcérés à la suite de l'émeute du mois d'avril; on outrage « le vétéran du libéralisme, le héros des deux mondes, le chef vénéré de la milice citoyenne », et toutes les fenêtres de *la détention* de Sainte-Pélagie sont éclairées par des chandelles à défaut de lampions.

Le 21 janvier 1835, des scènes de violence, qui donnent singulièrement à réfléchir, enlaidissent la prison politique par excellence; pour célébrer l'anniversaire de la mort du roi Louis XVI, que les énergumènes ne se gênaient guère pour appeler « le serrurier Capet », on décide une illumination générale des grandes chambrées. Armand Carrel était détenu en ce moment et purgeait à Sainte-Pélagie une condamnation à un mois d'emprisonnement pour insulte à la cour des Pairs. Sa haute

raison, fort dédaigneuse de toute basse popula-
rité, refusa de s'associer à cette manifestation
odieusement grotesque. Il y courut risque de la
vie ; on voulut briser sa porte qu'il avait prudemment et tenait obstinément fermée ; on lui criait :
« A la lanterne l'aristocrate ! le faquin ! le gant
jaune ! » (*gant jaune* correspondait alors au *petit
crevé* d'hier et au *gommeux* d'aujourd'hui). Pour
le protéger, pour le sauver peut-être, il ne fallut
rien moins que l'intervention de la force armée.
Armand Carrel comprit à quel danger on l'avait
soustrait, et, dès qu'il sortit de prison, il alla porter lui-même ses remercîments au préfet de police.

Si les détenus ne savaient point éviter ces actes
coupables, « les patriotes », — le mot était redevenu à la mode dans les sociétés secrètes, — qui
vivaient en liberté, n'étaient pas plus sages ; le
13 février 1835, un banquet avait réuni de nombreux
convives qui fêtèrent l'anniversaire de l'assassinat
du duc de Berry par Louvel, et « *la Société de la
Tête-de-Veau* » avait donné, cette même année,
plusieurs repas, dans les restaurants des barrières, en l'honneur du 21 janvier. Ceci demande
une explication.

Un romancier célèbre, M. Gustave Flaubert, a
dit quelques mots de *la Société de la Tête-de-
Veau* dans l'*Éducation sentimentale*. C'était une
société très-réelle qui datait, — qui date peut-être

encore, — de 1794 ; elle était composée d'un groupe d'individus absolument réfractaires à l'idée monarchique et qui, tous les ans, sous prétexte de repas de corps, de noces ou de fêtes de famille, se réunissaient pour dîner ; le plat principal était une tête de veau qui symbolisait la tête du « tyran ». Hâtons-nous de dire que cette laide invention n'appartient pas à la France ; ceux qui ont imaginé cette malpropreté n'ont eu que le mince mérite du plagiat ; « *la tête de veau* » est une importation venue d'outre-Manche ; en Angleterre, et pendant longtemps, des « irréconciliables » du puritanisme ont ainsi célébré, dans d'obscures tavernes, la commémoration de l'acte du 30 janvier 1649 (1).

De tels faits dénonçaient un grand trouble dans les esprits ; le gouvernement était inquiet et la police n'était point tranquille. On savait que la défaite des insurrections de 1832 et de 1834 avait neutralisé, sinon désarmé, le parti de l'action, et l'on ne redoutait plus d'émeutes ; mais on se souvenait de la tentative d'assassinat dont le roi avait été l'objet, le 19 novembre 1832, sur le pont Royal, au moment où il se rendait au palais Bourbon pour ouvrir les Chambres ; on savait

---

(1) *La tête de veau* dure encore : le 21 janvier 1877, l'anniversaire de la mort de Louis XVI a été célébré par un banquet dans le *Salon des Tilleuls*, rue Ménilmontant, 154.

que Godefroi Cavaignac, président de la *Société des Droits de l'homme*, dont Berryer-Fontaine était secrétaire, passant à Troyes en 1834, avait dit dans les bureaux du *Progressif*, à un sieur Saint-Amand : « Louis-Philippe ne vivra qu'aussi longtemps que nous le voudrons bien ; nous avons, dans la *Société des Droits de l'homme*, une centaine de séides dont l'aveugle dévouement n'a besoin que d'être contenu ; » on n'ignorait pas que la violence des chefs de sociétés secrètes était de la modération en comparaison de la frénésie impatiente de certains sectaires, et l'on redoutait vaguement une catastrophe que tant de causes faisaient prévoir et que toute surveillance serait peut-être impuissante à déjouer.

George Sand a fait, dans ses *Mémoires*, une confidence qu'il est bon de rappeler, car elle prouve à quelles rêveries furibondes les hommes les plus honnêtes et les plus naïfs du parti radical se laissaient entraîner. Un soir, sur les quais, elle se promène avec quelques amis, la conversation roule sur l'avenir de la France ; la discussion s'anime et l'un des interlocuteurs, qu'elle nomme Évrard, et qui n'est autre que Michel de Bourges, s'écrie : « La civilisation ! oui ! voilà le grand mot des artistes ! La civilisation ! moi, je vous dis que pour rajeunir et renouveler votre société corrompue, il faut que ce beau fleuve (la Seine) soit rouge de sang, que ce palais maudit (les Tuileries) soit réduit en cendres, et que cette vaste cité où plongent vos regards soit une grève nue où la famille du pauvre promènera sa charrue et dressera sa chaumière (1). » Il faut se souvenir que ceci était dit en 1835, pendant le procès des accusés d'avril, précisément au moment qui précéda l'attentat dont nous racontons l'histoire.

La presse hostile, que les gens du pouvoir appelaient volontiers la presse incendiaire, semblait mériter ce dernier nom, car elle soufflait le feu partout et n'attisait guère que les mauvaises passions. Sous prétexte qu'elle était « le quatrième pouvoir », elle tentait de renverser les trois autres, — royauté, Chambre des députés, Chambre des pairs, — et voulait simplement s'y substituer. Depuis cette époque, nous avons vu tant de choses abominables et poignantes, que nous avons oublié comment certains journaux parlaient alors. Rien n'est moins transparent que leurs allusions, car ils dédaignent de s'en servir; ils arrachent les masques et crachent au visage.

Voici dans quels termes un journal de l'opposition annonce l'élévation de M. Persil au poste de garde des sceaux : « Persil le maniaque, Persil le brutal, Persil, que des avocats ont

---

(1) *Histoire de ma vie*, t. IV, p. 329, éd. in-18.

accusé et ont convaincu d'être un faussaire, est nommé ministre de la justice. » — J'ai sous les yeux un journal satirique, intitulé le *Pilori;* le titre dépasse toutes les promesses ; cette ordure, signée : l'éditeur Vaillant, se débitait au prix de trois sous, rue de la Lune, n° 6 bis ; une gravure-frontispice représente un pilori où l'on fait successivement apparaître Soult, Thiers, Persil, Gisquet, Barthe, d'Argout, Dupin, Viennet, Sébastiani, Guizot. Le texte est immonde et lève le cœur : « M. Persil n'a jamais été repris de justice ; ceci soit dit pour ceux qui ne le connaissent pas bien. » C'est là le ton général ; une seule citation suffit à le faire apprécier. Les attaques ne ménagent personne, et le roi est vilipendé chaque jour dans les feuilles de l'opposition.

La veille même de l'attentat Fieschi, le 27 juillet 1835, le *Charivari* (1) qui, à cette époque,

---

(1) *Le Charivari* de cette époque exerçait une très-réelle influence sur l'opinion publique, non point par sa rédaction même qui ne dépassait guère la raillerie courante familière à tous les petits journaux, mais par ses estampes qui étaient fort recherchées et restaient facilement dans le souvenir. Le tirage du *Charivari* était cependant des plus restreints ; des documents authentiques le portent à 1,271 ; mais le journal était sur la table des cafés à la disposition de tous les oisifs, et les cabinets de lecture, bien plus nombreux alors qu'aujourd'hui, avaient soin d'en exposer la gravure à leur vitrine ; chacun s'arrêtait à la regarder et à la commenter. Dès qu'une satire un peu vive du gouvernement avait été crayonnée par *le Charivari*, on peut dire que toute la population de Paris en avait connaissance en moins de vingt-quatre heures.

malgré ses allures ultra-libérales, était à la solde du parti légitimiste, parut imprimé en rouge, et son *Premier Paris* est intitulé : « Catacombes monarchiques : petite table mortuaire des *sujets* de S. M. qui ont péri victimes des *erreurs* de l'ordre public, dressée d'après les documents quotidiens, à l'occasion de l'anniversaire funèbre d'aujourd'hui, 27 juillet, en témoignage des bienfaits qui sont résultés de l'ordre de chose fondé à cette époque et devant servir de notes pour l'histoire du système pacificateur sous lequel nous avons le bonheur de mourir. » Suit l'énumération des « assassinats » commis par la garde municipale, la troupe de ligne, la garde nationale et les sergents de ville, que l'on nommait en plaisantant : *les Gisquetaires*. L'estampe est sinistre ; elle représente *la Poire*, — c'est-à-dire Louis-Philippe, — vue de dos ; la tête, les bras, les pieds, sont formés par une ingénieuse disposition d'hommes tués ou enchaînées ; comme exergue, on lit : « Victoire du despotisme. »

L'article du *Charivari* n'était qu'une longue diatribe contre l'ordre de choses — de *Chose* — subsistant ; mais voici qui est plus grave ; d'autres journaux, appartenant à des nuances absolument distinctes, imprimèrent, le 28 juillet même, des prédictions qui, rappelées après coup, parurent très-étranges.

Le *Corsaire,* journal radical, faisant allusion à la place Vendôme où le défilé des troupes de la revue devait avoir lieu, parlait de la conjonction du Napoléon de la guerre et du Napoléon de la paix : « Parions, disait-il, pour l'éclipse totale de ce dernier. » La *France,* journal légitimiste, qui recevait une subvention de la famille déchue, par l'entremise du vicomte de Bauny, ancien officier de la maison civile de Charles X, était plus affirmative encore ; un rendu-compte de la journée du 27 se terminait ainsi : « Voilà l'aspect fidèle de la fête que, par une amère parodie, le programme appelle la *fête des morts.* Peut-être est-ce la *fête des vivants*, à qui, par compensation, il est réservé de nous offrir le spectacle d'un enterrement ; nous verrons bien cela demain ou après-demain. » Divers journaux de province n'avaient pas été plus réservés et avaient annoncé de sinistres événements pour le 28 juillet.

En présence des sociétés secrètes toujours debout, des meurtriers qui semblaient n'attendre qu'une occasion propice, des journaux qui prêchaient ouvertement l'assassinat en le prédisant à heure fixe, de quels moyens disposait le gouvernement pour découvrir les embûches et s'opposer à une tentative de violence ? On estimera sans doute que ces moyens étaient bien insuffisants, surtout si l'on se rappelle que Paris renfermait alors une population normale de 868,438 habitants et que, depuis le quartier du Marais jusqu'au quartier du Palais-Royal, la ville, par ses ruelles étroites, par ses maisons à double issue, par ses places resserrées, par ses refuges innombrables, semblait un champ clos spécialement disposé pour les coups de main et la guerre civile.

L'administration de la police, à laquelle incombait la plus lourde tâche, n'avait à sa disposition qu'une force dérisoire : 48 commissaires de police correspondant aux 48 quartiers, 24 officiers de paix, 186 sergents de ville, 104 inspecteurs de police, 2 contrôleurs, 38 inspecteurs des garnis, 12 chefs et 40 agents de ronde de nuit (patrouilles grises); à cela il faut ajouter 32 agents du service de la sûreté, 51 inspecteurs attachés aux commissariats de quartier, et l'on aura un contingent médiocre de 437 agents, qui jamais n'auraient rien pu faire d'utile, s'ils n'avaient été aidés par quelques indicateurs secrets et surtout par le hasard qui reste encore le meilleur policier du monde. La garde municipale, infanterie et cavalerie, comptait 1,443 soldats, dont 56 officiers; la garnison était de 16,608 hommes auxquels on pouvait se fier, pendant les heures de péril, lorsqu'ils étaient bien commandés. Ce n'est pas que les sollicitations leur eussent manqué; souvent l'on avait essayé de les pratiquer et de les entraîner vers les sociétés secrètes, et on serait imprudent d'affirmer que tous avaient su résister imperturbablement aux suggestions. On les menait volontiers dans « la salle » des marchands de vins, et là, à portes closes, on les endoctrinait ; on leur chantait, avec force gestes dramatiques :

> Quoi ! vous seriez soldats de l'esclavage,
> Vous que j'ai vus brûlants d'égalité !
> Est-ce la faim qui vous pousse au carnage ?
> Voici le pain de la fraternité !

On cherchait, par tous les moyens, à leur persuader que leur devoir était de fraterniser avec les perturbateurs incorrigibles. Une proclamation, emphatique et bête, trouvée sur un des inculpés, paraît avoir été distribuée à grand nombre et avoir été conservée par plusieurs ultra-révolutionnaires pour une occurrence favorable, car on en saisit un exemplaire, le 15 octobre 1840, au domicile de l'assassin Darmès. Cette pièce, la voici, avec son orthographe inconsciente : « Discours par un homme du peuple. Soldat ! nous sommes tous vos frères sans armes et sans défence ; nous venons de discuter nos droit, légalité et la répartition du travail. Exploités par nos maîtres depuis de nombreuse années, nous voulons enfin en finir avec les exploiteur de les pèces humaine

Les droits que nous demandons sont les vôtres, légalité du travail. Aujord'hui nous le savons, vous servaint avec répugnance la monarchie qui traïe et désonnore notre belle patrie. Oui, je vous le repecte, nous sommes tous vos frères ; vos pères, vos mère, vos sœurs sont derier nous, nous presantons nos poitrine devant le baillonnette de la monarchie, pour défendre vos droits et les leurs ; demaint peut-être vous serait parmi nous. Vive la garde nationale ! Vive la troupe de ligne ! »

L'armée restait sourde à de tels « accents » et faisait bien ; mais le pouvoir était d'autant plus sûr d'elle que la garde nationale lui donnait un exemple qu'elle n'avait point marchandé depuis la révolution de 1830 ; aux seules émeutes de juin 1832 elle avait compté 18 morts et 154 blessés. Elle était, à ce moment, le plus ferme, pour ne pas dire l'unique soutien du trône qu'elle devait, treize ans plus tard, jeter si lestement par terre. Louis-Philippe le savait bien, et il la « soignait » d'une façon toute particulière. Il affectait d'en revêtir le costume aux jours de cérémonies solennelles ; il parlait aux simples fusiliers, pénétrait dans leurs rangs en disant à très-haute voix : « Mes chers camarades, je suis heureux de me trouver parmi vous ! » Les braves gens prenaient cela pour argent comptant et lui rendaient la monnaie de sa pièce en vivats très-accentués. Je me rappelle avoir assisté à des revues où j'étais placé à une fenêtre de la place Vendôme, de façon à regarder le défilé de très-près. On passait en assez bon ordre et sans trop de fluctuation ; après la garde nationale de Paris, venait celle de la banlieue ; quels casques ! quels shakos ! quels plumets ! Derrière chaque compagnie marchait une troupe de femmes, court-vêtues à la mode paysanne, tenant le parapluie au port d'armes et criant : Vive le roi ! avec des voix de tête aigrelettes comme le chant d'un coq. Parfois un « rural » quittait les rangs et allait donner une poignée de main au roi qui jamais ne refusait cet honneur ; alors les exclamations redoublaient, les capitaines agitaient leur sabre avec enthousiasme, et Louis-Philippe pouvait vraiment se croire un « roi populaire » comme les malicieuses chansons du faubourg Saint-Germain disaient dérisoirement dans un refrain qui eut, à cette époque, un grand succès :

C'est le roi po, po, — c'est le roi pu, pu,
C'est le roi Populaire (1) !

(1) On renchérissait sur cette niaiserie et on la rendait fort grossière en chantant :

C'est le roi po, po,
C'est le roi pu, pu,
— Le roi pu le pot —
C'est le roi Populaire

Il n'était pas homme à se troubler pour une ritournelle, et il continuait à faire les yeux doux à cette bourgeoisie armée qui l'avait appelé au trône et l'y maintenait. Lorsqu'il y avait des émeutes, que l'on pillait l'archevêché ou que l'on se fusillait à Saint-Merry, il allait visiter les bivouacs, buvait une tasse de bouillon offerte par le tambour; disait que ce ne serait rien, qu'il en avait vu bien d'autres jadis, au temps de sa jeunesse, à Valmy, à Jemmapes et enchantait tout le monde par la familiarité de sa bonne humeur. Le mot d'ordre était donné à la presse conservatrice, et invariablement les journaux ministériels disaient, en parlant des revues de la garde nationale : ces belles fêtes de famille. La reine, — qui fut la femme la plus respectée de son temps, — aidait Louis-Philippe dans cette coquetterie intéressée; aux réceptions des Tuileries, elle réservait ses plus aimables sourires pour les officiers de la « milice citoyenne »; elle assistait toujours aux revues, et pendant le défilé elle ne ménageait pas les saluts gracieux à la garde nationale.

On avait fait des efforts pour donner un vif éclat à la revue du 28 juillet (1), afin de répondre implicitement aux journaux de l'opposition qui disaient à l'envi que la garde nationale était

---

(1) Voir, à la fin du volume, *Notes et éclaircissements*, n° 1.

« désaffectionnée ». L'ordre du jour portait que les légions seraient rendues sur le terrain à neuf heures ; c'est à ce moment précis que le roi devait quitter les Tuileries ; une partie des Champs-Élysées, la rue Royale et les boulevards, de la Madeleine à la Bastille, était le lieu désigné pour cette grande exhibition.

Il est impossible, à distance historique, de comprendre les motifs qui ont pu déterminer un choix si particulièrement malencontreux. Les Champs-Élysées, le Champ-de-Mars, le bois de Boulogne, l'esplanade de Vincennes devaient incontestablement être préférés, car il est élémentaire de soustraire un souverain au voisinage prolongé des constructions habitées. Les boulevards avec les maisons nombreuses dont les ouvertures dominent la chaussée, avec les rues adjacentes qui peuvent favoriser toute fuite, avec les arbres alors très-touffus qui rendaient illusoire la surveillance des fenêtres, avec les boutiques, les passages, les portes cochères qui sont autant de refuges, les boulevards n'auraient jamais dû être adoptés pour cette solennité si longtemps annoncée à l'avance. Il est probable que la volonté du roi fut d'associer la population à cette fête, sur les lieux mêmes qu'elle habite. En tous cas, il fut plus qu'audacieux, et ses ministres furent insensés.

La responsabilité d'une telle étourderie, qui eût de si terribles conséquences, remonte à Gisquet, préfet de police, à M. Thiers, ministre de l'intérieur, au duc de Broglie, chef du cabinet. Je n'ignore pas que ces deux derniers ont accompagné le roi, et ont joué leur existence à ses côtés ; mais cet acte de courage ne les absout pas d'une imprudence que le résultat a rendue criminelle.

V

LA REVUE.

Révélation. — Fausse piste. — Rapport concernant Victor Boireau. — *Note urgente et secrète.* — Le complot dévoilé. — Indication précise. — L'Ambigu. — Dénomination officielle. — Cause d'erreur. — Maladresse de la police. — Propos attribué à Gisquet. — Le roi part pour la revue. — On croit que l'endroit périlleux est franchi. — Le boulevard du Temple en 1835. — Estaminets. — La maison numéro 50. — Négligence. — L'ordre du cortége. — « Ceci me regarde. » — Quarante-deux personnes atteintes. — Courage du roi. — Les morts. — Les blessés. — M. Frédéric Legonidec. — La chambre du crime. — L'assassin arrêté. — Épidémie d'arrestations. — « Girard est un faux nom. » — Transport des blessés. — Allard, chef du service de sûreté. — « Cherchez la femme. »

Le dimanche 26 juillet 1835, un sieur Pierron, demeurant faubourg du Temple, n° 19, fait savoir à la préfecture de police que le roi doit être tué pendant la revue. Il a vu les fusils, il connaît l'endroit et offre de faire des révélations complètes si on lui donne une somme de 600 francs. M. Thiers, consulté, accepte le marché; l'officier de paix Tranchard est désigné pour s'entendre avec le délateur. D'après celui-ci, un appartement situé dans une maison de la rue Sainte-Apolline, ayant vue sur le boulevard, a été loué; de l'une des fenêtres on doit tirer sur le roi; vingt individus, placés à proximité, près de la chaussée, seront chargés d'aller porter la nouvelle aux sections dispersées sur le parcours royal, si la tentative d'assassinat réussit. Le 28 juillet, vers six heures du matin, Pierron met l'officier de paix en rapport avec un imprimeur en taille-douce nommé Richaud, ancien chef de section à la Société des Droits de l'homme, et commandé pour diriger le groupe des vingt individus désignés. Après quelques paroles échangées avec Tranchart, Richaud s'esquive, disparaît, est perdu de vue par l'officier de paix qui paraît bien novice en son métier, et n'est point retrouvé. On fouille la maison sise au n° 4 de la rue Sainte-Apolline, et qui prend façade au n° 5 du boulevard Saint-Denis; on en parcourt tous les appartements, on en interroge les vingt-deux locataires; vainement, on ne recueille aucun indice. Est-ce une manœuvre pour se faire attribuer 600 francs? Est-ce une fausse piste tracée sous les pas de la police et destinée à l'égarer? N'est-ce pas plutôt une révélation sérieuse quoique incomplète, faite par un homme qui savait que le roi devait être assassiné et qui indiquait, de bonne foi, l'emplacement où ses camarades de société secrète avaient reçu ordre de se réunir?

Le 27 juillet, le commissaire de police Dyonnet

envoie à la préfecture un rapport daté de dix heures et demie du soir, par lequel il prévient qu'un ouvrier lampiste, nommé Victor Boireau, demeurant rue Quincampoix, n° 77, ayant des accointances suivies avec les exaltés de l'opposition radicale, est signalé comme ayant reçu, dans la journée, un nombre anormal de visites ; les gens qui l'ont entretenu chez lui et à son atelier ont « une bonne tenue bourgeoise » et sont évidemment de condition supérieure à la sienne. Une heure après, à onze heures et demie, le même commissaire de police Dyonnet envoie un second rapport, — *note urgente et secrète,* — concernant le susdit Boireau. Les indications contenues dans cette lettre sont péremptoires et ne laissent place à aucun doute. Dans le courant de la journée Victor Boireau, causant avec un de ses compagnons d'atelier, nommé Suireau, lui a dit : « N'allez pas demain à la revue, il y aura des malheurs ; on doit tirer sur le roi. » Suireau insista pour avoir des détails, et Boireau ajouta : « C'est un ancien forçat, habile mécanicien, qui a inventé une machine infernale: le coup doit se faire entre l'Ambigu et la Bastille, vers le boulevard du Temple. Le forçat se nomme Girard. » Suireau avait prévenu son père qui s'était hâté d'aller donner avis au commissaire de police de service à l'Opéra.

Gisquet n'attacha évidemment pas grande importance à ce renseignement; il a dit, dans ses *Mémoires*, que le 28 juillet, à une heure du matin, il avait signé l'ordre d'arrêter Victor Boireau; ses souvenirs l'ont mal servi : voici la pièce émanée de son cabinet. « Ce 27 (on a surchargé et écrit 28) juillet, une heure du matin : le préfet me charge d'envoyer à M. Joly (chef de la police municipale [1]) cette lettre de M. Dyonnet qu'il vient de recevoir à l'instant, pour qu'il en prenne connaissance et que, ce matin, de bonne heure, il fasse rechercher l'ouvrier dont il est question, et que surtout on ne le perde pas de vue. » En revanche, il prescrivit de faire perquisition dans les maisons avoisinant l'Ambigu. Les investigations commencées à trois heures du matin irritèrent les locataires des maisons visitées et ne produisirent aucun résultat. L'indication était précise cependant; comment se peut-il que l'on n'ait su en tirer parti? La raison est bien singulière et prouve combien il est dangereux, en certains cas, de s'en rapporter aux dénominations officielles.

L'Ambigu-Comique, celui que nous connaissons, celui qui, bâti par MM. Stouff et Lecointe,

---

(1) Ce M. Joly était un homme très-résolu et fort intelligent : c'est lui qui, en 1832, avait été chargé d'accompagner Deutz à Nantes pour s'emparer de la duchesse de Berry.

a été ouvert en 1828, était où nous le voyons encore, sur le boulevard Saint-Martin; mais l'ancien Ambigu, celui qu'Audinot avait créé, était situé, avant d'être démoli, boulevard du Temple, n° 76, à la place où depuis furent les Délassements-Comiques; il était par conséquent très-voisin de la maison Fieschi qui portait le n° 50. Or, de même qu'il existe encore beaucoup de personnes qui disent Feydeau pour l'Opéra-Comique, Franconi pour le Cirque, les Bouffes pour les Italiens, le langage populaire appelait Ambigu l'emplacement où jadis avait existé le théâtre d'Audinot. Administrativement, il n'y avait que l'Ambigu du boulevard Saint-Martin; dans la langue familière du peuple, il y avait aussi celui du boulevard du Temple; ou, pour être scrupuleusement exact, il y en avait deux : l'ancien, que l'on nommait simplement l'Ambigu; le nouveau, que l'on appelait l'Ambigu-Comique. La police s'y méprit, et ne sut rien découvrir. Il aurait, du moins, fallu s'emparer de Victor Boireau, contre lequel un mandat d'amener aurait dû être immédiatement lancé avec ordre de procéder d'urgence; mais on ne se présenta chez lui qu'à huit heures du matin; il était déjà sorti. On apprit seulement qu'il avait coupé ses moustaches et sa barbe, l'avant-veille, 26 juillet; mais on ne réussit à le découvrir et à mettre la main sur lui que dans la

6.

soirée du 28, lorsque le malheur était devenu irréparable. Comme toujours, après l'événement, on a crié à la fatalité; il n'y eut d'autre fatalité qu'une maladresse insigne et un défaut absolu de perspicacité.

Malgré l'inutilité des recherches entreprises par la police et qui, — puérilement, — avaient eu surtout les caves pour objet, Gisquet n'était pas rassuré. Il avait fait prier le procureur général, M. Martin du Nord, et un juge d'instruction éminent, M. Zangiacomi, de se rendre, place Vendôme, dans les salons du garde des sceaux, M. Persil, où la reine devait assister au défilé, afin qu'on pût les avoir immédiatement à disposition, en cas de besoin. Il avait été de sa personne aux Tuileries, au moment où le roi se disposait à partir. Je tiens d'un très-haut personnage qui, ce jour-là, devait pour la première fois accompagner Louis-Philippe, que Gisquet dit : « Il y aura sans doute un attentat, mais ce sera peu de chose. » Malgré la qualité exceptionnelle et princière du personnage auquel je fais allusion, je crois qu'il s'est trompé et qu'il a été mis en défaut par ses souvenirs. Laisser partir le roi, lorsque l'on redoute une tentative d'assassinat et se contenter de dire : « Ce ne sera pas grave, » ressemblerait trop à un crime de haute trahison ou de haute ineptie.

Suivi d'un énorme cortége, dans lequel le duc de Broglie et M. Thiers avaient pris place, Louis-Philippe quitta le château avec une exactitude toute royale, au moment où neuf heures sonnaient; il montait un cheval « de parade, » bien dressé et d'élégante allure, que l'on nommait *le Régent.* Il passa devant le front des troupes massées aux Champs-Élysées, prit ensuite la rue Royale et s'avança au pas sur le boulevard, suivant la droite occupée par la garde nationale. Tout alla bien; les acclamations ne chômèrent pas et la population faisait bon accueil. Dans le cortége, on n'était pas tranquille; les vieux militaires surveillaient les fenêtres; cependant il y eut du soulagement et l'on respira plus à l'aise lorsque l'on eut dépassé le boulevard Saint-Martin, car tout le monde, abusé par le mot Ambigu, s'était imaginé que le danger n'était que là. Un agent de police courut prévenir Gisquet que l'endroit périlleux avait été franchi sans encombre. La satisfaction ne devait pas être de longue durée.

Le boulevard du Temple, que l'on appelait familièrement le boulevard du Crime, à cause des gros mélodrames que l'on y jouait tous les soirs, était occupé par de nombreux théâtres : le Cirque, les Folies-Dramatiques, la Gaîté, les Funambules, les Délassements-Comiques, le Petit-Lazari, situés tous dans une sorte d'enfoncement qui ressemblait à une place demi-circulaire. Plus loin, la chaussée reprenait un alignement normal; des maisons d'assez piètre extérieur, presque toutes munies de cafés, s'ouvraient en façade sur la contre-allée et rejoignaient, par derrière, la rue des Fossés-du-Temple; le n° 52, à trois étages, avait au rez-de-chaussée un « estaminet rustique »; le n° 48, à deux étages, contenait le « café des Mille-Colonnes ». Entre ces deux maisons, celle qui portait le n° 50 offrait une singulière apparence : très-étroite, n'ayant qu'une seule fenêtre de face, elle était assez sordide et mal bâtie; au rez-de-chaussée et au premier, un marchand de vins nommé Travault; au second, une insignifiante locataire, la dame Léon; au troisième, la croisée restait obstinément oblitérée par une jalousie abaissée. Il y avait foule dans les contre-allées, des têtes à toutes les baies prenant vue sur le boulevard; nul commissaire de police, nul officier de paix, nul sergent de ville, nul inspecteur en surveillance, nul officier, nul soldat de la garde municipale n'imagina d'aller regarder derrière cette jalousie rabattue; ce qui, cependant, était élémentaire. De l'autre côté du boulevard, précisément en face de cette néfaste masure, s'étendait la basse muraille qui protégeait le Jardin-Turc.

Il était un peu plus de midi lorsque le cortége approcha ; voici dans quel ordre il marchait : en avant le maréchal Lobau, le roi un peu en arrière ; à sa droite le prince de Joinville, à sa gauche le duc d'Orléans, puis le duc de Nemours ; à la hauteur du prince de Joinville, le colonel de Rieussec immobile devant sa légion ; derrière le roi, le maréchal duc de Trévise en tête de l'état-major ; derrière le duc de Trévise, le général Lachasse de Vérigny.

Au moment où le roi passait devant la maison n° 50, il vit sortir un jet de fumée de dessous la jalousie ; il eut le temps de se tourner vers le prince de Joinville et de lui dire : « Ceci me regarde. » L'explosion ressembla à celle d'un feu de file très-rapide et comme saccadé. L'effet produit fut épouvantable. Le cheval du roi s'était cabré sous l'impression d'une blessure reçue au cou ; le cheval du prince de Joinville frappé au grasset, reculait en pliant les jarrets. Les princes s'étaient précipités vers leur père dont le front avait été éraflé par une balle. Autour de ce groupe de quatre personnes le vide s'était fait ; la chaussée, la contre-allée de droite étaient couvertes de morts et de blessés ; quarante-deux personnes venaient de tomber.

L'effarement fut sans pareil, tout le monde crut que le roi était tué ; la garde nationale, obéissant à un mouvement instinctif, ondula vers la foule qui fuyait de tous côtés. Louis-Philippe fit faire un brusque soubresaut à son cheval et se jeta audevant de la compagnie de voltigeurs du 4ᵉ bataillon de la huitième légion, en agitant son chapeau et en criant : « Me voilà ! » Une immense acclamation de : Vive le roi ! lui répondit. Il se tourna alors vers ses fils, vers ses aides de camp, vers le duc de Broglie, leur dit : « Allons ! marchons ! il faut marcher ! » Et reprit sa route.

On compta les morts, ils étaient nombreux : le maréchal Mortier, duc de Trévise, le comte Villatte, le lieutenant-colonel Rieussec, les gardes nationaux Léger, Ricard, Prudhomme, Benetter, Juglar ; le sieur Ardoin, la demoiselle Rémy, la femme Lagoré ; ceux-ci avaient été tués sur le coup ; d'autres allaient promptement succomber aux suites de leurs blessures ; ce sinistre nécrologe devait inscrire encore le général Lachasse de Vérigny, le colonel Raffé, M. Labrouste, M. Leclerc, les dames Alizon, Briosne et Ledhernez ; parmi les blessés on reconnaissait les généraux Colbert, Brayer, Pelet, Blein, Heymès. Ce dernier eut le nez emporté par une balle, et depuis lors, on ne l'appela plus que le général Néanmoins, pitoyable jeu de mots qui fit fortune dans ce temps-là ; en outre, une vingtaine de personnes avaient été plus ou moins grièvement atteintes.

Avant de reprendre sa marche, le roi avait expédié le colonel Boyer, aide de camp du duc de Nemours, au ministère de la justice, pour porter l'exécrable nouvelle et assurer la reine que lui et ses fils étaient sains et saufs. Le colonel remplit sa mission et raconta d'abord à M. Persil, garde des sceaux, l'événement qui indignait tous les cœurs. M. Persil appela immédiatement MM. Martin du Nord et Zangiacomi, et leur prescrivit de se rendre sans délai au « boulevard du Crime », pour commencer l'instruction et recueillir tous renseignements. Il fallut plus d'une heure à ces magistrats pour parvenir, à travers les troupes et la foule exaspérée, jusqu'à ce champ de carnage. Ils avaient déjà été précédés par M. Frédéric Legonidec, juge d'instruction, accouru en volontaire de la justice au premier bruit de l'attentat. Masson, Heymonnet, Guillemin, commissaires de police, Allard, chef du service de la sûreté, étaient à l'œuvre, et ne se ménageaient guère. M. Thiers s'agitait partout, et Gisquet, éperdu, répétait : « Mais on m'avait dit l'Ambigu ! »

Ce furent les soldats de la garde municipale qui, les premiers, se précipitèrent dans la chambre du crime dont il fallut enfoncer la porte, car celle-ci était barricadée à l'intérieur. Cette chambre était déshabitée et pleine de fumée ; une machine infernale en forme d'établi supportant un jeu de vingt-quatre canons de fusil, dont sept étaient crevés, occupait le milieu de la pièce ; il y avait du feu dans la cheminée ; un tison enflammé gisait par terre ; dans un coin un matelas roulé portait le nom de Girard écrit en grosses lettres sur la toile ; au mur était fixée une lithographie représentant Henri V, avec le vers de Virgile : *Si fata aspera rumpas, tu... eris!* Des traces sanglantes empreintes sur le papier de tenture prouvaient que l'assassin était blessé et indiquaient la route qu'il avait prise pour s'enfuir. On allait se jeter à sa poursuite, lorsque des cris partis d'une cour voisine, communiquant avec la rue des Fossés-du-Temple, annoncèrent qu'il venait d'être arrêté.

L'œuvre des juges instructeurs ne fut point facile ; tout le monde parlait à la fois, tout le monde voulait être entendu, tout le monde avait des renseignements à donner. Si les témoins ne manquaient pas, les gens arrêtés ne faisaient pas défaut ; la garde nationale, aveuglément zélée et rendue furieuse, conduisait au poste tout individu suspect ; les locataires de la maison, les oisifs réunis dans les cafés voisins, furent incarcérés. Pendant cette journée du 28 juillet, plus de deux cents personnes furent mises sous le verrou des « violons » ; c'était une épidémie ; on voyait des assassins partout.

Les magistrats se gardaient bien de tomber dans de tels excès; ils interrogeaient, écoutaient, et, avec une admirable patience, accueillaient toutes les sornettes qu'on venait leur débiter, dans l'espoir de découvrir un indice qui pût les guider vers une enquête sérieuse. C'est à une heure de l'après-midi, — le premier interrogatoire de Fieschi-Girard est daté d'une heure un quart, — qu'ils commencèrent à tâcher de débrouiller ce chaos. Des empressés, des gens cherchant à se donner de l'importance, faillirent, par la roideur de leurs affirmations, les entraîner hors de la voie où ils devaient trouver la vérité; l'un jurait qu'il avait nettement aperçu trois hommes,—il dit trois conjurés, — dans la chambre où l'explosion avait eu lieu; un autre racontait qu'au moment où l'on avait appris que le roi était sauvé, sept ou huit jeunes gens s'étaient enfuis d'un chantier voisin du boulevard du Temple.

Le cabaret, la salle du premier étage, la chambre du second, la pièce où la machine se dressait encore, une salle de billard, tout endroit, en un mot, où l'on pouvait placer une table, servait de cabinet d'interrogation aux magistrats qui restèrent là, sans désemparer, jusqu'à cinq heures du matin.

Le « procès-verbal contenant la description de l'appartement », daté de midi et demi, fut fait par

M. Frédéric Legonidec, juge d'instruction. Il lui fallait un greffier, et le sien n'était pas là ; il avisa un jeune avocat qu'il connaissait et lui fit prêter serment : cet avocat était M. Cornudet, qui récemment est mort conseiller d'État. Le magistrat et son porte-plume improvisé avaient déjà indiqué le matelas sur lequel le nom de Girard était écrit, lorsqu'ils découvrirent une chaussette marquée aux lettres J. F. M. Legonidec regarda M. Cornudet et lui dit : « Girard est un faux nom ; c'est une enseigne destinée à nous tromper. » La suite de l'instruction prouva que sa perspicacité avait, sans hésiter, démasqué la ruse.

Pendant ce temps, on avait transporté les morts et les blessés dans le Jardin-Turc et dans les maisons voisines ; on amenait des fiacres, des civières, pour les reconduire à domicile ; on courait chercher des médecins ; la foule curieuse était revenue, elle envahissait toutes les issues, elle rompait, par son propre poids, les rangs de la garde nationale ; on avait grand'peine à l'empêcher de se ruer sur la maison où les juges instruisaient, sur le café Turc, où râlaient les mourants, sur le poste du Château-d'Eau où l'assassin sanglant et mutilé avait été déposé.

Allard, le chef de la sûreté, ne perdait pas son temps ; tout en communiquant aux magistrats les renseignements recueillis par lui, il faisait son profit de tout ce qu'il entendait et prenait bonne note. Il chambra un garçon du cabaret Travault, qui, je l'ai dit, occupait le rez-de-chaussée de la maison, et dès deux heures, il datait un rapport, rapidement écrit sur du papier grisâtre, ressemblant à du papier d'emballage. Dans ce rapport, on lit que Girard a loué l'appartement qu'il occupe depuis trois mois et demi environ; que, lorsqu'il l'a définitivement arrêté, il était accompagné d'un homme de soixante ans, petit, trapu, strapassé, à face sournoise, qu'il appelait son oncle; que le matin même de l'attentat, 28 juillet, il a descendu de chez lui une lourde malle qu'il avait apportée quelques jours auparavant; enfin, qu'il reçoit fréquemment une jeune fille surnommée *la Borgnotte*, parce qu'elle n'a qu'un œil, et qui paraît très-liée avec lui. Allard s'était souvenu de l'excellent précepte : « Cherchez la femme. » Il était sur la piste.

VI

LES DÉNONCIATIONS.

Proclamation dans les théâtres. — Les deux courants de l'opinion. — Carlistes et républicains? — Perplexité de Gisquet. — Arrestations multipliées. — Le mot d'ordre. — Attitude de la presse radicale. — On accuse les légitimistes. — Le premier *canard*. — La fleur de lis. — *Le National*. — Le « tissu protecteur ». — Enquête sur certains légitimistes. — Le prince de Rohan-Chabot. — Erreurs officielles. — Démarche diplomatique. — La duchesse de Berry et sa fille. — Une mystification. — Raspail. — Les niaiseries. — Un spécimen de dénonciation. — Une idée d'apothicaire. — Un souvenir d'août 1830. — Fatigue des magistrats. — Exigence de l'opinion publique. — L'enterrement des victimes de l'attentat. — Panique dans les prisons.

Le 28 juillet, pendant la soirée, on lut à haute voix, dans chaque théâtre de Paris, une circulaire du préfet de police qui relatait tous les détails alors connus de la catastrophe ; cette communication fut accueillie par les cris de : Vive le roi !

L'opinion publique était exaspérée, mais selon les sympathies auxquelles elle obéissait, elle se divisa en deux fractions, dont l'une accusa les carlistes, et l'autre les républicains. Gisquet imita l'opinion publique ; dans l'obscurité où il se débattait, il ne savait trop sur qui faire porter définitivement ses efforts d'investigation ; il sortait, il est vrai, des émeutes républicaines de 1832 et de 1834; mais il se rappelait le tonneau de poudre de la rue Saint-Nicaise, et il n'était pas éloigné de regarder du côté des légitimistes ; il savait en outre que lors de l'insurrection lyonnaise, en avril 1834, des partisans de la branche aînée des Bourbons avaient été arrêtés les armes à la main, entre autres l'abbé Noir et le sieur Genest, gérant d'un journal ultra-catholico-monarchique ; la bannière verte s'était accolée sur les barricades au drapeau rouge des Mutuellistes de la Société des droits de l'homme. Il n'en lança pas moins, cependant, des mandats d'amener contre tous les républicains signalés, contre les rédacteurs des feuilles radicales ; il fait arrêter les écrivains du *Réformateur*, du *Corsaire*, du *Charivari*, du *National*. Armand Carrel lui-même, que son caractère bien connu aurait dû laisser en dehors de toute suspicion, n'échappe pas à cette fureur d'incarcération qui a saisi le préfet de police. En même temps, il accueille les dénonciations qui lui désignent le parti royaliste comme auteur de l'attentat ; ces dénonciations ont été nombreuses, et il est intéressant de le constater, car elles prouvent l'effort accompli pour rejeter sur des innocents une responsabilité accablante.

Un mot d'ordre avait été certainement donné,

auquel obéirent ceux qui espéraient utiliser le dénouement de ce drame longuement préparé. Dans tout le logement de Fieschi, on ne trouve qu'une seule estampe : elle représente le comte de Chambord et est accostée d'une devise qui promet le trône. Le 29 juillet, lorsque l'on ne sait encore vers quelle lumière se diriger, Victor Boireau, arrêté la veille au soir, est interrogé et répond : « J'ai entendu dire que les carlistes voulaient préparer un coup. » Le lendemain de l'attentat, un journal radical disait : « Un fait est patent : l'assassin a été payé ; on lui a fait un pont d'or. D'où cet or est-il venu ? Apparemment de ceux qui en ont beaucoup et qui ont intérêt à le dépenser de la sorte ; nous avons déjà indiqué la source. » C'était clairement dénoncer le parti légitimiste ; enfin, — fait très-grave, — le premier canard crié dans les rues de Paris était, sans avoir l'air d'y toucher, une dénonciation formelle.

On appelle *canards* ces imprimés ornés d'une gravure grossière, qui donnent le récit des crimes importants, des accidents extraordinaires, et que des gens vendaient alors dans les rues. On a mis bon ordre à ces piailleries insupportables, et l'on a bien fait, mais à cette époque l'industrie des canardiers était en pleine floraison. Dès qu'un assassinat avait été commis, Paris se remplissait d'hommes et de femmes qui braillaient à tue-tête :

« Voilà ce qui vient de paraître, assassinat épouvantable, avec les détails du crime ; ça ne se vend qu'un sou. » C'est par centaines de mille que se débitait cette étrange marchandise, qui faisait foi parmi le monde des ouvriers et avait une influence déterminante sur l'opinion populaire. Or, le premier canard qui fut glapi le long des ruisseaux représentait Fieschi, une torche à la main, mettant le feu à la machine ; puis un portrait particulier de l'assassin, — portrait de fantaisie, — vu à mi-corps et portant une *fleur de lis* tatouée sur la poitrine (*Cabinet des Estampes; hist. de Louis-Philippe*, 1835 à 1839 ; q. b. 173). Il était impossible d'être plus explicite et de mieux montrer du doigt les prétendus coupables.

Le *National* du 7 août disait : « L'attentat est monarchique. On ne voudrait pas avouer peut-être, quand on s'est fait gloire d'avoir corrompu l'entourage de la duchesse de Berry, dans la Vendée, de l'avoir fait tomber dans des piéges, de l'avoir accouchée malgré elle et déshonorée à Blaye ; on ne voudrait pas convenir que ces circonstances sont les seules qui aient pu, dans le siècle où nous vivons, allumer une haine, un besoin de vengeance assez terrible pour ne pas reculer devant l'épouvantable conception. »

C'était là un moyen déloyal d'agir sur l'attention publique et de la diriger ; les journaux de l'opposition radicale ne se faisaient pas faute d'y avoir recours, tout en diminuant autant que possible la gravité du danger que le roi avait couru ; l'*Ami de la Charte, journal patriote de l'Ouest,* insère le 1ᵉʳ août une correspondance de Paris dans laquelle on peut lire : « Une balle aurait touché le roi au bras et aurait été repoussée par un *tissu protecteur*, dont il s'enveloppe depuis le 19 novembre 1832. » (Attentat du Pont-Royal.) Ainsi cette sotte invention de la cotte de mailles dont nous avons eu les oreilles rebattues pendant la durée du second Empire, existait déjà à cette époque, et l'on n'hésitait pas à en faire honneur — ou honte — à Louis-Philippe, dont le courage simple et naturel était cependant au-dessus de tout soupçon.

L'action pour ainsi dire officielle des journaux se corroborait des délations particulières, qui tombaient dru comme grêle à la préfecture de police, à la chancellerie, au ministère de l'intérieur, et avaient presque toutes les légitimistes pour objectif. Une lettre datée du 29 juillet et timbrée de Lyon où l'attentat venait d'être connu, dénonce un des auteurs de la machine infernale : « C'est le comte de Nadaillac, ancien officier de la quatrième compagnie des gardes du corps ; faites saisir ses papiers et vous aurez la preuve de ce que j'avance. » Gisquet ne perd pas l'occasion de faire une enquête inutile ; celle-ci est rondement menée et établit

que le comte de Nadaillac, maréchal de camp,
commandant la compagnie des gardes du corps de
Mouchy, habite depuis deux mois une propriété
située dans le département de l'Indre, qu'il a été
signalé, il est vrai, en 1830, comme immiscé dans
un complot légitimiste qui se tramait à Versailles,
mais que c'est un fort galant homme, incapable
d'avoir un rapport quelconque avec des assassins.

De Dour, en Hainaut, un sieur Vibaille écrit que
le prince Frédéric de Mecklembourg, qui a quitté
précipitamment Paris le 28 juillet, est certainement un des fauteurs du crime. Un comte Chamelk,
Suisse d'origine, est signalé comme un agent carliste redoutable; il est très-lié avec le père Loriquet; il a des conférences fréquentes avec des
ennemis de Louis-Philippe qui se réunissent dans
les couvents de la rue du Regard, n° 13 et n° 16,
c'est lui qui a donné l'argent pour confectionner
la machine infernale. Gisquet met ses meilleurs
limiers sur cette trace; les recherches sont infructueuses; le comte Chamelk a quitté Paris le
28 juillet, on ne sait ni par où il a passé, ni ce
qu'il est devenu. Toujours guidé par des dénonciations, le procureur général, sur l'avis du préfet de
police, fait faire des perquisitions chez la duchesse
Mathieu de Montmorency, au château d'Eclimont;
il envoie des commissions rogatoires dans le département de l'Eure, pour interroger MM. de Cordé,

de Pesruche, de Martel, d'Auteuil, de Bauffre, de Gouffray. Ce dernier était décédé depuis plusieurs mois. Le 11 août, Persil, garde des sceaux, reçoit un billet ainsi conçu : « Philippe l'Égalité voudrait cacher et racheter son usurpation par des prières ! Que lui serviront ces démonstrations religieuses auxquelles vous ne croyez pas et qui sont ordonnées par des révolutionnaires et des bandits ? Vos lamentations sont vaines ; *il périra* par le fer ou le poison. La Providence nous a toujours délivrés des usurpateurs. Sans légitimité, la France n'aura que honte et anarchie. Mort à Persil ! Mort à Philippe ! »

Une activité plus vive fut imprimée aux enquêtes secrètes dirigées contre les légitimistes à la suite des premières révélations de Fieschi, lorsque l'on sut par lui que son complice, l'épicier Pepin, avait eu des relations assez fréquentes avec un prince de Rohan-Chabot, relations que la suite de l'instruction expliqua d'une façon très-naturelle. Sur le premier moment, lorsque l'on vit ce grand nom historique mêlé à celui d'un obscur assassin, on fut saisi d'un étonnement qui ne dura guère, car l'on acquit promptement la conviction qu'une simple question d'agriculture avait établi quelques rapports transitoires entre ce Rohan et ce Pepin.

Il n'y avait pas que des dénonciations occultes qui désignaient les légitimistes ; les correspon-

dances officielles ne les ménageaient guère.
M. A. Gautier, procureur général à Angers, écrit
le 17 août, au garde des sceaux : « Les rapports
que je continue à recevoir et notamment ceux de
Beaupréau et de Laval, ne cessent pas de représenter le parti légitimiste comme ayant, sinon
participé, du moins eu connaissance préalable du
crime qui se préparait et comme se disposant à en
profiter. » De telles assertions émanées de graves
magistrats, ébranlaient les convictions flottantes,
et quoique l'on sût déjà à quoi s'en tenir sur bien
des points, on surveillait toujours « les nobles » ;
on continuait à les soupçonner et même à les
inquiéter ; car je trouve dans un rapport le long
récit d'une perquisition infructueuse opérée à
Saint-Germain-en-Laye, dans l'habitation du marquis Le Pelletier de Saint-Fargeau. Les bruits
calomnieux, — les cancans, — sortis de la préfecture de police, entretenus par le journalisme radical, colportés de tous côtés par les oisifs, émurent
les puissances étrangères, et plusieurs ambassadeurs firent une démarche collective pour savoir
si réellement le parti carliste pouvait, à quelque
degré que ce fût, être rendu responsable du méfait.
La réponse fut conforme à la vérité : on avait des
soupçons éveillés par une série de dénonciations
persistantes, mais nulle certitude.

Cette croyance finit par pénétrer une partie de

la population et y devint article de foi. Bien des gens fort honnêtes, d'abord réfractaires à une telle opinion, finirent par l'admettre ; ils évoquèrent leurs souvenirs et crurent trouver des preuves dans leurs illusions. C'est ce qui arriva à un sieur Hélouin, « chevalier de la Légion d'honneur, employé à l'administration générale des postes, tenant hôtel meublé, rue Transnonnain, n° 43 », qui, à la date du 28 novembre 1835, — il a été lent à former sa conviction, — écrit à M. Pasquier, président de la cour des pairs : « Le dimanche 2 août 1835, deux femmes sont venues pour loger chez moi, l'une d'un certain âge, l'autre âgée de dix à onze ans. Elles arrêtèrent une chambre pour quinze jours, donnèrent deux francs d'arrhes, se firent conduire au faubourg Saint-Antoine, revinrent tout de suite et partirent. Ces deux femmes ne peuvent être que la duchesse de Berry et sa fille. Il est bon que monsieur le président en soit instruit. » Bien des personnes ont cru alors, bien des personnes croient encore que les légitimistes avaient été initiés à ce complot et qu'ils l'avaient en partie dirigé. C'est une erreur ; à étudier les pièces une à une, il est impossible de trouver leur trace, si ce n'est dans des dénonciations intéressées, ou calomnieuses, ou imbéciles.

Les grands crimes et surtout les attentats politiques excitent toujours la verve de ces sinistres farceurs qui s'amusent de tout, même des malheurs publics, et dont le seul plaisir semble être de mystifier les agents d'une autorité surmenée, dans ces cas-là, jusqu'au martyre. Un marchand de vin, nommé Lévêque, trouve, rue du Vert-Bois, une lettre qui lui semble étrange ; il va la porter immédiatement au commissaire de police Cabuchet, qui fait un rapport à la suite duquel M. Zangiacomi est délégué pour l'interroger. Or, voici cette lettre, qui est écrite au crayon et adressée au citoyen Raspail : « Paris, le 28 juillet 1835, à sept heures du soir. Mon cher, Henri a un peu trop précipité le coup, d'une demi-seconde, et Philippe n'a pas seulement été blessé. Il n'y a que le maréchal Mortier qui a été blessé. Son aide de camp blessé et plusieurs personnes de tuées. Ainsi on a monté de suite chez lui ; il n'a pas eu le temps de se sauver, on l'a arrêté et il est mort ce soir à six heures. Ainsi voilà notre coup de manqué ; — à une autre année. — Ton fidèle espion. » — N'est-il pas misérable de déranger un commissaire de police et un magistrat pour une si niaise billevesée ? Du reste, Raspail n'était même pas à Paris le jour de l'attentat ; il fut arrêté le 29 à La Sailleraie par ordre de Gisquet ; il était parti le 28, dans la matinée, par la diligence, pour aller à Nantes présider je ne sais plus quel banquet patriotique, qui devait avoir lieu le 30 juillet.

A côté de ces mauvais plaisants, il y avait les nigauds convaincus ; l'un d'eux se rappelle avoir entendu parler du carbonarisme, et bien vite, — « pour être utile à la société et à la patrie, » — il écrit au procureur général : « La mort du roi a été jurée par une société secrète. appelée les carbonari ; chaque individu a fait le serment, au nom de son père vivant ou de son père mort, de tremper le poignard dans le cœur royal. Les misérables tiendront, m'a-t-on assuré, le serment infâme ; ils en veulent aux jours du monarque. *On fera bien de prendre de grandes précautions.* » Elles sont innombrables, ces lettres contenant des délations, des conseils ou des avis, et il faut avouer qu'elles ne sont guère à l'honneur de l'esprit français.

Une de ces lettres me paraît devoir être citée comme spécimen de naïve sottise ; la créature qui l'adresse au préfet de police, lorsque déjà l'instruction est presque terminée, dévoile, sans y penser, le mobile qui l'a fait agir. L'écriture lourde et informe suit maladroitement les lignes d'un gros papier réglé d'avance : « Monsieur le préfet, Meunier, tourneur, cul-de-sac Berthaud, m'ayen abandonné pour se marié à un autre, je vous déclare qu'il a fait les montants d'une mécanique fiessi par les ordres de Boileau ; on leur a promis deux cent mil franc à sept s'il réussissait. C'est un comte et un général Paire qui est à leur tête ; ils se trouve tous à un dîner que le comte a payé; la femme Boilot est de Lagny et complice de Pepin. — votre servante : Louise. »

S'il y avait beaucoup de gens qui, comme on vient de le voir, n'épargnaient pas les dénonciations, il n'en manquait pas qui offraient de reconnaître l'assassin, de le faire parler, de lui arracher la vérité. Un forçat de Brest, dont le style et l'écriture sont d'un aliéné, demande à mettre en œuvre un procédé, dont il est l'inventeur, pour provoquer la confession du coupable « à l'aide d'apparitions séductrices ». Le sieur Fayard, apothicaire, rue Montholon, n° 18, écrit au ministre de l'intérieur dès le 30 juillet : « Je viens vous proposer, pour arriver à la découverte du crime, le magnétisme animal et le sommeil plus ou moins lucide qui en est la conséquence. » Il indique comment il procédera, — il opère lui-même, — et ajoute benoîtement : « Je ne tenterai pas de vous expliquer ce qui est inexplicable ; » puis il termine par ce trait qui mérite de n'être pas perdu : « Il est à désirer que l'expérience ait lieu pendant la vie du criminel, parce qu'il serait plus difficile d'avoir des renseignements après sa mort. » Le comique de cette pièce est achevé par une note transversale : « Il n'y a pas lieu, croyons-nous, de donner suite à cette proposition. »

Un sieur Collin, contrôleur au bureau de la

garantie des matières d'or et d'argent, demanda à être confronté avec Fieschi ; il croit l'avoir déjà vu dans des circonstances qui touchent à un fait historique. Au mois d'août 1830, lorsque Louis-Philippe, encore duc d'Orléans, vint en quelque sorte chercher son investiture à l'hôtel de ville, il se baissa pour serrer une des nombreuses mains qu'on lui tendait ; dans ce mouvement, il se heurta contre une baïonnette, se fit une légère blessure au-dessous de l'œil, et, comme le sang coulait, il l'essuya vivement, en disant : Ce n'est rien ! A ce moment, un homme de mauvaise mine s'inclina pour saisir Louis-Philippe par les jambes et le jeter par terre. Le sieur Collin s'était colleté avec cet individu et l'avait empêché de mettre son projet à exécution ; il se figure que l'auteur de l'attentat du 28 juillet pourrait bien être le malandrin de l'hôtel de ville. — La confrontation eut lieu sans résultat possible, car Fieschi habitait Lyon au moment de la Révolution de Juillet (1).

Il fallait écouter tous ces curieux, tous ces désœuvrés qui voulaient se faire valoir, tous ces découvreurs de vérité qui puisaient dans leur

(1) Il ressort des pièces du dossier que le sieur Collin, s'exagérant la portée du service qu'il avait rendu, en 1830, à Louis-Philippe, désirait obtenir la croix de la Légion d'honneur qu'il croyait avoir méritée ; sa lettre n'est probablement qu'une manœuvre destinée à rappeler le fait pour lequel il voulait être décoré.

imagination les éléments de leur prétendue conviction, car d'un fait insignifiant en apparence, d'un mot dit au hasard, pouvait jaillir un éclair de vérité. Les juges interrogateurs, les greffiers, les substituts du procureur du roi, parmi lesquels je vois la signature de M. Poinsot, qui devait si tragiquement périr, les commissaires de police succombaient à une tâche dont la fatigue se renouvelait sans cesse. L'opinion publique ne leur en tenait compte ; comme toujours, elle était injuste, acrimonieuse, impatiente ; elle eût voulu tout savoir, immédiatement et sans plus attendre. Comme elle ne pouvait connaître la vérité que l'on ignorait encore, elle inventait des fables, s'en repaissait et n'admettait pas que l'on se permît de démentir ses rêveries qui, cependant, variaient chaque jour et parfois d'heure en heure. En tous cas, elle n'était pas douce pour les assassins et voyait volontiers des coupables dans tous les individus arrêtés précipitamment, sans motifs suffisants et un peu trop par mesure de précaution. Un fait prouvera à quel degré d'exagération la partie ordinairement paisible de la population était parvenue.

L'enterrement des victimes de l'attentat devait avoir lieu le 5 août. Tous les corps de l'État, la garnison, la garde nationale, étaient convoqués pour cette cérémonie, qui fut remarquablement imposante. Le bruit courut et s'accrédita que les gardes nationaux de la banlieue devaient se porter sur les prisons et passer tous les détenus politiques par les armes. Un jeune journaliste, Napoléon Gallois, avait été incarcéré comme tant d'autres ; son père prend peur de toutes ces rumeurs sinistres, et, le 3 août, il écrit au président de la cour des pairs pour lui dénoncer le projet de ces énergumènes de l'ordre, qui veulent renouveler les massacres de septembre 1792 ; il termine sa lettre en disant : « Je veux bien croire que le gouvernement n'est pour rien dans cette horreur ! »

La police savait bien à quoi s'en tenir sur ces prétendus projets de justice sommaire ; néanmoins, elle prit de minutieuses précautions, moins pour mettre obstacle à une tentative improbable de représailles odieuses, que pour rassurer les esprits inquiets, et pendant la journée du 5 août, les prisons furent gardées militairement par de nombreux détachements de la garde municipale.

VII

NINA LASSAVE.

Note secrète du chef de la sûreté. — Perspicacité. — Le trajet de la malle. — Morey. — Le commissionnaire Dubromet. — Bon vouloir et bêtise. — Temps perdu. — Canler. — La rue du Long-Pont. — *La Borgnotte*. — « La fille et la malle. » — Nina. — Ses adieux à la vie. — Elle hésite, elle avoue. — Sa déclaration. — Elle ne met point de restriction dans ses aveux. — Elle nomme tous les coupables. — Sa conduite le jour de l'attentat. — Sa conversation avec Morey. — On vérifie immédiatement l'exactitude de sa déposition. — Les dénégations de Morey. — On cherche Pepin. — Il est arrêté le 28 août.

Une note secrète adressée à Gisquet par Allard, chef du service de la sûreté, et datée du mardi 28 juillet 1835, cinq heures et demie du soir, indique, avec une perspicatité remarquable, la route qu'il faut suivre pour arriver à la constation possible de la vérité. L'argumentation est à la fois très-simple et très-ingénieuse :

— L'assassin espérait se sauver, ce qui le prouve, c'est qu'il a été arrêté au moment où il cherchait à fuir par des moyens préparés à l'avance. On a appris que le matin même du crime, il a présidé à l'enlèvement d'une malle qu'il avait fait apporter chez lui peu de jours auparavant. Cette malle doit contenir des objets ayant pour lui quelque importance, puisqu'il l'a mise à l'abri, de façon à pouvoir la retrouver plus tard. Il a dû l'expédier chez une personne sur la discrétion, sur le dévouement de laquelle il pouvait compter ; cette personne est probablement celle que les voisins désignent sous le nom de *la Borgnotte*, qui, selon les uns est la fille, selon les autres est la maîtresse de l'assassin. Si l'on retrouve la fille, on aura la malle ; si on retrouve la malle, on aura la fille. Il faut donc les rechercher simultanément et les découvrir à tout prix.

Le conseil était bon, on ne le négligea pas. Les commissaires les plus actifs, les agents les plus avisés, furent mis à la disposition des magistrats instructeurs qui, par tous moyens, stimulèrent leur zèle.

Le 29 juillet au matin, on a déjà fait comparaître et interrogé le commissionnaire Meunier et le cocher de cabriolet Vienot ; le premier a porté la malle depuis le domicile de l'assassin jusqu'à la rue de Vendôme ; le second l'a transportée sur sa voiture place du Marché-aux-Veaux. D'autres témoins racontent que la malle a été alors enlevée par l'individu auquel elle semblait appartenir ; il l'a placée sur son épaule et on l'a vu entrer, ainsi chargé, rue de Poissy, n° 13, chez un ouvrier marbrier nommé Nolland. La journée du 29 et la première partie de celle du 30 ont été employées à cette constatation, car il a fallu faire des recherches et des questions sans nombre près d'une quantité considérable de personnes pour déterminer le trajet positif entre la place du Marché-aux-Veaux et le n° 13 de la rue de Poissy.

Le 30 juillet, à quatre heures de relevée, Nolland est interrogé; il reconnaît avoir reçu une malle en dépôt le 28, vers dix heures du matin, de la part d'un individu qu'il a jadis connu rue Croulebarbe; d'après les instructions données par cet individu, — qu'il ne nomme pas et dont il ignore le nom, — il ne devait remettre la malle que sur un ordre du sieur Morey, si elle n'était pas enlevée dans une heure. On s'est conformé à cette injonction, et ce matin même, 30 juillet, vers huit heures, la malle a été livrée à un commissionnaire, sur l'ordre du susdit Morey, qui est un maître bourrelier, demeurant rue Saint-Victor, 23. Le commissaire de police Milliet se transporte immédiatement chez Morey, l'interroge, n'en peut tirer aucun éclaircissement et le fait judicieusement conduire devant M. Gaschon, juge d'instruction qui, ne comprenant pas l'importance d'une telle capture, le met en liberté; ce ne fut pas pour longtemps; le surlendemain un mandat d'arrêt était lancé contre lui et recevait exécution.

Il s'agissait de retrouver le commissionnaire qui était venu prendre la malle chez Nolland; le 31 juillet et le 1er août furent perdus en vaines recherches; enfin, à sept heures du matin, le 2 août, on le découvrit; c'était un décrotteur nommé Dubromet, stationnant d'habitude rue du Pont-de-la Tournelle. Il était tellement bête et si particulièrement obtus, qu'on fut obligé de dépenser des efforts considérables pour lui arracher les renseignements qu'il ne demandait qu'à fournir. Il déclare qu'il a été chercher une malle rue de Poissy, qu'il a été chargé de cette besogne et accompagné par un vieux monsieur dont le signalement concorde avec celui de Morey; il sait que, sous la conduite de ce dernier, il a porté la malle dans une rue voisine de l'Hôtel-de-Ville, qu'il l'a montée à un *second* étage et remise à une femme de *quarante* ans qui n'a rien de remarquable. Il ne peut indiquer exactement ni la rue, ni la maison, mais il les reconnaîtrait certainement s'il les revoyait. Escorté d'agents dirigés par un commissaire de police, il se rend, sans hésiter, rue Geoffroy-Lasnier, 7, monte au second étage et s'aperçoit qu'il s'est trompé; on visite avec lui la rue Geoffroy-Lasnier, la rue des Barres, la rue de la Mortellerie, la rue du Pont-Louis-Philippe; partout il croit se reconnaître et nulle part il ne se reconnaît. La journée du 2 août est ainsi inutilement employée; pour gagner du temps on allait en voiture; un compte de dépenses annexé au rapport, constate l'emploi de deux cabriolets pendant vingt heures.

Le lendemain 3 août, dès le matin, on recommença cette recherche d'autant plus énervante qu'il n'était pas possible de suspecter la bonne volonté de Dubromet; cette fois, Allard s'était joint à l'expédition et s'était fait accompagner par Canler, le sous-chef de son service. On reprit les promenades infructueuses de la veille et l'on désespérait de réussir lorsque, vers cinq heures du soir, Canler, s'adressant à Dubromet, lui dit brusquement, pour mieux éveiller ses souvenirs: « Voyait-on le portail d'une église au bout de la rue où vous avez porté la malle?» Le commissionnaire, comme frappé d'une image subite, répondit: « Oui, il y avait quelque chose qui pourrait bien être une église. — Eh bien, reprit Canler, c'est rue du Long-Pont; allons-y! »

La rue du Long-Pont était, en 1835, une ruelle sordide, bordée par des garnis mal famés, par des magasins de chiffonniers, par des hangars de marchands de peaux de lapins, creusée au milieu par un ruisseau fangeux, mal pavée, partant du quai de la Grève, traversant la rue de la Mortellerie et aboutissant à la petite place où s'ouvre le portail de l'église Saint-Gervais. Elle s'appelle aujourd'hui la rue Jacques de Brosse (1) et a été profondément modifiée par la construction de la caserne Lobau ; mais quelques vieilles maisons subsistant encore du côté des numéros pairs permettent de comprendre ce qu'elle était alors. Le commissionnaire n'y eut pas plus tôt pénétré qu'il dit : « C'est bien là ! » il s'arrêta à la maison portant le numéro 11 et monta, non pas au second, mais au quatrième étage ; il frappa à une porte, celle-ci fut ouverte par une femme qui avait dix-neuf ans et non pas quarante ; elle offrait ceci de remarquable qu'elle était borgne de l'œil gauche et n'avait que trois doigts à la main droite : c'était *la Borgnotte*. Allard, triomphant, fit immédiatement prévenir un juge d'instruction et le commissaire de police Milliet, qui avait quitté les agents pour aller prendre quelque nourriture, car il était à jeun et sur pied depuis cinq heures du matin. Allard avait vu juste : « la fille et la malle » étaient dans la même chambre. Cette femme découverte, tout était découvert ; on s'en aperçut promptement.

Elle se nommait Joséphine-Virginie Lassave,

(1) C'est là une dénomination vicieuse ; l'architecte de Brosse s'appelait Salomon et non pas Jacques. (*Comptes des Bâtiments de la reine pour l'année* 1616 : Arch. nat., K. K. 193.)

surnommée Nina, fille d'une ancienne maîtresse de Fieschi et maîtresse, à son tour, de celui-ci depuis quelque temps. C'était une enfant de dix-neuf ans (1), faible, chétive, borgne, manchotte, dévorée par les scrofules et que ses infirmités avaient fait admettre, le 15 janvier 1834, à l'hospice de la Salpêtrière, où M. F. Legonidec, juge d'instruction, la cherchait au moment même où le service de sûreté la découvrait dans un misérable cabinet meublé. Lorsque les agents pénétrèrent dans son taudis, elle ne fit aucune résistance et, très-simplement, elle dit que son intention était de « se détruire » le soir et que toutes ses précautions étaient prises. En effet, on trouva sur elle, dans son corset, une toute petite feuille de papier, — où l'on voit aujourd'hui encore la trace de l'épingle qui la fixait à l'étoffe, — sur laquelle, d'une main assez ferme, elle avait écrit : « Vous êtes prié de ne plus aller voir *Nina*, elle n'existera plus dès ce soir ; elle laisse dans sa chambre la chose dont elle est dépositaire ; voilà ce que c'est que de l'avoir si vite abandonnée. Adieu, après ma mort arrivera ce qui pourra ! »

Elle eût bien voulu ne pas dire la vérité et rester fidèle aux promesses que, sans doute, on lui avait imposées, mais elle n'était pas de force à

---

(1) Elle était née à Cette (Hérault), le 18 mai 1816.

lutter contre l'instante sagacité des hommes qui la questionnaient. Dès le premier interrogatoire subi chez elle à cinq heures et dirigé par M. Gaschon, elle ne peut retenir le secret qui l'étouffe, et, par un seul nom qu'elle prononce, elle ouvre une issue par où toute la procédure va passer.

Près d'elle, on aperçoit la fameuse malle, qui ne contenait que des effets d'habillement à son usage et à celui de Fieschi. Le commissionnaire la reconnaît sans hésiter, quoiqu'il la trouve moins lourde. On demande à Nina qui est-ce qui l'a fait apporter chez elle, — elle balbutie : « Un monsieur dont je ne sais pas le nom. » — M. Gaschon lui dit alors : « Connaissez-vous le nommé Morey ? — Non, monsieur. » Elle hésite, se trouble et reprend tout de suite, après la première exhortation de ne pas dissimuler la vérité : « Eh bien, oui, monsieur, je vais vous le dire, c'est Morey qui a fait porter la malle ici ! »

Immédiatement après son premier interrogatoire qui se termina à minuit, elle fut incarcérée à Saint-Lazare, et mise au secret, comme inculpée de complicité dans l'attentat du 28 juillet.

Le 4 août, elle fut interrogée par M⁰ Pasquier ; elle se défend maladroitement, cherche à retenir une partie de la vérité et fait cependant des révélations graves. On ne la tourmentait pas trop, car on sentait qu'elle était à bout d'effort et l'on ne doutait pas qu'elle ne finît bientôt par se répandre tout entière. On n'ignorait pas qu'elle en savait long, car un rapport de police, en date du 3 août, constate que, la veille du crime, elle a dit à son amie Annette Boulay : « N'allez pas à la revue demain, car il arrivera malheur. » On n'attendit pas longtemps ; le 5 août, elle fait appeler le commissaire de police Milliet et lui dicte une déclaration qu'elle complète le 7 devant le baron Pasquier.

Elle est la maîtresse de Fieschi ; dès le mois d'avril, elle a vu dans le domicile du boulevard du Temple des pièces de bois que, plus tard, elle a reconnues disposées en forme de métier ; elle a cru, d'après le dire de son amant, que c'était une machine à filer le coton. Plusieurs fois Fieschi lui a dit : « Si je venais à te manquer, adresse-toi à Pepin ou à Morey, ce sont de bons amis, ils auront soin de toi. » Les jours qui ont précédé l'attentat, elle a été frappée de l'altération des traits de Fieschi ; la veille, le lundi, elle l'a vu qui buvait de la bière avec Morey, sous le tendelet d'un café du boulevard ; il vint lui parler et lui dit : « Attends-moi demain à la Salpêtrière, j'irai t'y chercher vers midi. » Elle ne comptait pas qu'il tiendrait sa promesse ; aussi, ce jour-là, elle sortit de l'hospice à onze heures et demie avec une de ses compagnes et, pour voir la revue, elle se dirigea vers le boulevard du Temple. Comme elle en approchait, marchant lentement à cause de la foule, elle entendit un grand bruit, vit « une bousculade », et apprenant que l'on venait de tirer « huit coups de fusil » sur le roi, elle fut prise de saisissement, se rappela l'air farouche de Fieschi et se dit: « C'est lui qui a fait le coup. » Elle courut jusque devant la maison, reconnut la fenêtre que tout le monde montrait du doigt et se sauva, se sentant devenir folle. Elle se réfugia chez Annette Bocquin, une de ses amies, où elle tomba, plus morte que vive. Elle revint à elle et se dirigea droit sur la boutique d'épicerie de Pepin, boutique ouverte à l'angle du faubourg Saint-Antoine et de la place de la Bastille ; elle ne vit que la femme Pepin, lui parla de Fieschi, de Girard ; l'épicière la reçut fort mal et lui dit qu'elle ne connaissait pas ces gens-là ! Elle rentra à la Salpêtrière, quitta la chemise de l'hospice, prit quelques effets, brûla les lettres de Fieschi et retourna chez Annette Bocquin.

Le lendemain 29, elle alla chez Morey qui jeta au feu devant elle un portefeuille appartenant à Fieschi et lui dit d'aller l'attendre chez un traiteur de la barrière du Trône. Il ne tarda pas à la rejoindre. Ils dînèrent ensemble. Leur conversation met l'homme à nu et montre les larves qui le rongent. Nina déplore le malheur : « On dit que ce pauvre maréchal Mortier était si bon ! » — « Bath ! répond Morey, c'était une canaille comme les autres! » — Nina reprend : — « C'est horrible! Si j'avais voulu assassiner le roi, j'aurais pris deux pistolets; avec l'un j'aurais tiré sur lui, avec l'autre je me serais tuée. » — « Soyez tranquille, réplique le vieux misérable, il ne perdra rien pour attendre et il descendra bientôt la garde! » — Morey lui raconte qu'il a passé une partie de la nuit, du 27 au 28, dans l'appartement de Fieschi; c'est lui-même qui a chargé les canons de fusil; Fieschi l'a trompé et ne lui a pas tenu parole, car il lui avait bien promis de se brûler la cervelle plutôt que de se laisser arrêter; « c'est un bavard, un imbécile; il ne sait pas son métier; s'il a manqué Philippe, c'est qu'il a mis le feu trop tard, » — ce qui était vrai, comme nous aurons à l'expliquer. Il ajoute : « C'est malheureux que l'affaire n'ait pas réussi; si elle avait réussi, vous seriez devenue bien riche; vous auriez au moins 20,000 francs maintenant. On aurait fait une souscription pour Fieschi, c'était chose convenue. » En revenant vers Paris, Morey alla jeter et cacher dans un coin du boulevard Montreuil un sac plein de balles. Il promit à Nina de lui renvoyer la malle que Fieschi avait déposée chez Nolland; il loua pour elle le cabinet de la rue du Long-Pont, l'y installa et lui fit espérer qu'il lui apporterait promptement soixante francs à l'aide desquels elle pourrait gagner Lyon, d'où il la ferait revenir dans un ou deux ans, lorsque l'affaire serait oubliée.

Nina Lassave, dans ses longues et minutieuses dépositions que j'ai résumées, a été absolument véridique; elle a tout dit, au hasard de ses souvenirs, attachant une importance égale à des faits graves et à des faits insignifiants. On l'interroge sur les relations de Boireau avec Fieschi; elle ne peut rien raconter de particulier à cet égard, elle sait seulement qu'ils se connaissent et elle le dit.

Pour elle, tout gravite entre Pepin, Morey et Fieschi. Quelle est l'âme du complot, quel en est le bras? elle l'ignore. Elle est très-troublée, très-inquiète: « Que vais-je devenir? Je n'avais que Fieschi pour soutien! » Elle semble, sinon l'aimer, du moins le regretter, et cependant un rapport secret explique, avec beaucoup de détails, qu'il ne s'est rendu maître d'elle que par la surprise et la violence.

On contrôla sans délai l'exactitude de ses affirmations; on fit faire des recherches à l'endroit indiqué par elle comme celui où Morey avait déposé son sac de balles, reste de celles qui avaient servi à charger les fusils de la machine infernale, et on le retrouva immédiatement.

Morey, comme les vieux routiers de cours d'assises ou de conspirations, niait tout avec un parti pris dont rien ne put le faire démordre. Lorsqu'on lui répète les paroles de Nina, il ne sait pas ce que l'on veut dire; lorsqu'on lui présente le sac de balles, il le voit pour la première fois. Il n'a ni énergie, ni dignité dans la défense; il ne peut sortir du fatras de mensonges familiers aux criminels : « Fieschi et Nina s'entendent pour le perdre... il tombe des nues quand on lui dit ces choses-là!... Cela le révolte d'entendre de pareilles faussetés... est-il possible, grand Dieu! d'inventer des choses semblables!... » Il n'est pas avare de serments, il jure, il affirme, il donne sa parole d'honneur, il invoque le ciel. Toutes ses réponses sont pitoyables.

Morey, Fieschi, Boireau étaient sous la main de la justice qui n'allait plus les lâcher, mais Pepin, l'épicier radical et révolutionnaire, n'avait pas encore été arrêté. On avait beau établir d'ingénieuses surveillances autour de son domicile, visiter les maisons où il aurait pu trouver un refuge, il était insaisissable. On désirait d'autant plus s'en emparer que l'on supposait, à certains indices, qu'il avait servi d'intermédiaire, non pas entre Fieschi, mais entre la machine infernale et le parti de l'action. Les dépositions de Nina ne laissaient point de doute sur sa culpabilité; on connaissait, en outre, un détail écœurant : la veille de l'attentat, il avait été trouver M. Jacquemin, le commissaire de police de son quartier, pour lui dire que, le lendemain, il s'éloignerait de la revue, afin qu'on ne pût même le soupçonner, si, par malheur, « il arrivait quelque chose ».

Il avait une certaine aisance, il était en relation avec presque tous les chefs de section de la Société des Droits de l'homme, il ne lui était pas difficile de se cacher, et les asiles ne lui manquèrent pas. Mais les criminels sont comme les sangliers, ils reviennnent toujours à la bauge. On avait trouvé facilement moyen d'installer un agent secret dans la maison même de Pepin ; celui-ci y vint furtivement dans la nuit du 28 août ; la police en reçut immédiatement avis, grâce à un signal convenu, et, avant le point du jour, il était écroué à la Conciergerie.

VIII

THÉODORE PEPIN.

L'attitude de Pepin. — Perquisition à son domicile. — L'article 39 du Code d'instruction criminelle. — La fosse d'aisance. — Somnolence. — Évasion. — Lettre de Pepin. — La presse républicaine essaye d'égarer les recherches. — Surveillance mal ordonnée. — Le meunier Collet. — Consultation demandée au *National*. — Un intermédiaire peu scrupuleux. — Le prix de la délation. — L'expédition nocturne. — La ferme de Belesme. — Recherche vaine. — Le nid est chaud. — Capture. — Fortune du délateur. — Interrogatoires de Pepin. — Il s'y montre lâche et misérable. — Franchise de Fieschi.

L'arrestation de Pepin semblait devoir dissiper toutes les incertitudes au milieu desquelles l'instruction flottait encore, et l'on ressentit à la préfecture de police une joie qui ne dura pas longtemps. Le véritable instigateur du crime, celui qui avait fourni les moyens de le commettre, celui qui avait prévenu les hommes d'action prêts à en tirer parti, ne devait être définitivement placé sous la main de la justice qu'après des péripéties que nous devons faire connaître.

Pepin, arrêté le 28 août, subit le même jour un

interrogatoire. Il s'y montra misérable et pleurard. Lorsque M. Pasquier lui demande s'il connaît Fieschi, il répond : « De quoi m'accuse-t-on? Est-ce qu'on m'accuserait de complicité ? » Ses réponses n'apprirent rien, mais on put en conclure que l'on se trouvait en présence d'un homme qui, selon le peu d'énergie de sa nature, emploierait tout effort pour mentir à la vérité.

On crut utile de faire perquisition à son domicile et d'y visiter les fosses d'aisance pour retrouver et saisir les objets propres à éclairer la justice. Le commissaire de police Milliet fut chargé de l'opération; or celle-ci, en vertu de l'article 39 du code d'instruction criminelle, ne pouvait avoir lieu qu'en présence de l'inculpé lui-même. Accompagné des inspecteurs Daré et Puyo, Milliet fit extraire Pepin de la Conciergerie, à neuf heures du soir, et se rendit avec lui rue du Faubourg-Saint-Antoine, n° 1. Les appartements furent fouillés avec soin et ne livrèrent aucun document sérieux; on commença alors la vidange de la fosse, située dans une cave à laquelle on parvenait par un escalier de seize degrés. Pepin était placé entre les inspecteurs, sur la marche palière; devant lui, et surveillant les ouvriers, se tenait le commissaire de police. La nuit s'avançait, le jour n'allait pas tarder à paraître, tout le monde se sentait fatigué et les têtes devenaient pesantes sous l'influence des émanations putrides dont on était enveloppé. Les agents Puyo et Daré fermaient involontairement les yeux; ils s'appuyèrent contre la muraille et tombèrent dans cette demi-somnolence qui permet la perception des choses extérieures tout en la dénaturant.

Pepin était libre de ses mouvements : ni poucettes, ni menottes; on n'avait même pas eu la précaution de le tenir par cette courte corde munie à chaque extrémité d'un manche de vrille, que les agents de police nomment *cabriolet*, et à l'aide de laquelle on tient par le poignet tout individu dont on veut s'assurer. Il vit que le commissaire Milliet lui tournait le dos, il reconnut que les deux inspecteurs n'avaient plus qu'une conscience confuse de ce qui se passait; il se retourna rapidement; en trois bonds, il escalada les seize degrés, poussa une porte, se trouva dans la rue et se sauva avec une telle prestesse qu'il fut impossible de savoir par où il avait passé.

Gisquet ne fut point content et révoqua immédiatement le commissaire de police; compensation illusoire qui ne lui rendait pas le coupable évadé. On était déjà revenu de la stupeur causée par l'attentat; on n'est jamais fâché, à Paris surtout, de prendre l'autorité en défaut, et les rieurs ne furent pas du côté de la préfecture de police. Peu de jours après cette évasion, M. Pasquier recevait une lettre de Pepin, lettre prétentieuse et sotte, par laquelle il s'engageait à se constituer prisonnier, dès l'ouverture des débats, « pour se disculper d'une accusation aussi banale que déplorable que l'on voudrait encore faire peser sur lui » ; il prévient qu'il adresse copie de sa lettre à un journal « pour faire cesser les attroupements devant sa maison ». Les journaux de l'opposition allaient, en effet, se mettre au service de cette mauvaise cause et essayer d'égarer les recherches.

Pepin, quoiqu'il eût été agent de la police secrète à la fin de la Restauration, sous l'administration de Mangin, faisait partie de la Société des *Droits de l'homme ;* il était lié avec le docteur Recurt, chef de la section des Gueux, recrutée presque tout entière dans le faubourg Saint-Antoine ; il avait quelques relations avec des hommes d'une situation supérieure à la sienne ; il connaissait Guinard, Godefroi Cavaignac, Armand Carrel, Blanqui, Raspail. Il s'était montré chez le général La Fayette ; il avait reçu à dîner le député Levaillant, président du tribunal d'Ancenis ; par sa boutique d'épicier, doublée d'un débit de liqueurs, il voyait beaucoup de monde ; dans la tourbe des conspirateurs, c'était presque un « monsieur » ; quoiqu'il ignorât la valeur des mots, il aimait à parler et se plaisait à écrire de longues lettres, quoiqu'il ne sût pas l'orthographe (1); il avait même fait paraître une fort médiocre brochure relative aux événements du mois de juin 1832 (2). Les journaux du radicalisme semblèrent obéir à une consigne; chaque jour on annonçait que Pepin avait quitté la France; le *National* du 16 août indiquait les différents endroits où des perquisitions inutiles avaient été opérées dans le but de le découvrir; c'était, en quelque sorte, lui désigner un itinéraire facile à suivre. Il était en rapport direct avec ces journaux. La preuve existe parmi les pièces du procès : le *National* du 15 septembre 1835 publia un entrefilet annonçant que Pepin était arrivé à Rotterdam; la minute retrouvée est de sa main.

La police ne se laissait pas prendre à ces grossières finasseries; surexcitée par la justice qui voyait dans Pepin « la clef de voûte du procès », elle ne se reposait guère; mais tous ses efforts n'aboutissaient pas, elle tournait dans le vide. Un indice avait fait croire qu'il était réfugié dans les environs de Lagny. La surveillance ordonnée fut

---

(1) Voir à la fin du volume : *Notes et éclaircissements*, n° 2.
(2) Relation exacte d'une série de faits touchant les funestes événements des 5 et 6 juin 1832 et présentant le résultat de plusieurs erreurs commises dans le rapport de M. le général Schramm et de M. le maréchal de camp Tourton, sur les mêmes événements, par P.-T.-F. Pepin, capitaine démissionnaire de la 1re compagnie, 1er bataillon de la 8e légion de la garde nationale de Paris; in-8° de 52 pages. S. L. N. D. *Auffray, imprimeur, passage du Caire.*

si mal conduite qu'elle échoua misérablement, à cent pas de l'endroit où, en effet, il était caché. Bien des personnes étaient persuadées qu'il était parvenu à franchir la frontière et que la cour des Pairs n'aurait qu'un contumace à juger. La police ne se décourageait pas, et elle continuait ces lentes, ces prudentes investigations qui, presque toujours, la mènent au but qu'elle a mission d'atteindre. Gisquet, qui avait déjà sur la conscience la responsabilité de l'attentat, se sentait perdu s'il ne parvenait à réintégrer Pepin sous les verrous. La capture de celui-ci paraissait d'autant plus indispensable à l'instruction complète du procès, que Fieschi avait rejeté toute réticence et venait, à la date du 11 septembre, de faire des révélations écrasantes pour Pepin.

Le hasard intervint. Le diable siffla dans l'oreille d'un besoigneux, et la police se vit tout à coup mise en possession de celui qu'elle cherchait en vain depuis si longtemps. Pepin, qui s'était mêlé d'agriculture et de procédés pour la décortication des légumes, avait entretenu des rapports d'affaires et ensuite d'amitié avec un meunier nommé Collet, demeurant à Torigny, dans le département de Seine-et-Marne; c'est à cet homme qu'il s'était adressé pour trouver un asile, avant et après son évasion. Quoique son refuge fût bien choisi, il ne s'y croyait pas en sû=

reté, il se sentait traqué, il rêvait de fuir jusqu'en Angleterre ; mais, pour pouvoir voyager en France et s'embarquer, il lui fallait un passe-port qu'il n'avait pas. Il chargea Collet d'aller au *National*, le priant de parler de lui à Armand Carrel ou à Garnier-Pagès, de leur demander conseil en son nom et surtout de lui procurer les faux papiers d'identité dont il avait besoin pour passer la frontière sans risquer d'être arrêté au premier relai.

Collet vint à Paris, se rendit aux bureaux du *National*, n'y rencontra ni Garnier-Pagès, ni Armand Carrel, et n'hésita pas à faire confidence du motif qui l'amenait à deux individus qu'il ne connaissait pas et qui lui parurent appartenir à la rédaction ou à l'administration du journal. Un de ces individus le mit en rapport avec une personne, — que je crois ne devoir pas nommer et que je désignerai par la lettre Z, — qui lui promit le passe-port désiré et lui donna rendez-vous à Lagny pour être mis en rapport avec Pepin. On ne parvenait près de ce dernier, dans la cachette où il vivait, qu'à l'aide d'un mot de passe que le naïf meunier livra à Z. Celui-ci conçut-il d'emblée l'idée de la trahison ? on en peut douter ; elle germa lentement en lui ; il la combattit et ne fut pas le plus fort. Il pensa probablement que les temps étaient durs, qu'il était pauvre, qu'il était intelligent et qu'il ne lui manquait pour réussir, pour faire fortune, que cette première mise de fonds si difficile à se procurer, et que le gouvernement ne se ferait faute de lui offrir en échange d'un secret de telle importance.

Z... avait eu plusieurs entrevues avec Pepin, et celui-ci, leurré de promesses, passait ses journées à écrire les itinéraires qui devaient assurer sa délivrance. Z... apprit que quelques inspecteurs de police, maladroitement déguisés en chasseurs, avaient été reconnus rôdant dans les environs de Lagny; il eut peur que l'on ne s'emparât du fugitif sans son concours; il n'hésita plus et se présenta chez Gisquet, auquel il proposa de livrer Pepin moyennant 100,000 francs. La somme était lourde; le préfet de police en référa au ministre de l'intérieur. M. Thiers, auquel la capture de la duchesse de Berry n'avait coûté que 250,000 fr. (1), trouva qu'il était excessif de dépenser 100,000 francs pour un épicier du faubourg Saint-Antoine; il autorisa le préfet de police à débattre le prix et à ne pas dépasser 25,000 francs. Z... regimba un peu et finit par accepter. Le 20 septembre, il s'introduisit près de Pepin et eut une longue entre-

---

(1) On a dit et imprimé que Deutz avait reçu 500,000 francs pour son inqualifiable trahison, c'est une erreur; on s'en tira à meilleur marché; madame la duchesse de Berry ne fut vendue que 250,000 francs.

vue avec lui. Pendant ce temps, Gisquet, qui prenait lui-même le commandement de l'expédition, prétextait une partie de chasse, disposait son monde, faisait prévenir secrètement le lieutenant commandant la gendarmerie de Meaux et arrivait, de sa personne, dans cette ville, à neuf heures du soir.

Gisquet a raconté cet épisode dans ses *Mémoires*; mais, obéissant aux nécessités du devoir professionnel, il n'a pas dit toute la vérité ; il a prétendu qu'il ne savait pas exactement dans quelle ferme se cachait Pepin et qu'il en avait désigné plusieurs qui devaient être fouillées par les officiers de paix et les inspecteurs dont il était accompagné. C'est « une frime », comme aurait dit un de ses agents, destinée à couvrir le dénonciateur et à dérouter les soupçons. Z... vit Gisquet vers dix heures du soir ; il venait de quitter Pepin, il était donc bien certain que celui-ci était toujours dans le même asile, c'est-à-dire, à la ferme de Belesme appartenant à un cultivateur nommé Rousseau. Malgré la sûreté des indications, malgré l'activité du préfet de police marchant à pied à la tête de son escouade, malgré la présence d'un guide, l'expédition paraît avoir été assez médiocrement dirigée, car on s'égara, on battit les chemins de traverse pendant quatre heures, et l'on n'arriva au lieu désigné que peu de moments avant le lever du jour. La ferme isolée, close de murs, fut immédiatement entourée par la gendarmerie composée des brigades de Meaux, de Claye et de Crécy; on heurta à la porte, et, comme on ne la voyait pas s'ouvrir, on escalada les murailles. Le propriétaire ne savait naturellement pas ce qu'on lui voulait, ni pourquoi on envahissait sa demeure, ni pourquoi il y avait des gendarmes; il affirmait, par tous les saints, qu'il ne donnait l'hospitalité à personne. On parcourut la maison, furetant dans chaque coin, et l'on ne découvrait rien. Gisquet faisait déjà longue mine; avait-il donc été joué?

On venait d'examiner, pour la troisième ou la quatrième fois, une vaste pièce peu meublée, lorsqu'un brigadier du service de sûreté, nommé Fraudin, aperçut une sorte de soulèvement régulier et longitudinal sur la muraille; il l'inspecta de près : c'était une porte sous tenture. Il l'ouvrit; elle donnait accès dans un petit cabinet muni d'un lit qui était vide. Fraudin passa rapidement sa main entre les draps et s'écria : « Le nid est chaud, l'oiseau n'est pas loin! » On frappa sur les murs; une partie sonnait creux et cachait un placard où l'on vit Pepin, debout, pieds nus, en chemise, pâle et tremblant. Son premier mot fut : « Ne me faites pas de mal! » Sous bonne escorte on le conduisit à Paris, et quelques heures après il était écroué dans la prison qu'il ne devait plus quitter que pour aller place Saint-Jacques.

Z... reçut le prix du misérable qu'il avait vendu. C'était un homme intelligent et peu scrupuleux, — on vient de le voir ; — avec les 25,000 francs si étrangement gagnés, il fonda une très-importante entreprise qui a prospéré et lui a permis de faire réellement fortune, contrairement au proverbe : Bien mal acquis ne profite pas. Pepin n'a jamais su qu'il avait été livré contre argent stipulé, et il fit honneur de sa seconde arrestation à la seule sagacité de la police.

Par la prise de Théodore Pepin, la justice se trouvait être en possession de tous les criminels effectifs, c'est-à-dire de ceux qui avaient pris une part directe à l'attentat, qui l'avaient imaginé, préparé, soldé, surveillé, accompli. Boireau, Morey, Pepin, Fieschi, représentaient le crime à toutes ses phases ; on leur avait adjoint, un peu légèrement, un ouvrier nommé Bescher, qui était seulement coupable d'avoir, momentanément, prêté son livret à Fieschi ; c'était là un acte de complaisance inconscient qui valut au pauvre diable une longue détention terminée par un acquittement mérité.

On avait espéré que l'arrestation de Pepin permettrait de pénétrer jusque dans les profondeurs de cette diabolique machination; on avait cru que sa nature vaniteuse, molle et indécise, ne résisterait pas à l'emprisonnement, au secret, à l'habileté des interrogatoires; on s'était trompé; jusqu'à la dernière heure, il s'imagina qu'il abuserait la justice, qu'il la convaincrait de son innocence, et qu'il finirait par retirer sa tête sauve de la terrible partie où il l'avait engagée. Dans ses interrogatoires, dans ses lettres, dans ses confrontations avec ses complices, il fait pitié; son âme est basse, sans ressort et sans ressource; il ne sait même pas lutter; il invoque la Providence, il dit qu'on lui en veut; quand Fieschi, impudent et bravache, lui jette son crime au visage, il répond :

« Je n'ai pas assez de sang-froid pour répondre à des manœuvres pareilles; j'espère qu'il y aura un être suprême qui me donnera assez de force pour repousser de semblables infamies. » Ce n'est même pas de la déclamation; c'est l'expression d'une peur qui ne parvient pas à se dissimuler. Quand ces longs mois de mensonges trop grossiers pour s'imposer n'ont abouti qu'à le faire condamner à la peine capitale, il s'ouvre alors; il oublie le serment prêté au sein des sociétés secrètes, il dit ce qu'il sait, mais ce qu'il sait n'est pas assez important et surtout n'est pas assez complet pour lui mériter une grâce au-devant de laquelle vont ses révélations.

Lorsque Pepin et Morey se décidèrent à donner un corps à leurs rêveries régicides, il est certain que l'acteur principal, Fieschi, fut sacrifié par eux; il devait mourir, être foudroyé par l'explosion et emporter tout secret avec lui. Par un juste retour, Fieschi, miraculeusement sauvé, les sacrifia sans réserve; on n'aurait réussi à rien obtenir de Morey, il était et resta obstinément fermé; à travers les réticences de Pepin et les négations maladroites de Victor Boireau, on aurait pu, à grand'peine, apercevoir un lambeau de vérité; avec Fieschi on la saisit tout entière, du moins celle qu'il connaissait, et il s'en faut de beaucoup qu'il ait été initié à tous les projets que l'on eût tenté de mettre à exécution si, comme le maréchal Mortier et comme tant d'autres, le roi eût été frappé à mort. Fieschi fut long à se décider; il se passa des semaines avant qu'il entrât dans ce que le langage du Palais-de-Justice appelle « la voie des aveux ». Pendant bien des jours, mû par cette vanité maladive et farouche qui était le trait distinctif de son caractère, il essaya de ménager ses complices, — il en est un qu'il protégea jusqu'à la fin, — et d'éloigner d'eux le poids des responsabilités qui entraînent les peines sans merci; mais, sous l'action de certaines influences particulières, que nous allons indiquer, il se résolut à ne plus rien cacher de ce qu'il savait ; il vomit tout son crime. On peut tout lui reprocher, excepté d'avoir manqué de franchise, car il en eut souvent jusqu'au cynisme.

IX

LES RÉVÉLATIONS.

« Pour la gloire ». — Le premier interrogatoire de Fieschi. — Les blessures. — Procès-verbal des médecins. — Confrontation de Fieschi et de Boireau. — « Une idée folâtre ». — La mère de Nina. — M. Lavocat. — Entrevue de M. Lavocat et de Fieschi. — Les aveux. — Caractère de Fieschi. — Influence de Nina. — Importance et vanité. — Les autographes. — Sentiments de vengeance. Victor Boireau. — Viterbi. — Projets d'avenir. — Empressement à découvrir la vérité. — On arrive à reconstituer toute l'existence de Fieschi.

Fieschi arrêté, quelques minutes après l'explosion, au moment où il cherchait à prendre la fuite, fut conduit au poste du Château-d'Eau. Deux soldats de la garde municipale, Thierry et Tirelague, le fouillèrent. On trouva dans ses poches un fléau plombé à trois branches, un couteau et de la poudre de chasse enveloppée dans du papier. Interrogé sur l'usage qu'il voulait faire de cette poudre, il répondit : « Pour la gloire ! » L'homme se révélait d'un mot ; c'était un vaniteux, et il était à craindre qu'il ne se refusât obstinément à parler. On put le croire, dès l'abord, car ses courtes réponses prouvaient la résolution fixe de cacher la vérité.

D'après l'ordre de Gisquet, on l'avait reconduit ou plutôt reporté dans son logement. Là, en présence de la machine brisée et noire de poudre, M. Duret d'Archiac, juge d'instruction, avait procédé au premier interrogatoire, qu'il est intéressant de reproduire : — Comment vous appelez-vous ? — Girard. — Combien étiez-vous ? — Il lève un doigt. — Qui vous a donné cette idée ? — Moi ! — Qui vous a commandé cet attentat ? — Moi-même. — Vous vouliez tuer le roi ? — Oui ! — Il fallut s'interrompre ; le prétendu Girard paraissait sur le point de trépasser.

Les blessures qu'il avait reçues étaient horribles : les mains étaient meurtries ; les phalangettes de l'annulaire et de l'auriculaire gauches étaient cassées ; la lèvre inférieure, coupée en deux, laissait voir les mâchoires ; la peau du front retombait sur les yeux comme une loque sanglante ; un projectile, ou un fragment de culasse éclatée, pénétrant au-dessus du sourcil gauche, avait traversé la boîte osseuse et trouvé issue au pariétal qui était brisé ; le crâne était fracturé ; par cette plaie béante on pouvait suivre les mouvements d'élévation et d'abaissement du cerveau.

Le premier procès-verbal des médecins, daté du 28 juillet, cinq heures et demie, est signé de

Marjolin, Lisfranc, Blandin, Eymery, Barras, Guichard et Bonnot, médecin de la Conciergerie : il est tout entier de la main de Lisfranc et contient cette phrase qui laissait peu d'espoir de sauver l'assassin : « Le blessé jouit *encore* de toute sa connaissance. » Il ne devait pas la perdre une minute ; il supporta tous les pansements sans articuler une plainte et, le soir même, il se leva pour marcher dans la chambre assez spacieuse qui lui servait de prison à la Conciergerie. Deux agents le veillaient jour et nuit ; quatre autres étaient constamment de garde dans une pièce voisine. Dans la nuit, le 29, à deux heures du matin, il fut confronté avec Victor Boireau. Les deux complices se regardèrent, puis déclarèrent ne pas se connaître et ne s'être jamais vus.

Malgré la persistance avec laquelle l'accusé affirmait qu'il s'appelait Jacques Girard et qu'il était né à Lodève, on devinait que ce n'était là qu'un pseudonyme destiné à tromper la justice et à cacher un véritable nom. Quelques indices recueillis dans les dépositions des innombrables témoins que l'on interrogeait ne laissaient guère de doute à cet égard. Dès le 29, une réponse embarrassée de Boireau permet de soupçonner que Girard et Fieschi pourraient bien n'être qu'un seul et même individu.

Celui-ci luttait contre l'évidence, et, pour

gagner du temps, semblait promettre de faire des révélations plus tard. Dans son quatrième interrogatoire, qu'il subit le 30 juillet devant M. Pasquier, il dit : « Je ne parlerai pas pour obtenir ma grâce; mais j'y viendrai pour être utile. » Puis à la question : « Qui vous a poussé à ce crime ? » il répond cette énormité : « C'est une idée folâtre. » A toutes les instances pour obtenir son vrai nom, il réplique qu'il s'appelle Girard.

Le 1er août, on entrevit la vérité : le commissaire de police Milliet retrouve Laurence Petit, précédemment veuve Lassave, mère de Nina, autrefois détenue à la maison centrale d'Embrun, et qui a été, pendant longtemps, la maîtresse d'un nommé Fieschi, dont le signalement se rapporte, avec une singulière exactitude, à celui du faux Girard. D'autres renseignements viennent corroborer celui-là, et, dans la soirée du 1er août, on apprend que ce Fieschi a été, il y a trois ans, au service de M. Lavocat, député, lieutenant-colonel de la 12e légion de la garde nationale, directeur de la manufacture des Gobelins.

Le 2 août, celui-ci est mandé au Palais-de-Justice chez M. Legonidec qui l'invite à le suivre à la Conciergerie pour voir l'auteur de l'attentat. M. Lavocat s'en souciait médiocrement, ne soupçonnant pas qu'il tenait en main la clef du mystère. L'entrevue eut lieu après que l'on eut fait retirer les gardiens ; elle eut pour témoins M. Legonidec, juge d'instruction, M. Lacroix, son greffier, et M. Lebel, directeur de la maison de justice, homme intelligent et d'une rare étendue d'esprit. L'assassin était couché, pâle, affaibli par une diète prolongée et par cinq saignées successives, la tête enveloppée de langes, la figure presque complétement disparue sous les circonvolutions du pansement qui lui cachaient le front et toute la partie inférieure du visage. La porte s'ouvrait derrière son lit, dans lequel il était étendu, le visage faisant face à la muraille. M. Lebel se tint sur le seuil de la porte ; M. Lavocat resta près de lui ; M. Legonidec, seul survivant de cette scène dont il a bien voulu me raconter les détails, s'approcha de l'accusé et lui demanda : « Comment vous portez-vous aujourd'hui ? » — L'assassin répondit : « Pas mal. » — Le juge d'instruction reprit : « Je vous amène un de vos amis qui a désiré vous voir. » — M. Lavocat s'avança alors et se plaça devant le blessé.

Si pâle qu'était Fieschi, on le vit pâlir ; il baissa les yeux et resta immobile. M. Lavocat lui dit : « Eh bien ! Fieschi, c'est donc vous ? » — Le misérable, dont tout l'échafaudage de mensonges s'écroulait, fit bonne contenance et tenta un dernier effort. D'une voix que ses plaies à la mâchoire rendaient à peine distincte, il répondit : « Je ne vous connais pas, est-ce que vous êtes de Lodève ? » — « Non, répliqua M. Lavocat, je ne suis pas de Lodève, pas plus que vous ne vous appelez Girard ; vous savez qui je suis et que j'ai toujours été bon pour vous ! » — Fieschi répondit encore : « Non, je ne vous connais pas, vous ! » — M. Lavocat lui prit alors le bras et lui dit avec tristesse : — « C'est un grand chagrin pour moi d'être renié par vous. » — Au mot *renié*, Fieschi regarda M. Lavocat et balbutia : « O mon bienfaiteur ! » puis, se retournant d'un geste brusque, il enfonça sa tête dans l'oreiller et éclata en sanglots avec des mouvements convulsifs qui lui secouaient les épaules. M. Lavocat eut les larmes aux yeux, et, d'une voix très-émue, il dit : — « Je vous adjure de ne pas cacher la vérité. » — Fieschi continuait à pleurer ; il pressa contre sa poitrine ses deux mains grosses de charpie, comme pour comprimer son cœur et murmura : — « Oh ! que je souffre ! » — On le laissa un instant se débattre contre sa propre émotion ; puis M. Legonidec lui demanda s'il voulait déclarer son véritable nom. D'un signe de la tête, Fieschi montra M. Lavocat en disant : « Il le sait bien, lui ! »

De ce moment, la justice avait saisi une réalité et elle allait pouvoir marcher à coup sûr.

La honte d'être vu en prison, vaincu, blessé, sous le poids d'une accusation de régicide, par le seul homme à l'estime duquel il paraissait tenir, causa une insurmontable émotion à Fieschi ; en outre, dans la visite que lui fit M. Lavocat, il vit un témoignage d'intérêt et en fut touché profondément ; il se souvint des bontés que M. Lavocat avait eues pour lui, des services qu'il lui avait rendus, dans des temps plus heureux ; il sentit se réveiller en lui une reconnaissance qui n'était pas éteinte ; le dévouement dont il avait jadis donné des preuves à son ancien maître se raviva avec une sorte de violence qui ressemblait à de la passion, et il se donna littéralement à lui. Les lions d'Androclès ne sont pas très-rares dans le monde des criminels.

C'est là, du reste, un des côtés saillants de cette nature complexe dont M. Pasquier a pu écrire avec raison : « Ce grand coupable, dont le caractère étrange est un monstrueux assemblage de qualités élevées et de penchants criminels ; » il était dévoué, reconnaissant, accessible aux sentiments affectifs ; il aimait ses amis et éprouvait pour Nina Lassave une singulière tendresse que l'on dirait un mélange d'amour charnel et de paternité. Cette fille eut sur ses aveux une influence considérable. Bien souvent, les réponses de Nina et celles de Fieschi ne concordaient pas sur certains points que les juges instructeurs cherchaient à élucider. Toutes les fois que l'on fait remarquer

ces contradictions au principal accusé, il répond :
« C'est que je me trompe, « la petite » ne ment pas ; la petite n'a jamais menti, c'est elle qui a raison, » — et il revient, de très-bonne foi, sur ses erreurs ou ses mensonges.

Ce sentiment de dévouement et d'affection fut pour beaucoup dans sa franchise, mais n'aurait point suffi à le déterminer, si un sentiment moins bon, celui d'une inexprimable vanité, ne lui était venu en aide. Le 3 août, le lendemain du jour où Fieschi avait eu sa première entrevue avec M. Lavocat, il subit, en présence de ce dernier, une sorte d'interrogatoire présidé par le baron Pasquier et auquel assistaient M. Thiers, ministre de l'intérieur, M. Martin du Nord, procureur général, et le duc Decazes, grand référendaire. En se voyant entouré par de si hauts personnages, Fieschi comprit son importance et s'en enorgueillit ; son amour-propre en fut flatté ; de ce moment il le prend de très-haut avec ses complices et lâche sur eux cette phrase qui est d'une saisissante vérité : « Les hommes que j'ai connus sont les ennemis du gouvernement, ne se plaisant sous aucune couronne ; viendrait Charles X, viendrait la République, ce serait la même chose ; ce sont des hommes corrompus. » On s'aperçut promptement de cette vanité qui était sa passion dominante ; vingt témoins déposèrent que bien souvent on lui avait entendu dire : « Je ferai parler de moi ; — quelque chose me dit que je passerai à la postérité. » Comme Horace, il se serait volontiers écrié : *Non omnis moriar!* hypertrophie d'orgueil qui se rencontre souvent en ces natures abruptes, basses et violentes; on sut en profiter.

Des hommes aussi fins, aussi rompus aux mystères de l'âme humaine que M. Pasquier, que les juges d'instruction, ne laissèrent point échapper cette occasion d'entrer jusqu'au fond de cet esprit à la fois retors et naïf; on lui fit comprendre que l'univers entier était, en quelque sorte, suspendu à ses lèvres, que les journaux ne s'occupaient que de lui, et que son nom était déjà « célèbre ». Il se laissa prendre à cette glu grossière, il s'enivra de cet encens malpropre ; il se crut réellement devenu une sorte d'être légendaire, et de son cabanon il se fit un tréteau où il prit des poses théâtrales odieusement ridicules. Il trace son nom sur des morceaux de papier et les donne, comme autographes, à ses gardiens, qui en font commerce. Il devient phraseur; son style prend tout à coup une emphase qui ferait rire si elle ne dégoûtait pas ; écrivant à un débiteur pour réclamer quelque argent, il ajoute en post-scriptum : « Le pardo est pour le coupable, peut estre les anges veglie tojurs en favur de malhereus. » — A M. Zangiacomi, il écrit :

« Que des ambitieux profittent de mon avegle amour-propre et de mon courage (pour) me faire engager ma paraule que j'ai tenu à ma perte. »
Il y a des lettres de lui qui sont signées : « Le rézisside Fieschi. » Il regrette, il est humilié d'avoir eu pour complices des gens de mince étoffe; on croirait qu'il se trouve déclassé en si piètre compagnie; il dit, dans un de ses interrogatoires : « Ah! si les carlistes osaient! C'est malheureux pour moi de n'avoir pas de grands noms à livrer. » Puis, se frappant la poitrine, il s'écrie : « Je mourrai en intrépide, moi ! »

Une cause contribua puissamment encore à lui faire avouer tout ce qu'il savait et excita en lui une haine farouche contre Pepin et Morey. On ne lui laissa pas ignorer que la machine infernale avait été disposée de telle sorte qu'elle devait le tuer infailliblement; ses blessures atroces en étaient la preuve. Il n'était pas Corse pour rien, et le sentiment de la vengeance le poussa à charger, sans merci, les deux bandits qui l'avaient surexcité au crime. Le seul de ses coaccusés qu'il ménagea constamment, qu'il semble même défendre, excuser avec insistance, et qu'il réussit, en somme, à sauver d'une condamnation capitale, fut Victor Boireau qui était une sorte de bellâtre, d'apparence commune, fort admiré des filles de barrières; les interrogatoires n'ont pas touché à certains points secrets, le procès public n'a pas tout dit. Les motifs de l'espèce de protection affectueuse dont Fieschi le couvrit sont explicitement relatés dans un rapport de police; ces détails relèvent du « service des mœurs » et n'ont point à trouver place ici.

M. Lavocat, par suite de l'influence qu'il exerçait sur Fieschi, devint une sorte d'intermédiaire entre celui-ci et l'instruction; il recueille les aveux de l'assassin, les rédige sous forme de déclarations que Fieschi, de plus en plus infatué de son rôle, approuve en ces termes : « Je déclare autorisé monsieur l'avocat à communiquer à la justice de la France les révélations et confidences *que je' lui e faites* dans l'enteret de la verrité. » Il ne s'ouvrit que lentement, comme à regret, avec des réticences, commençant sa confession, s'interrompant, promettant de la reprendre plus tard; on eût dit qu'il voulait prolonger la prévention ou ménager ses effets, comme un dramaturge qui prépare son dénoûment de longue main. Lorsque M. Lavocat devient pressant, fait effort pour lui arracher son dernier mot, il se fâche, il boude : « Ne me tourmentez pas, je parlerai quand je voudrai; j'ai regret de ce que j'ai fait; mais je suis intrépide, et, si l'on me taquine, je ferai comme Viterbi. » Cette menace de « faire comme Viterbi » revient souvent et elle suffit à refroidir le zèle de M. Lavocat, qui s'arrête et n'insiste plus. Ce Viterbi (Antonio), était un Corse qui fut condamné à mort, en 1821, à Bastia, pour avoir assassiné Donato Frediani en 1814; afin d'éviter de monter sur l'échafaud, il eut le courage de se laisser mourir de faim; son agonie dura dix-huit jours.

Il fallut plus d'un mois pour amener Fieschi à livrer les principaux faits dont l'instruction se doutait bien, mais dont elle n'avait pas encore la certitude; le 11 septembre il parle, non pas sans restriction, mais avec une sincérité dont il n'avait pas encore fait preuve. Il était complétement rétabli; ses blessures de la tête, dont on avait extrait quinze esquilles provenant de la fracture du crâne, étaient fermées; il se montrait insouciant, assez gai, et s'oubliait quelquefois, en présence de ses gardiens, jusqu'à faire des projets d'avenir, quoiqu'il parlât volontiers du courage qu'il montrerait jusque sous le fer de la guillotine.

Se méprit-il sur l'intérêt qu'on lui témoignait? imagina-t-il qu'en échange de ses révélations on lui ferait grâce? je le croirais, car l'espérance est le dernier sentiment qui meurt au cœur de l'homme. Par une lettre destinée à être secrètement remise entre les mains de Nina Lassave, on peut voir jusqu'où vont ses illusions; il dit : « Je crois bien que l'on me fera partir, et que l'on m'enverra dans une colonie avec une somme d'argent. »

Toutes les révélations qu'il fit successivement et qui, réunies, formaient un ensemble accablant auquel les preuves ne manquaient pas, furent contrôlées par la justice et trouvées exactes. L'instruction avait été conduite avec une habileté remarquable ; la quantité de témoins entendus, de commissions rogatoires envoyées dans les départements, de renseignements recueillis fut extraordinaire ; le zèle déployé par la magistrature, par la police, par la gendarmerie, avait été au-dessus de tout éloge. Chacun semblait poussé par sa propre conscience à chercher jusqu'au fond de ce crime pour y découvrir la vérité. Cet attentat brutal et diffus, qui s'était égaré sur tant de victimes, avait causé une insurmontable horreur ; on attendait de la justice une grande réparation, et on eût dit que chacun y eût voulu aider dans la mesure de ses forces. Malgré les affirmations contraires des journaux radicaux, on sentait vaguement que ce n'était pas là un acte isolé ; on eût voulu en connaître tous les complices, tous les instigateurs, et les voir punir.

Lentement, avec des peines infinies dont témoigne la masse vraiment imposante de documents qui composent les pièces manuscrites du procès, on arriva à une reconstitution complète, du moins en ce qui concernait Fieschi. On put le prendre à sa naissance, le suivre dans les étapes de sa jeunesse, dans son séjour à Paris, dans ses relations mauvaises ; on peut le voir concevant l'idée, — non pas du crime, — mais de la machine ; comprendre comment il fut amené au régicide et l'accompagner jusqu'au poste où il fut conduit, sanglant et mutilé, après avoir exécuté son terrible projet. Ces faits, qui étaient connus de l'instruction, au moment où, six mois après l'attentat, le procès s'ouvrit, le 30 janvier 1836, devant la cour de Paris, nous allons les raconter.

X

LES ANTÉCÉDENTS.

L'acte de baptême de Fieschi. — Sa famille. — Berger. — Engagement militaire. — Campagne de Russie. — Expédition de Murat. — Retour en Corse. — Voleur et faussaire. — Condamnation. — La prison d'Embrun. — Contre-maître. — Laurence Petit. — Tisseur de drap. — Arrivée à Paris. — Faux certificats. — Les vétérans. — Faveurs accordées à Fieschi. — Sa maîtresse. — Le moulin de Croulebarbe. — Pension de 550 francs. — Agent secret. — Pourquoi il quitte la police. — Le choléra de 1832. — Dévouement de Fieschi. — Chef d'équipe. — Malversation. — Fieschi congédié. — Rayé des cadres. — Pension supprimée. — La misère. — Amour pour Nina. — Laurence Petit chasse Fieschi. — Entrée de Nina à la Salpêtrière. — Mandat d'amener. — Fieschi se cache et prend de faux noms. — Sans domicile. — Il se réfugie chez Morey.

Fieschi était né en Corse, à Renno, canton de Vico, comme il appert de son acte de naissance, que l'on doit citer pour prouver avec quelle vague négligence et quel dédain des noms patronymiques les registres curiaux étaient tenus dans ce temps-là :

« L'an mil sept cent quatre-vingt-dix, le trois décembre, jour de vendredi :

Je, soussigné, ai baptisé dans la paroisse (de Murato) un enfant né de légitime mariage du nommé Louis et de Lucie, son épouse, du delà des monts, auquel il a été donné le nom de Joseph-Marie. Les parrains, M. Achille Murati et Mme Marie Murati, laquelle a déclaré ne savoir écrire, et le parain a signé.

Signé : Achille Murati et Paul-Marie Lucciardi, archiprêtre.

Pour traduction littérale conforme à l'extrait original écrit en italien :

Marinetti. »

Le père de Fieschi s'appelait Louis Guelfi, dit Petusecco ; on ne sait pourquoi il prit le pseudonyme de Fieschi, auquel devait s'attacher une si redoutable célébrité ; il eut plusieurs enfants, dont un, demi-frère de l'assassin, fut sourd-muet. C'était une famille violente et sans moralité ; le père de Fieschi et un de ses cousins furent condamnés, le 30 thermidor an XII, à six ans de réclusion pour vol nocturne et à main armée. Ils subirent leur peine à la maison centrale d'Embrun, où Fieschi devait, plus tard, faire un long séjour. Joseph Fieschi fut berger pendant son enfance ; on était alors aux beaux temps de l'Empire ; toute fortune semblait promise aux audacieux.

Il s'engagea, le 15 août 1808, dans un régiment

qui, dirigé sur Naples, fut versé dans la légion corse; il avait alors dix-huit ans. Il fit la campagne de Russie en qualité de sergent et se distingua par l'énergie de sa conduite; il était à la fois redouté et aimé dans son régiment; on le chargeait volontiers des actions difficiles qui exigeaient de l'astuce et de la bravoure, mais il était querelleur, duelliste et d'humeur farouche. Licencié en 1814, rappelé au service, à la suite du 20 mars 1815, licencié de nouveau après les Cent Jours, il revint en Corse, se joignit à Murat qui cherchait des partisans pour reconquérir le royaume des Deux-Siciles, l'accompagna le 28 septembre et, avec la petite troupe dont il faisait partie, fut pris à Pizzo. Condamné à mort, remis, en qualité de Français, à la disposition du roi de France, il fut momentanément détenu au fort Lamalgue, à Toulon, et bientôt rendu à la liberté dont il ne devait pas jouir longtemps.

Dès son retour en Corse, il force la justice à s'occuper de lui. Aux environs de Bastia, il vole un bœuf dans un enclos et le vend à l'aide d'un faux certificat sur lequel il imite la signature du maire et le cachet de la mairie d'Olonetta. Le 28 août 1816 il est condamné à dix ans de réclusion et à l'exposition publique. Le 2 septembre il est attaché au carcan, pendant une heure, sur la place de Bastia. Il fut transféré à la maison centrale d'Embrun ; le registre d'écrou fixe la date de son entrée au 10 novembre 1816.

Il était doué d'une force de volonté peu commune ; il comprit qu'une conduite exemplaire pourrait seule lui valoir les adoucissements que comporte le régime des prisons ; il fit preuve d'intelligence, de soumission ; il fut actif au travail et très-déférent pour ses chefs ; les entrepreneurs le prirent en confiance et le nommèrent contre-maître à l'atelier des draperies, ce qui lui donnait une indépendance relative et lui permettait de vaguer librement dans la maison ; il profita de ces facilités exceptionnelles pour se lier avec une détenue, entrée à Embrun en 1825, condamnée à cinq ans de réclusion, dont il fit sa maîtresse ; c'était Laurence Petit, femme Abot, veuve Lassave ; l'habileté des précautions prises par Fieschi pour cacher ces relations interdites fut telle, qu'il parvint à déjouer toute surveillance et à échapper à une constatation qui lui aurait fait perdre son poste de contre-maître.

Le 2 septembre 1826, sa peine étant purgée, il fut mis en liberté. Il travailla dans différents endroits comme tisseur de drap, à Vienne, à Lodève, à Sainte-Colombe, à Lyon ; c'est dans cette dernière ville que Laurence Petit le rejoignit en 1829, à l'expiration de sa peine ; il la faisait passer pour sa femme et disait qu'elle était veuve du sieur

Petit ; en réalité, le vrai mari, Abot, était vivant et forçat au bagne de Toulon ; jamais le proverbe : Qui se ressemble s'assemble, ne fut plus vrai que pour ces gens de mauvais aloi.

La révolution de Juillet trouva Fieschi à Lyon, subsistant vaille que vaille et pourvoyant aux besoins de sa maîtresse, de la petite Nina, fille de celle-ci, et ayant grand'peine, comme l'on dit, à joindre les deux bouts. En septembre 1830, il vint s'établir à Paris avec la pensée de prendre sa part des pensions, des « récompenses nationales » que l'on distribuait, un peu à l'aveuglette, aux « victimes du régime déchu ».

Il avait fabriqué une série de pièces fausses, desquelles il résultait que, compromis en 1816, dans la conspiration de Didier, il avait été persécuté par le gouvernement des Bourbons et que ses opinions politiques bien connues lui avaient valu dix années de détention. Il paraît qu'à ce moment on ne vérifiait pas avec une attention bien scrupuleuse les documents justificatifs annexés aux requêtes, car il est impossible de voir des certificats plus manifestement faux, par le style aussi bien que par l'orthographe ; le dernier des clercs d'huissier aurait reconnu la fraude ; toute « la commission des condamnés pour délits politiques » prit cependant le change et recommanda Fieschi à la bienveillance du ministre de la guerre. Sur les instances du général Pelet, Fieschi avait déjà été admis à la subsistance dans une compagnie de vétérans ; à la suite de l'apostille de la commission, le ministre de la guerre prit, le 18 janvier 1831, une décision par laquelle « quatre anciens militaires, ayant subi des condamnations politiques, seront admis en qualité de sergents dans l'armée. » Joseph-Marie Fieschi fut un des favorisés.

Cela ne suffit guère à son ambition, il veut être nommé sous-lieutenant. Le 25 janvier il adresse une pétition, qu'il renouvelle le 28, au ministre de la guerre. Il y fait preuve d'imagination : — fils d'un capitaine qui a péri a Leipsik avec ses deux frères, ancien sergent dans l'armée du « valeureux roi Joachim », condamné en 1816 par la cour prévôtale de Draguignan à dix ans de réclusion et à 500 francs d'amende pour délits politiques, il a été conduit au fort Lamalgue et chargé de chaînes ; les mauvais traitements qu'il a éprouvés pendant sa captivité, les souffrances que lui laissent, pour la vie, les fers qu'il a portés, ne lui permettent pas de se livrer à un service aussi actif et aussi pénible que celui de simple sergent. — Il demande donc à être nommé officier ; il a d'autant plus droit à cette faveur, qu'en vertu de l'ordonnance de septembre 1830, il touche la solde de sous-lieutenant. La requête est appuyée par le général Tiburce Sébastiani. Elle fut sans effet ; Fieschi fut maintenu au grade de sergent dans une compagnie sédentaire. Sa présence à la caserne ne paraît pas avoir été de rigueur, car il était alors portier rue du Jardin du Roi ; c'est là que sa maîtresse, Laurence Petit, vint le retrouver pour vivre maritalement avec lui.

C'était un vrai type de fille à soldats : méridionale, née à Balaruc, elle était grande et osseuse ; cheveux noirs plaqués sur les tempes, œil impudent et très-ouvert, lèvres minces, nez droit, menton carré, pommettes saillantes, sourcils épais ; elle ne devait pas avoir beaucoup de mansuétude dans le caractère ; elle fut très-dure pour Fieschi dans l'instruction et le chargea outrageusement ; comme ce Corse vaniteux, elle avait aussi une haute opinion d'elle-même, et, parlant de l'assassin qui fut son amant, qu'elle avait connu sous les verrous d'Embrun, elle dit cette prétentieuse naiserie : « Je me suis abaissée jusqu'à lui pour l'élever jusqu'à moi, » phrase « romantique » ramassée sans doute dans quelque mélodrame du boulevard.

Ils n'étaient point malheureux, quoiqu'il y eût souvent bien des brutalités dans ce faux ménage ; les possibilités matérielles de la vie ne leur manquaient pas. La ville de Paris, comprenant, dès cette époque, la nécessité d'assainir la rivière de

Bièvre, avait acheté quatre moulins situés en deçà du mur d'enceinte et où il fut indispensable de nommer des gardiens. Fieschi obtint la garde du moulin de Croulebarbe, où il alla s'établir, au mois de novembre 1831, avec sa concubine ; aux émoluments que lui valait cette place, il ajoutait une pension de 550 francs obtenue comme ancien détenu politique et les gratifications qu'il recevait directement de M. Baude qui était alors préfet de police ; en effet, il était agent secret, agent d'autant plus précieux, que, comme porteur du journal *la Révolution,* où il gagnait, là encore, trente ou quarante sous par jour, il était entré en relation avec certains personnages politiques importants. M. Baude en faisait le plus grand cas : « J'ai vu, dit-il, peu d'hommes plus adroits, plus astucieux, plus déterminés ; je n'en connais aucun d'une intrépidité pareille à la sienne ; il a une grande force de combinaison et de résolution. » — Il mangeait donc à toute sorte de râteliers ; cela semble prouver que Laurence Petit avait raison, lorsqu'elle disait, dans un de ses interrogatoires : « Fieschi n'a pas d'opinions, c'est un homme d'argent, et voilà tout. » Il eût pu être fort utile à la police et y rendre des services qui lui auraient fait obtenir une position tolérable ; mais sa vanité insensée le perdit. M. Baude fut remplacé par M. Vivien ; celui-ci ne consentit pas — et il eut tort — à « travailler » directement avec un agent inférieur. Fieschi fut très-mortifié ; il alla voir M. Baude et lui dit : « Je ne suis pas fait pour être un instrument ordinaire de la police, je n'y retournerai pas. » Il tint parole, mais il garda bonne rancune ; une rancune doublée de haine et de résolution.

L'ingénieur dans les attributions duquel se trouvaient les travaux de la Bièvre et qui avait connu Fieschi au moulin de Croulebarbe, M. Caunes, fut atteint du choléra ; Fieschi l'installa chez lui, dans son propre logement, le soigna avec un dévouement de toutes les minutes et réussit à le sauver ; M. Caunes l'a dit : « Je lui dois la vie. » Le frère de M. Lavocat, directeur des Gobelins, fut atteint de la même maladie ; Fieschi s'offrit spontanément à lui servir de garde-malade ; c'est à cette occasion que M. Lavocat eut pour lui des bontés qu'il n'oublia jamais et qui l'amenèrent, comme nous l'avons dit, à une confession complète.

M. Caunes, autant pour payer une dette de reconnaissance que pour utiliser les aptitudes intelligentes de Fieschi, le nomma chef d'équipe des ouvriers chargés du dégrévellement de l'aqueduc d'Arcueil ; dans ses nouvelles fonctions, il déploya une activité extraordinaire, une rigidité de discipline qui obtenait un résultat de travail auquel on n'était pas accoutumé. Malheureusement Fieschi eut des fonds à manier; l'argent destiné au salaire des tâcherons passait par ses mains et y resta; la tentation fut trop forte pour lui, il ne sut y résister; il alla à la maison de jeu n° 129 du Palais-Royal, joua à la roulette et perdit 200 francs. M. Caunes s'aperçut de l'infidélité de son agent et le congédia le 9 octobre 1834.

Tout se rembrunissait pour lui; il avait marché par les mauvais chemins et il arrivait à l'abîme. On l'avait rayé des cadres des sous-officiers sédentaires, parce qu'il n'y faisait aucun service; les pensions, les secours qu'on lui avait si légèrement accordés, à la simple vue des pièces fausses qu'il avait produites, furent annulés; il fallut quitter le moulin dont le poste de gardien venait d'être supprimé par arrêté du préfet de la Seine. La misère venait, très-dure, au moment d'un chômage presque général entretenu par des émeutes toujours renaissantes, misère qui atteignait au vif l'amour-propre d'un homme dont M. Baude disait : « Il est profondément ulcéré contre l'état de la société. » — Dans « le ménage » les choses n'allaient pas mieux; on s'y injuriait, on s'y battait; Fieschi tirait des coups de pistolet à travers la chambre pour faire taire Laurence Petit qui, mieux encore que les servantes de Molière, paraît avoir été très « forte en gueule ».

Depuis la fin de 1831 la petite Nina Lassave était venue rejoindre sa mère; sa présence apportait un surcroît de trouble; Fieschi l'aimait beaucoup et prenait parti pour elle contre la femme Petit. Celle-ci, forcée de quitter le moulin de Croulebarbe, avait été s'installer rue du Battoir, où elle tenait table d'hôte pour les étudiants et les petits employés; Fieschi la suivit dans ce nouveau domicile où la paix n'entra pas avec lui. Son affection pour Nina changeait de nature; quoique cette fille fût laide, estropiée, borgne, il en était devenu amoureux. Elle lui résistait, car il lui faisait un peu peur et elle tremblait devant sa mère. Un soir, à la suite d'une de ces disputes violentes et brutales qui devenaient de plus en plus fréquentes entre Fieschi et Laurence, celle-ci s'en alla pendant vingt-quatre heures chez quelque autre amant sans doute, car elle ne se gênait guère dans ses allures. Nina, qui dormait dans une chambre située au rez-de-chaussée et qui redoutait Fieschi, se sentant seule avec lui dans la maison, prit grand soin de fermer sa porte à double tour. Ce fut peine perdue. Au milieu de la nuit, elle entendit briser les carreaux de sa fenêtre et comprit bientôt qu'elle n'était pas de force à lutter contre un homme emporté par une passion bestiale.

Laurence Petit prouva de la résolution: elle

mit Fieschi à la porte sans lui rendre le mobilier qui lui appartenait et fit entrer sa fille à la Salpêtrière. Fieschi, fou d'amour pour « la petite », ne la pouvait plus voir que le dimanche et aux rares jours de sortie qu'elle obtenait dans la semaine. Il vaguait sur le pavé de Paris comme un chien perdu, ruminant dans sa cervelle trop féconde mille projets impraticables; regrettant le temps d'autrefois et ne sachant trop ce que l'avenir allait faire de lui. Il eut alors de très-mauvaises heures; il y eut des jours où il ne mangea pas. Il n'en avait pas fini avec les conséquences de sa vie passée, et les fautes qu'il avait si misérablement accumulées n'allaient pas tarder à retomber sur lui d'un poids bien lourd.

Un de ses compatriotes, employé subalterne de la préfecture de police, le rencontra et le prévint qu'un mandat d'amener avait été lancé contre lui en date du 24 octobre 1834. Pourquoi? — Pour faux. Toutes les pièces à l'aide desquelles il avait escroqué une pension et quelques secours avaient été examinées à nouveau et reconnues frauduleuses; plainte avait été portée contre lui; le parquet avait retenu l'affaire et la préfecture de police, avisée, le faisait rechercher par ses agents. Ce fut alors, en novembre 1834, qu'il changea de nom, pour dépister les poursuites, et prit alternativement celui d'Alexis et celui de Girard. Il ne sortait plus que muni d'un poignard et d'un fléau à trois lanières garnies de balles de plomb, arme redoutable et avec laquelle un homme résolu peut faire face à plus d'un adversaire. Il gagnait quelque argent, bien peu, en travaillant chez un nommé Lesage, fabricant de papiers peints, avenue des Ormes, près de la barrière du Trône; il avait emprunté le livret d'un de ses compagnons d'atelier, de Bescher, afin d'avoir un papier d'identité qui pût donner le change, dans le cas où il eût été arrêté.

Malgré son insouciance naturelle, il « se dévorait »; il accusait Laurence Petit de tous ses malheurs, il regrettait le gîte et la table; il eût voulu retourner près d'elle; il lui écrivit plusieurs fois; mais elle en était lasse, elle avait promptement formé d'autres liaisons, et ne lui répondit pas. On lui entendit dire, en ces moments, et plus d'une fois : « Je ferai un malheur; je ferai quelque chose qui fera parler de moi! » Propos de vantard et de mécontent auquel il ne faut point attribuer trop d'importance; l'idée de son crime ne pouvait même lui apparaître, car ce ne fut pas lui qui le conçut.

Il coucha parfois à la belle étoile, mais le plus souvent il allait demander l'hospitalité à des gens qu'il connaissait, surtout à Victor Boireau, pour lequel il avait de l'affection et qu'il avait rencontré à « la gargotte » de Laurence Petit. A tout le monde il cachait avec soin qu'il était poursuivi comme faussaire et se prétendait compromis dans « une affaire politique » ; pour beaucoup de gens, c'était une recommandation. Craignant d'être arrêté dans ce va-et-vient perpétuel à travers des domiciles différents et cherchant peut-être à se rapprocher de son ancienne maîtresse, il alla demander asile à un homme avec lequel il était en relations depuis plusieurs années; cet ami, sectaire ardent, accueillait avec empressement tout individu qui se disait ennemi de Louis-Philippe. Il était bourrelier et demeurait rue Saint-Victor, dans une maison qui existe encore, qui porte le numéro 23 de la rue Linné, et qui est actuellement utilisée par l'administration des eaux de Paris. Ce bourrelier révolutionnaire, c'était Morey.

XI

LE COMPLOT.

Pierre Morey. — Décoré de juillet. — Son idéal politique. — Membre de la Société des droits de l'homme. — Le baron de Richemont. — Le feu partout. — Le tireur de prix. — Première idée de la machine infernale. — L'idée du régicide. — Le projet du père Morey. — L'épicier Pepin. — Son caractère et son portrait. — Ancien agent secret. — Morey met Fieschi en rapport avec Pepin. — Le modèle réduit de la machine. — L'attentat est résolu. — Fieschi familier de Pepin. — Les *idées* de Pepin. — Le dîner. — Le docteur Recurt. — Extrait d'un livre d'écrou. — Le Brutus moderne. — Choix du logement. — Morey approuve, Pepin paye.

En se refugiant auprès de Morey, Fieschi entra chez celui qui devait le perdre à toujours; l'instrument du meurtre venait se mettre de lui-même et par hasard dans la main qui saurait l'employer. On était dans les premiers jours de décembre 1834, mois rigoureux, dont les longues soirées appellent les confidences et favorisent les rêveries. L'homme auquel Fieschi demandait un abri contre le dénûment et un galetas pour coucher, était un vieil énergumène concentré, gros, court, épais, âgé de soixante-deux ans, « commun et de conversation insignifiante », dit une déposition du docteur Recurt. Il était né à Chassaigne, dans la Côte-d'Or ; il avait servi dix années consécutives comme ouvrier dans les équipages du train de l'artillerie. En 1816, il avait été arrêté pour complicité dans un complot contre la famille royale et avait été relâché « faute de preuves suffisantes ». Il était venu s'établir à Paris en 1817 et avait fait son métier de bourrelier ; ses affaires avaient été plus que médiocres, car un jugement du tribunal de commerce, en date du 11 avril 1826, le déclara en faillite. Sa vie intérieure n'était point exemplaire. Il vivait en concubinage avec une certaine Anne Huchard, veuve Mouchet, qu'il faisait passer pour sa femme légitime, quoique celle-ci fût la maîtresse d'un jeune ouvrier sellier de vingt-neuf ans, appelé Amiart et surnommé le Gâtinais.

Il fut un des combattants de Juillet, et, comme tel, reçut la décoration créée pour récompenser ceux qui s'intitulaient volontiers « les héros des trois jours ». Le renversement violent de la branche aînée des Bourbons ne lui suffisait pas ; il voulait la République, une bonne république à la Babœuf, nivelant tout, confisquant les biens des riches pour les réunir aux biens nationaux et infligeant à tout le monde une misère égale qui eût satisfait la haine qu'il portait à toute supériorité sociale.

Il prit certainement part aux émeutes qui, de 1831 à 1834, ébranlèrent brutalement le trône du nouveau roi ; on peut l'affirmer, quoique l'on n'en ait pas la preuve authentique ; en tout cas, il était membre de la Société des Droits de l'Homme, affilié à la section de Romme et commissaire délégué du groupe du douzième arrondissement pour son quartier. Il était pauvre, rêvasseur, mauvais ouvrier, sans énergie et toujours perdu dans des conceptions malsaines ; il était fait d'envie et de colère extravasées ; le spectacle de la richesse d'autrui lui était odieux ; il était prêt pour tout désordre et nul bouleversement ne l'eût effrayé ; il fut même, pendant un instant, en relation avec un faux Louis XVII, le baron de Richemont, intrigant désordonné qui essayait de se faire un parti avec des « hommes d'action », c'est-à-dire avec des bandits amoureux de révolte.

Ce baron de Richemont, dont le vrai nom était Henri Hébert, fut arrêté le 29 août 1833 et condamné à douze ans de détention par arrêt de la cour d'assises, en date du 3 novembre de la même année ; le 19 août 1835, il s'évada de Sainte-Pélagie en compagnie du sieur Couder, détenu pour la conspiration de la rue des Prouvaires, et d'un sieur Rossignol, ancien combattant de l'émeute du mois de juin 1832.

Les passions qui grouillaient dans l'âme de Morey se montrent parfois à découvert; un jour, il dit à Fieschi, lorsque déjà l'attentat était résolu : « Si le coup réussit, nous f... le feu partout, aux barrières et dans les fermes de la banlieue. » Il est digne d'être placé au rang des aïeux; c'est un ancêtre. Il espérait qu'une bonne occasion se présenterait pour réaliser ses rêves de destruction; en attendant, il se faisait la main, comme disent les chasseurs; il fréquentait assidûment les foires des environs de Paris et y tirait à la cible. « C'est un tireur de prix, » disait-on; il aimait à parler de son adresse, la faisait valoir et s'en montrait fier.

Ce vieillard refrogné et de démarche lourde était tout l'opposé de Fieschi, dont la pétulance, l'activité semblaient une fièvre perpétuelle. D'une imagination très-vive, d'une facilité de conception extraordinaire, l'ancien chevrier corse, resté à l'état demi-sauvage, faisait toute sorte de projets aussi bien dans l'espoir de s'enrichir, de reprendre « la petite » avec lui, que pour donner aliment à son esprit inquiet et tromper l'ennui qui l'écrasait. Un jour, se rappelant sa vie de soldat et les batailles du temps de sa jeunesse, il réfléchit à ce que pourrait faire, pour se défendre, une garnison assiégée qui aurait encore des armes, mais dont le contingent serait insuffisant. Il imagina alors une machine composée de quatre-vingt-dix fusils placés sur deux rangs et portant au centre une pièce de canon; un seul homme la mettant en œuvre obtiendrait ainsi, à lui seul, l'effet d'un feu de peloton. Il fit un dessin grossier figurant, tant bien que mal, cet engin redoutable et le montra à son hôte, en lui disant : « Eh ! père Morey, c'est cela qu'il vous aurait fallu pour vos barricades ! » Le vieux régicide eut un éclair : « Ce serait encore meilleur pour cette canaille de Philippe ! » Puis, il reprit : « Ah ! si j'étais riche, je ferais exécuter une mécanique pareille et toute la famille royale la danserait. » — « C'est vrai, répondit Fieschi, ça vaudrait mieux que votre projet. »

Le « projet » de Morey était une rêverie effroyable qui tourmentait fort ce vieux fou furieux. Il regrettait de ne pas posséder une somme de 100,000 francs, afin de l'employer au bien général. — Quoi donc? bienfaisance ou création hospitalière ? — Non pas ; si Morey eût été riche, il eût acheté la maison la plus voisine du Corps législatif, eût fait creuser un souterrain jusque sous la salle des séances, l'eût rempli de poudre et aurait tout fait sauter un jour d'ouverture de session, — il disait *section* par la force de l'habitude, — lorsque le roi, la famille royale, les ministres, les pairs de France, les députés, les ambassadeurs auraient été réunis. C'était cette invention qu'on appelait « le projet » du père Morey ; Fieschi s'en moquait beaucoup, non pas qu'il le trouvât trop excessif, mais simplement parce que « ce n'était pas pratique ».

La machine de Fieschi était plus « pratique », et Morey le reconnut sans peine. « Puisque tu as inventé cela, dit le vieux bourrelier, pourquoi ne t'en servirais-tu pas pour faire proclamer la République ? — Tout de même, répondit Fieschi. — Mais je n'ai pas assez d'argent pour payer une si belle mécanique, reprit Morey. — Ni moi non plus, dit Fieschi. — Laisse-moi ton dessin, répliqua encore Morey ; je connais un homme riche qui est un bon patriote, s'il croit que le coup peut réussir, il fera les frais. »

L'homme riche et bon patriote, c'était Pepin, membre, comme Morey, de la Société des Droits l'Homme et chef d'une section du faubourg Saint-Jacques ; de son métier, épicier, marchand de couleurs, débitant de boissons, propriétaire d'un moulin à Lagny, ancien capitaine de la garde nationale. Logeant au centre même du quartier révolutionnaire par excellence, au coin du faubourg Saint-Antoine et de la place de la Bastille, il avait été soupçonné de s'être mêlé aux émeutes du mois de juin 1832 et même poursuivi pour avoir tiré sur la troupe. C'était un sale petit bourgeois, envieux, vaniteux, timide comme un lièvre, mourant de peur de se compromettre et ne pouvant résister au désir de jouer un rôle de conspirateur, avare tout en faisant ostentation de son argent, aspirant aux fonctions municipales, désespéré de son peu d'importance, faible d'esprit, se faufilant volontiers près de gens dont la position sociale était supérieure à la sienne, assez rusé pour essayer de détourner les soupçons, trop niais pour ne pas tomber dans un piége. Sa haute taille, sa peau brune, ses favoris taillés en côtelettes, son toupet arrondi avec soin lui donnaient l'apparence d'un grand mouton mérinos. Sa signature est un poëme de bouffissure et d'emphase ; jamais professeur de calligraphie épris de son art n'a enchevêtré plus de traits, de boucles, de paraphes, de fions et d'ornements autour de son nom. Il haïssait Louis-Philippe, on ne sait pourquoi, car sa qualité d'ancien agent secret de la police de M. Mangin prouvait qu'il n'était pas trop scrupuleux. On a dit de lui qu'il était carliste, c'est grand honneur qu'on lui a fait ; il n'était ni carliste, ni républicain ; il était bête et méchant, ce qui suffisait à le rendre singulièrement dangereux. Il disait : « Quoi ! il y a tant d'individus qui en tuent d'autres pour un billet de mille francs, et nous ne trouverons personne qui nous débarrassera de Louis-Philippe ! »

Morey savait bien ce qu'il faisait en allant trouver ce personnage ; il lui montra le dessin de Fieschi et lui expliqua le parti que l'on pourrait tirer d'une telle machine. Pepin regarda attentivement le dessin, le retourna dans tous les sens et n'y comprit rien. Il demanda cependant à voir « l'homme ». Morey lui amena Fieschi ; Pepin frappa sur l'épaule de celui-ci, l'appela « mon brave », lui offrit un « petit verre », l'encouragea dans son projet de délivrer la France des « tyrans », lui dit qu'il ferait quelque chose pour lui, qu'il ne refusait pas de s'associer à cette action glorieuse, mais qu'il ne pouvait prendre aucun engagement avant de savoir à quoi s'en tenir ; en conséquence, il le pria de lui construire un modèle en bois de sa machine, car le dessin ne lui avait pas paru suffisamment explicite.

Fieschi, très-encouragé par Pepin, surveillé par Morey, qui ne lui laissait pas de repos, se rendit, vers la fin de janvier 1835, chez un menuisier nommé Barthe, qui demeurait petite rue de Reuilly ; il lui emprunta du bois et des outils pour faire la maquette d'un prétendu châssis à filtrer, et sous les yeux mêmes du menuisier, à l'établi voisin, il confectionna le modèle que Pepin lui avait demandé. Seulement il le modifia ; ce n'était plus une place forte qu'il s'agissait de défendre ; quatre-vingt-dix canons de fusils devenaient un embarras ; il en réduisit le nombre à vingt-cinq et supprima la pièce de canon centrale. Le modèle terminé, et qui exigea deux heures de travail, avait huit pouces de large sur cinq de haut. Fieschi le porta chez Pepin, qui l'examina, le comprit, cette fois, fut enchanté, le garda et eut grand soin, dès qu'il fut seul, de le jeter au feu, afin d'anéantir dès lors toute pièce de conviction.

Une réunion eut lieu entre les trois acolytes pour prendre une résolution définitive et savoir si décidément on donnerait suite au projet. Morey insistait vivement, Pepin faisait des phrases, Fieschi attendait le résultat de la conférence. On lui demanda combien coûterait la construction de sa machine : il se recueillit quelques instants, fit un calcul mental et répondit : « Environ 500 francs. — C'est bien, dit Pepin, vous pouvez compter sur moi, je me charge de la dépense. »

En résumé, Fieschi a inventé la machine, sans but déterminé ; Morey a conçu l'idée du crime, Pepin a fourni les moyens de l'exécuter. Ces deux derniers ont eu beau se débattre pendant le procès ; les faits sont indéniables en présence des pièces judiciaires.

A ce moment, Fieschi devint, en quelque sorte, un familier de la maison Pepin ; il s'y arrêtait lorsque, sorti des ateliers de Lesage, il regagnait le logis de Morey ; c'était son chemin ; il entrait dire bonsoir et prenait parfois quelques objets à crédit que l'on inscrivait sous le nom d'Alexis, du peintre, du barbouilleur. Souvent même, quand il s'était attardé, il couchait dans une soupente chez son nouvel ami. Lorsqu'ils étaient seuls, ils causaient; Pepin, toujours emphatique et dominant de toute la hauteur de sa position d'épicier-liquoriste le pauvre diable à bout de voie qu'il jetait à la perdition, lui expliquait ses idées politiques, il lui disait : « Tous ceux qui appartiennent aux monarchies doivent périr ; il faut que toutes ces têtes-là roulent dans la rue, comme des pavés. » Puis il versait à Fieschi le vin frelaté de ses grosses flatteries : « Vous aurez un renom immortel; on fera une souscription pour vous enrichir; nous serons tous là quand l'heure sera venue. »

Il n'en fallait pas davantage pour griser jusqu'au délire un être follement vaniteux, auquel toute politique était indifférente. M. Baude, qui l'avait bien connu et très-habilement apprécié, disait: « Je suis convaincu qu'il n'a aucune opinion ; qu'il a, au contraire, un profond dédain pour tous les partis, et qu'avec ses dispositions aventureuses, ce mépris de la vie qu'il porte au dernier degré, ce qu'il aurait cherché par-dessus tout, ç'aurait été un grand bouleversement, assuré qu'il était de se tirer personnellement d'affaire, d'une manière quelconque. »

Pepin voulut conquérir tout à fait Fieschi et lui prouver avec quels importants personnages il était en relation ; tout est relatif, et ce monde-là était d'une catégorie tellement médiocre, qu'on y était facilement dupe de la fable des bâtons flottants. Pepin donna un dîner auquel Fieschi assista ; les convives l'ont nié, mais contre toute vérité et toute vraisemblance. En première ligne figurait un député, M. Levaillant, président du tribunal d'Ancenis ; puis venaient M. Fauveau, un épicier du voisinage ; M. Lorélut, avocat ; Morey, portant à la boutonnière le ruban de la décoration de Juillet, et enfin le docteur Recurt, condamné politique qui était, par tolérance, interné dans une maison de santé d'où, comme on le voit, il ne se faisait faute de sortir. Recurt a nié la date, qui était fort compromettante, et l'a reportée avant le mois de décembre 1834. Tout mauvais cas est niable, dit-on ; soit ; mais non pas contre l'évidence de témoignages unanimes et de documents irrécusables. Il n'est pas difficile de se procurer le relevé de l'écrou du docteur Recurt, et le voici :

« Recurt, Adrien-Athanase, médecin, âgé de 36 ans, né à La Salle, Hautes-Pyrénées, demeurant à Paris, rue du Faubourg-Saint-Antoine, n° 215, écroué à Sainte-Pélagie le 6 juin 1834, sur l'ordre de M. Pasquier, président de la cour des

Pairs ; extrait le 7 juillet suivant par M. Sajou, huissier près la susdite cour, pour être conduit à la maison de santé de Mme Marcel Sainte-Colombe, rue de Picpus, n° 6 ; réintégré à Sainte-Pélagie le 9 décembre 1834 ; transféré de nouveau à la maison de santé susdésignée, le 1er mars 1835, puis réintégré derechef à Sainte-Pélagie le 9 mai 1835. »

— Au mois de décembre, Pepin ne connaissait pas Fieschi ; or celui-ci assistait au dîner offert à Recurt, — qui fort probablement savait déjà à quoi s'en tenir sur l'attentat projeté. — Le dîner eut donc lieu à la date fixée par les témoins, dans le mois de mars.

Pepin fit évidemment effort pour parler politique et entraîner ses convives à exprimer des opinions violentes ; qu'arriverait-il si le roi était tué, — si ses fils étaient tués en même temps que lui ? — M. Levaillant, le député, auquel on s'adressait de préférence, ne répondit guère que des banalités ; Morey chercha à donner le même tour à la conversation en se vantant de son adresse comme tireur ; on fit la sourde oreille ; les gens que Pepin avait réunis à sa table et qui n'avaient jamais eu aucun point de contact entre eux, ne se connaissaient pas et ignoraient même leurs noms, car « le maître de la maison » n'était pas tenu de savoir qu'il aurait dû les présenter les uns aux autres avant de les faire dîner ensemble; ils furent donc très-réservés et ne burent pas « à l'extinction de la tyrannie ».

On croyait, cette année-là, qu'il y aurait une revue de la garde nationale le 1er mai; c'était la saint Philippe, jour de fête choisi par le roi qui n'avait pas voulu adopter la saint Louis si souvent célébrée sous l'ancienne monarchie. Les revues ayant imprudemment lieu sur les boulevards, on s'ingéra d'y découvrir un logement, dominant la chaussée que le roi devait parcourir, et propre à recevoir la machine à laquelle Fieschi ajoutait mentalement quelques « perfections ». Ce fut celui auquel Pepin disait : « Vous serez le Brutus moderne ! » qui fut chargé de trouver l'appartement ; il fallait que celui-ci ne fût pas trop éloigné des faubourgs Saint-Denis, Saint-Martin, du Temple et Saint-Antoine, afin que ces quartiers populeux, immédiatement avertis, pussent se soulever simultanément.

Après quelques recherches, Fieschi avisa sur le boulevard du Temple, au n° 50, une maison borgne qui lui sembla réunir toutes les conditions désirables. Cette masure accostée par des cafés, ayant débit de vins au rez-de-chaussée et au premier étage, ouverte d'une « allée » aboutissant à une petite cour intérieure, était placée de telle sorte que l'on pouvait facilement, en y entrant, et en en sortant, se perdre au milieu des consommateurs, des habitués des estaminets voisins, et des spectateurs qui, le soir, encombraient les abords des nombreux théâtres situés à proximité ; en face nulle maison, mais le Jardin-Turc, de sorte que l'on n'avait rien à redouter de la curiosité des vis-à-vis. Par un tel choix, Fieschi avait donné preuve d'une grande sagacité. Il amena Morey et lui montra la trouvaille ; il fit passer le vieux bourrelier pour son oncle ; celui-ci, que sa haine servait bien, examina tout avec soin, il fut content et ne douta pas, si Fieschi « faisait son devoir » que « Philippe ne descendît la garde ».

On ne voulut cependant rien terminer sans avoir l'avis de Pepin, qui, comme bailleur de fonds, avait droit à être consulté. Il vint donc voir ce logement où devait être commis un des plus horribles crimes de l'histoire ; il partagea l'opinion de Morey et daigna se montrer satisfait. On arrêta définitivement l'appartement au prix de 300 francs par an et sous le nom de Girard ; Morey donna cinq francs d'arrhes et le lendemain Fieschi paya un demi-terme d'avance, soit 37 francs 50 centimes que Pepin lui remit. Cette location date du 8 mars 1835.

XII

LA MACHINE INFERNALE.

L'appartement. — Fuite possible. — Le Renard subtil. — Les meubles. — Achat du bois. — L'œuvre de la machine. — Le métier à filer. — Insistance de Morey. — Visite de Pepin à Sainte-Pélagie. Il demande vingt-cinq fusils à Godefroi Cavaignac. — Henri Leconte. — Évasion de Sainte-Pélagie. — Le quincaillier Bury. — La répétition. — La traînée de poudre. — Le dernier conciliabule. — Achat des canons de fusil. — La malle. — La membrure. — Victor Boireau entre en scène. — Boireau et Pepin. — Le foret. Le pistolet. — Boireau à cheval. — Morey se rend chez Fieschi.

L'appartement avait été choisi avec un rare discernement, non-seulement pour commettre le crime, mais aussi pour favoriser la fuite de l'assassin. Il se composait, en effet, d'une pièce prenant vue sur le boulevard par une fenêtre munie d'une jalousie, d'une seconde chambre, d'une salle à manger et d'une cuisine; toutes ces pièces étaient en enfilade, et la dernière s'ouvrait sur une cour; dans celle-ci un étroit bâtiment coiffé d'un toit en tuiles s'appuyait contre la muraille, faisait corps avec elle et venait finir à trois mètres en contre-bas

14.

de la fenêtre de la cuisine. Il était donc possible de descendre sur ce toit, de là on atteignait facilement la croisée d'un logement appartenant à la maison voisine, n° 52, dont la cour postérieure communiquait avec celle d'une maison sise rue des Fossés-du-Temple, n° 41 ; avec un peu d'adresse et beaucoup de chance, l'assassin pouvait donc, une fois le crime accompli, gagner une rue voisine, se perdre dans la foule accourue au bruit et parvenir peut-être à dépister la poursuite. Fieschi dont Antoine Buloz, l'auteur des *Mémoires du maréchal Ney*, qui l'avait connu et recommandé, en 1830, au général Pelet, disait : « Son caractère, ses manières, ses narrations me rappelaient le personnage mis en scène par Cooper sous le nom de Renard subtil », Fieschi remarqua judicieusement toutes les dispositions favorables du logis, et se promit bien d'en tirer parti, si les circonstances le lui permettaient.

Il fallait « meubler » cet appartement, ne fût-ce que pour détourner les soupçons et n'être pas expulsé comme locataire insolvable par le sieur Pierre, portier de cette sinistre masure, qui appartenait à M. Billecocq. Pepin fournit aux frais d'installation, qui ne furent point considérables ; on en possède le compte écrit de la main de Fieschi :
« *Traversin*, 5 fr. ; *matela*, 28 ; *copertor*, 20 ; *drap*, 10 ; *chese*, 5 ; *table*, 7 ; *chandelli*, 1 ; *por de bois a*

charbon, 6; *glasse*, 5; total : 83 fr. » C'était, comme l'on voit, le strict indispensable; Pepin faisait du régicide au rabais.

On croyait toujours que la revue serait commandée pour le 1er mai. Déjà l'on était arrivé au mois d'avril et la machine n'avait même pas reçu un commencement d'exécution; il était temps d'aviser. Pepin conduisit Fieschi, quai de la Râpée, chez un marchand de bois œuvrés; ils choisirent ensemble les pièces qui leur parurent convenables, et Fieschi paya avec l'argent que Pepin lui avait remis d'avance. C'était un homme d'ordre que ce Fieschi; il écrivit sur son carnet : « *Bua* 13 fr. 25 ». Il y écrivait parfois autre chose que ses dépenses; plus tard, vers le moment, sans doute, où le crime allait être commis, il y écrivait : « Le mois de juillet effraiera la France. » Ce carnet, qui fut retrouvé dans la fosse d'aisance de la maison du vieux Morey, est actuellement déposé dans l'armoire de fer des Archives nationales, à côté des documents les plus fameux de notre histoire.

Le bois acheté, il s'agissait d'en opérer la translation boulevard du Temple, mais il fallait dérouter les soupçons; un commissionnaire fut donc chargé de le porter, avenue des Ormes, chez Lesage, à la fabrique de papiers peints où travaillait Fieschi; celui-ci transféra toutes les pièces, une à une, le soir sur son épaule et les amena ainsi jusqu'à son domicile. En revenant de la barrière du Trône au boulevard du Temple, il s'arrêtait à la boutique de Pepin et y trouvait des encouragements dont il n'avait du reste pas besoin, car il était résolu ; il avait donné sa parole et, perverti par son esprit orgueilleusement sauvage, il se croyait engagé. Il disait à Pepin : « Le bois ne suffit pas, il nous faut vingt-cinq fusils !... » L'épicier répondait : « J'en demanderai à quelqu'un, à un bon patriote, qui me doit 500 francs et qui est chargé du dépôt d'armes de la Société des Droits de l'Homme, il me les donnera. »

Fieschi se mit en mesure et fit faire l'œuvre de la machine chez un menuisier nommé Josserand, qui demeurait rue de Montreuil ; il indiqua minutieusement la forme et les dimensions. L'ouvrier qui fut chargé de ce travail s'appelait Adrien Robert. Il avait été condamné en 1831 pour participation aux émeutes, en 1832 pour les affaires de Juin, deux fois comme crieur du journal le *Bon Sens* et une fois pour vol : nous le retrouverons plus tard. Lorsque le châssis fut terminé, Fieschi vint lui-même le chercher et le remporta pièce à pièce dans son appartement, où il le remonta. Nina Lassave l'aperçut et dit : « Qu'est-ce que c'est que ça ? » Fieschi répondit : « Un métier à filer du coton. »

Cependant on avait appris que la revue projetée

pour le 1ᵉʳ mai n'aurait pas lieu ; on s'ajourna au mois de juillet et l'on attendit. Le 22 mai Fieschi cessa d'aller travailler chez Lesage, afin de se consacrer tout entier à « son affaire ». Morey ne la lui laissait pas oublier ; le vieux fanatique, toujours sombre, lui donnait des rendez-vous à la brune et, marchant de son pas pesant, à ses côtés, il l'encourageait à tenir bon dans sa résolution ; il avait assez de finesse pour remarquer les côtés ultravaniteux de son complice, et il ne se faisait pas faute d'exalter son courage, de lui expliquer combien il est glorieux de tuer un roi, et de lui promettre l'immortalité en échange de sa grande action. Cette logomachie idiote grisait Fieschi ; il écoutait Morey comme un oracle ; pour celui-ci l'histoire, qu'il ne connaissait pas, s'était arrêtée à l'ancien régime, ses expressions le prouvent : les sergents de ville sont des exempts ; les souverains — indistinctement — ne sont que des tyrans, et la noblesse foule aux pieds le pauvre peuple.

Pepin, voulant se procurer des fusils sans bourse délier, fit une démarche qui jette un triste jour sur cette histoire. Il se rendit à Sainte-Pélagie, avec une permission de visite libellée sous un faux nom ; les prévenus du procès d'avril y étaient alors détenus et ne souffraient pas d'une captivité trop rigoureuse, car on leur permettait de sortir sur parole et quelques-uns en profitaient pour aller le soir à l'Opéra. Pepin connaissait plusieurs des accusés, entre autres Godefroi Cavaignac, auquel il avait rendu des services d'argent, et Henri Leconte, avec lequel il entretenait des relations d'amitié qui semblent s'être étendues sur tout son ménage. C'était ce dernier qu'il avait été voir ; rien n'a transpiré de la conversation qu'ils eurent ensemble ; mais Pepin avisa Godefroi Cavaignac dans la cour de la prison, il l'aborda, et résolûment il lui dit : « Un homme, que je connais, doit tirer sur le roi, à sa première sortie ; pour réussir dans son projet, il a besoin de vingt-cinq fusils. Pouvez-vous me les faire remettre ? » — Godefroi Cavaignac répondit simplement : « Si je peux me les procurer, je vous le ferai dire. »

C'est probablement après cette visite et cette conversation à Sainte-Pélagie que Pepin dit à Fieschi : « Les patriotes sont avec nous ; nous serons plus de 3,000 prêts à vous soutenir et à proclamer la république. » Cependant, les fusils que Godefroi Cavaignac avait laissé espérer ne venaient pas, et le temps s'écoulait ; Pepin lui écrivit, aux premiers jours de juillet, une lettre dont les termes ambigus ne pouvaient être compris que par une personne initiée au complot ; il réclamait les vingt ou vingt-cinq francs dont il lui avait parlé : « L'homme les attend pour partir. » Godefroi Cavaignac ne répondit pas et sauva ainsi un nom que son frère, le général, devait porter si haut dans l'histoire. Mais Henri Leconte, l'ami de Pepin et son confident, celui qui devait épouser sa veuve, le créateur d'une nouvelle société secrète appelée : *le bataillon révolutionnaire*, dont le docteur Recurt était un des chefs influents, Henri Leconte profita d'une autorisation de sortie qu'il avait obtenue, pour préparer, fort adroitement, l'évasion de ses codétenus. Vingt-huit d'entre eux, comme nous l'avons dit, s'enfuirent dans la soirée du 12 juillet.

Cependant Fieschi, ne recevant pas les fusils qu'on lui avait promis, s'adressa, pour en acheter, à un armurier nommé Meunier. A défaut de fusils qui étaient d'une manœuvre et d'un agencement plus difficiles, il préféra de simples canons. Meunier n'en avait pas ; il l'adressa à un quincaillier marchand de ferrailles, appelé Bury, et demeurant rue de l'Arbre-Sec, n° 58. Cet homme, peu scrupuleux, achetait les canons de fusils réformés par les arsenaux de l'État, les redressait tant bien que mal et les vendait. Fieschi en trouva chez lui, les examina, les marchanda et dit qu'il reviendrait. Comme l'a dit Bury dans son interrogatoire : « L'affaire se traitait négligemment. » Elle ne pouvait se traiter d'une autre manière ; Fieschi n'avait pas d'argent et Morey non plus ; Pepin, voyant approcher le moment fixé pour l'exécution, et craignant toujours de se compromettre, avait dit à Fieschi : « Il ne faut pas que l'on nous aperçoive ensemble, ne venez plus chez moi ; cela pourrait exciter des soupçons ; Morey nous servira d'intermédiaire. »

Morey, de son côté, harcelait Pepin. La revue sur les boulevards était annoncée pour le 28 juillet ; il fallait profiter d'une si propice occasion qui, peut-être, ne se représenterait pas de longtemps. Fieschi avait expliqué longuement à Morey comment il comptait s'y prendre ; ils étaient d'accord sur tout, excepté sur un point : Fieschi voulait mettre le feu à sa machine en allumant la traînée de poudre par le milieu ; Morey, s'appuyant sur son expérience de chasseur et de bon tireur, soutenait qu'il fallait enflammer l'extrémité ; Pepin, mis au courant de la discussion, partageait l'avis de Morey ; il fut décidé que l'on ferait « une répétition ». Le 15 ou le 16 juillet, Fieschi et Morey passèrent devant la boutique de Pepin, comme il avait été convenu, et se rendirent au cimetière du Père-Lachaise ; ils en sortirent, gagnèrent les hauteurs de Charonne et s'engagèrent dans les vignes qui couvraient alors cette portion de la banlieue de Paris. C'est là que le prudent Pepin les rejoignit. Fieschi avait apporté un mètre ; il mesura, dans un sentier, une ligne de trente-trois pouces de long sur laquelle Morey versa de la poudre contenue dans une « corne » qu'il avait dans sa poche.

Pepin prit alors une allumette et, reculant le corps, avançant un bras, détournant la tête, il essaya d'enflammer la traînée. Fieschi lâcha un juron énergique et, arrachant l'allumette des mains trop timides de Pepin, il se plaça aussi près que possible de la poudre ; il mit le feu au milieu même de la traînée qui flamba instantanément d'un bout à l'autre. Racontant plus tard cette scène à M. Lavocat, il disait : « Cette expérience me prouva que j'avais affaire à des hommes qui voulaient faire une révolution, renverser le Gouvernement, et qui n'osaient même pas mettre le feu à une traînée de poudre. Ces réflexions ne me firent pas rire. » — Après ce bel exploit, on s'en alla déjeuner à la barrière Montreuil, chez le marchand de vins Bertrand ; on parla de ce qui venait de se passer, et Pepin fut tellement satisfait du résultat de l'expérience, qu'il donna douze francs à Fieschi.

Un dernier rendez-vous, nécessaire pour arrêter les dispositions définitives, fut fixé au 24 juillet ; ce jour-là, les trois assassins, venus isolément, se réunirent à quatre heures et demie du soir, sur les bords de la Seine, près d'une arche du pont d'Austerlitz ; on décida que les canons démontés seraient achetés chez Bury ; que Pepin passerait, le 27 juillet, vers six heures du soir, à cheval, sur le boulevard du Temple, afin que Fieschi pût pointer sa machine à hauteur d'une poitrine de cavalier ; enfin que, le même jour, Morey irait s'assurer que l'instrument de meurtre était en bon état, et qu'il aiderait Fieschi à charger les canons ; il fut convenu en outre que le lendemain matin Morey irait chez Pepin chercher l'argent nécessaire à l'acquisition des fusils.

Le lendemain 25, en effet, Fieschi, accompagné de Morey, qui s'accrochait à lui, tant il redoutait de le voir osciller dans sa résolution, alla au marché du Temple acheter une grande malle ; puis, ayant fait charger celle-ci sur un fiacre, il se rendit rue de l'Arbre-Sec, chez Bury, qu'il avait vu l'avant-veille, et auquel il avait laissé cinq francs d'arrhes pour conclure le marché. Les vingt-cinq canons furent déposés en biais dans la malle, qui était un peu trop courte ; on fit observer à Fieschi que trois d'entre eux n'avaient point de lumière ; il répondit que cela était insignifiant et qu'il saurait bien les forer lui-même ; il prit, « par-dessus le marché », un pistolet à canon de cuivre, fit faire une facture au nom d'Alexis et paya comptant. Les canons étaient vendus au prix de cinq francs pièce, mais Fieschi, — tant il était certain de réussir, — les fit coter sur la quittance à sept francs cinquante centimes, pour récupérer quelques « menus frais dont Pepin ne lui tenait pas compte ».

La malle fut chargée sur la voiture que Fieschi fit prudemment arrêter au coin de la rue Charlot et de la rue de Vendôme. Il existait alors, à cet endroit, une station de cabriolets de place ; Fieschi en avisa le desservant et le pria de lui « donner un coup de main » pour porter cette caisse de l'autre côté du boulevard du Temple ; le desservant y consentit et trouva que la malle était « bien lourde ». En passant devant le portier de sa maison, Fieschi lui dit : « C'est ma femme qui m'envoie du linge ; ce n'est que le commencement, car elle va bientôt venir me rejoindre. » Il fit déposer la malle sur le palier de son logis, donna huit sous au commissionnaire et le congédia.

Le même jour, Fieschi, voulant compléter sa machine, alla rue de Crussol, chez le menuisier Dubranle, et lui fit faire une membrure qui, creusée de vingt-cinq entailles, devait être placée à la partie supérieure du châssis et contenir les culasses des vingt-cinq canons ; cette pièce lui fut livrée le lendemain dimanche, 26. Il crut devoir affermir et solidifier le point de jonction du montant et des traverses latérales ; aussi, dans la matinée du 26, il commanda deux équerres en fer à Pierre, serrurier, faubourg Saint-Antoine. Cette fois il n'était pas seul, et Victor Boireau l'accompagnait. C'est à cet instant que ce complice entre directement en scène et participe au projet d'attentat. Fieschi a eu beau le défendre, l'excuser, le traiter, pour le protéger mieux, d'une façon très-dédaigneuse, dire en parlant de lui : « Homme de vin, homme de rien, » affirmer qu'il ignorait le complot et qu'il savait seulement qu'il y aurait « quelque chose », il est indubitable que Boireau avait reçu des confidences complètes, et qu'il aida de son mieux au crime, en jouant le rôle secondaire qui lui avait été réservé. Ce fut Boireau qui, chez le serrurier, expliqua et montra, à l'aide d'une carte de visite pliée, la forme que devait avoir la pièce de fer que l'on commandait, et que Fieschi vint chercher lui-même le 27 juillet.

Boireau vit Pepin dans la soirée du 26, et celui-ci, qui aimait volontiers à compromettre les autres à sa place, l'invita à venir, le lendemain, vers six heures du soir, prendre un cheval à son écurie et à faire, sur le boulevard, la promenade, qu'au rendez-vous du pont d'Austerlitz, il s'était engagé à exécuter lui-même. Pepin n'oublia pas les recommandations et dit à Boireau : « Vous aurez soin de vous arrêter pendant quelques instants devant le Jardin-Turc. »

Fieschi, avant de quitter Victor Boireau, lui avait dit que quatre des canons n'avaient pas de lumière, ou, tout au moins, qu'il aurait besoin d'un foret muni de son archet et d'une *conscience*, le lendemain, lundi, dans la matinée. Est-ce Victor Boireau qui a foré ces canons sur le dernier desquels l'outil s'est brisé ? S'est-il contenté de prêter à Fieschi, le lundi matin, le foret que celui-ci avait réclamé ? Le fait est obscur. Il est probable que, jeune, curieux, traité toujours très-affectueusement par Fieschi, Boireau aura voulu voir « la mécanique », et qu'il sera entré dans la chambre prenant jour sur le boulevard du Temple. En tout cas, il savait parfaitement à quoi s'en tenir; ses indiscrétions, ses bavardages recueillis par Suireau en sont la preuve. Fieschi prit même la précaution de l'armer; il était tellement persuadé qu'une bataille dans les rues de Paris suivrait infailliblement son attentat, qu'il remit à Boireau le pistolet de cuivre que le quincaillier Bury lui avait donné. Boireau, de son côté, se préparait à se jeter dans l'insurrection espérée, car il avait prié son camarade Suireau de lui acheter un quarteron de poudre.

Le 27 juillet, dans l'après-midi, toutes les différentes pièces qui devaient composer cette mitrailleuse formidable étaient préparées ; les canons, sauf un seul, étaient forés; la membrure était placée ; le châssis, bien calé, était solide sur ses quatre gros pieds et faisait face à la fenêtre dissimulée derrière une jalousie baissée, mais dont les lames, légèrement soulevées, permettaient de voir ce qui se passait sur le boulevard.

Le soir, avant six heures, Victor Boireau qui attendait le lendemain avec anxiété, car Pepin lui avait dit : « Les zélés seront là ! » se dirigea vers le canal Saint-Martin. Là, Pepin vint le retrouver, ainsi qu'ils en étaient convenus la veille, le conduisit rue de Bercy, à son écurie. Il pleuvait ; Boireau était fort mauvais cavalier ; il ne se sentait pas rassuré ; il hésitait. Pepin insista : « Je suis trop connu dans le quartier ; Fieschi vous attend ; arrêtez-vous un instant devant sa maison. » Boireau se mit en selle et partit. Il a prétendu s'être arrêté au boulevard Saint-Antoine (Beaumarchais) ; on peut n'en rien croire, et être persuadé qu'il a été se poser en point de mire à l'endroit même qu'on lui avait désigné.

Lorsque la nuit fut venue, Morey ayant enlevé le ruban de sa décoration de Juillet et cachant son visage sous un mouchoir, se glissa dans le logement où Fieschi l'attendait.

XIII

L'ATTENTAT.

Morey charge les canons de fusil. — Quelques-uns sont chargés de façon à éclater. — Deux cent quarante projectiles. — Dernières précautions. — Recommandation suprême. — Fieschi cherche Nina. — Au café des Mille Colonnes. — Entrevue avec Boireau. — Mauvaise nuit. — Fieschi se lève au point du jour. — Tiraillements de conscience. — Le Corse Sorba. — Dispositions pour la fuite. — Sur les bords du canal. — Rencontre de Morey. — Rencontre de Boireau.| — On entend battre au champ. — Hésitation. — Feu ! — L'assassin est blessé. — Il se sauve. — Est arrêté. — Est conduit au poste du Château-d'Eau. — Fanfaronnade. — Fable inventée par Fieschi. — Pourquoi le roi n'a pas été tué.

Dès que Morey fut entré, on ferma la porte avec soin et l'on se mit à l'œuvre. Le vieux bourrelier avait apporté sa poire à poudre et un sac rempli de projectiles : lingots, chevrotines, balles et balles coupées. Les canons de fusil étaient rangés contre la muraille, Fieschi les prenait un à un et les passait à son complice qui les chargeait à l'aide d'une baguette en fer et d'une courte planche très-épaisse faisant fonction de maillet ; lorsque l'opération était terminée, Fieschi recevait les canons des mains de Morey, les ajustait sur la machine, enfonçant bien les culasses dans les entailles de la membrure et remplissant, avec du papier foulé, l'intervalle qui les séparait les unes des autres. Lorsque les vingt-quatre canons eurent reçu leur charge, Fieschi les assujettit par une longue bande de fer coudée à chaque extrémité, qui s'appuyait horizontalement sur les culasses et se vissait aux montants postérieurs avec un écrou.

Morey, absolument fanatique, avait pris une précaution féroce dont Fieschi ne s'était point aperçu; il avait, comme l'on dit, voulu faire d'une pierre deux coups, tuer le roi et tuer l'assassin, de façon que le crime restât une sorte de mystère impénétrable. Pour parvenir à ce résultat qui prouve une certaine subtilité de conception, il avait chargé quelques-uns des canons avec un soin tout spécial; il avait très-fortement bourré la poudre, et entre celle-ci et les projectiles, forcés à coup de maillet, il avait laissé un intervalle appréciable; il était trop bon chasseur pour ne pas savoir ce qu'il faisait, et il n'ignorait pas qu'un fusil ainsi chargé, surtout un fusil de rebut, éclate infailliblement. Lorsqu'après l'attentat le lieutenant-colonel d'artillerie Pontcharrat fut commis, par le procureur général, pour examiner les canons, il n'hésita pas à dire que ceux-ci avaient été chargés dans l'intention évidente de les « faire crever ». Morey n'avait point ménagé les projectiles, tant il redoutait que cette arme diabolique ne fût point assez meurtrière ; il en avait employé deux cent quarante : dix, en moyenne, par fusil.

Une fois cette besogne terminée, on procéda à quelques mesures de détail. Sur la muraille, à une place très-évidente, on fixa, avec des épingles, le portrait du duc de Bordeaux que, trois ou quatre jours auparavant, on avait acheté chez Troude, marchand d'estampes, rue du Petit-Reposoir, n° 9 ; ensuite on brûla tous les papiers contenant une indication quelconque ; Fieschi voulait en conserver quelques-uns ; Morey, dont la prudence était impitoyable, n'y consentit pas et jeta tout au feu. La malle dans laquelle on avait apporté les canons de fusil était vide, on la remplit de linge et de hardes appartenant à Nina Lassave et à Fieschi ; celui-ci put y glisser son carnet, le carnet où il inscrivait ses dépenses et qu'il était parvenu à soustraire aux regards de Morey. Il fut convenu que la malle serait expédiée le lendemain matin chez Nolland, comme je l'ai raconté plus haut, où elle resterait à la disposition de Morey, si Fieschi ne pouvait venir la reprendre lui-même. Tout était prêt ; les précautions avaient été bien prises ; la machine, braquée vers le boulevard, n'attendait plus que la traînée de poudre ; le succès paraissait assuré ; Morey, content de lui et plein d'espérance, s'apprêtait à partir, mais, avant de quitter Fieschi, il lui fit une dernière recommandation : « Charge bien ton pistolet, tiens-le dans ta poche et n'oublie pas de te brûler la cervelle, plutôt que de te laisser arrêter par les exempts. » Fieschi le promit et n'avoua point qu'il avait donné son pistolet à Victor Boireau. Morey descendit et redressa le collet de sa redingote pour n'être pas reconnu par le portier en passant devant sa loge ; Fieschi l'accompagnait et fit monter le vieil énergumène dans un cabriolet qui ramena celui-ci à son domicile.

Fieschi savait bien que sa vie était en jeu, et que, le lendemain, il pouvait périr dans l'accomplissement de la tâche horrible qu'il n'avait point répudiée. Par un sentiment qui n'est point en contradiction avec ses instincts pervers, il pensa à « la petite », à « la Borgnotte », à cette Nina Lassave qu'il aimait tendrement ; il voulut la revoir, lui dire un adieu qui pouvait être éternel, et, — qui sait ? — peut-être se débarrasser, près d'elle, par une confidence, du secret terrible qui l'oppressait. Il se rendit chez une fille, Annette Bocquin, que Nina fréquentait ; celle-ci n'y était pas ; il en fut contrarié ; on lui offrit à manger, il n'accepta pas, quoiqu'il fût à jeun ; il était très-troublé, on s'en aperçut; Annette Bocquin a dit: « Il était très-pâle et agité. »

Fieschi, malgré sa vigueur d'âme peu commune, hésitait à rentrer chez lui; il l'a avoué à M. Lavocat: « Je ne me sentais pas de force à coucher seul chez moi, en vue de la circonstance qui devait se présenter le lendemain. » Il quitta Annette cependant, revint sur le boulevard du Temple et, ne pouvant se décider à monter dans son logement, il pénétra dans le café des Mille-Colonnes, où il resta machinalement à regarder jouer au billard. Pendant qu'il était là, bien plus occupé sans doute de ses propres pensées que des carambolages, il fut accosté par Boireau qui le cherchait. Que se passa-t-il entre eux? il est difficile de le savoir, nul témoin ne les a entendus, et ils ont menti tous les deux. Fieschi a prétendu que là, sur le boulevard, à onze heures du soir, il avait appris, pour la première fois, que Boireau savait tout, que celui-ci avait reçu 'confidence de Pepin et s'était montré à cheval en face du Jardin-Turc; Boireau, de son côté, a confirmé cette déclaration, qui paraît invraisemblable. Des témoins ont raconté que Fieschi et Boireau avaient passé quelques instants ensemble dans le logement où la machine infernale était préparée; les deux complices l'ont énergiquement nié l'un et l'autre. Le fait est néanmoins probable, car

Boireau devait encore revenir le lendemain matin donner une dernière poignée de main, un dernier encouragement à Fieschi.

Celui-ci erra longtemps seul sur les boulevards et finit par rentrer chez lui. Sa nuit fut mauvaise ; il ne dormit guère, il l'a dit simplement, tout fanfaron qu'il était. Du reste, depuis quelque temps, il changeait à « vue d'œil ». — « Il était devenu si farouche, a dit Nina Lassave, que j'osais à peine lui parler. »

Fieschi se leva au point du jour ; un peu après cinq heures il descendit, et, mû par l'inquiétude, par l'angoisse, il alla rue Meslay, n° 22, frapper à la fenêtre d'un de ses compatriotes, nommé Jean-Baptiste Sorba, qui demeurait au rez-de-chaussée. Il voulait évidemment tout lui raconter, « se mettre sous sa protection », et trouver en lui un homme qui le détournât de son abominable projet. Sorba obéit à l'appel et vint trouver Fieschi dans la rue. Celui-ci voulut « essayer sa trempe », et, brusquement, lui dit : « J'ai un duel, viens me servir de témoin. » Sorba parut hésiter ; Fieschi lui dit : « Tu n'es qu'un lâche », et s'éloigna rapidement. Si Sorba eût accepté d'emblée et sans réflexion, il est probable, sinon certain, que Fieschi n'eût retenu aucune confession et que le grand malheur eût été évité.

Il revint au boulevard du Temple, n° 50 ; il fit

ses derniers préparatifs ; il arrangea une longue corde qu'il avait achetée en prévision de son évasion possible ; c'était un *septain* de trente mètres, corde à la fois très-solide et mince, capable de supporter un poids de plusieurs centaines de kilogrammes ; il la plia en double ; la fixa à l'appui de la fenêtre qui donnait sur la cour intérieure de sa maison, et la disposa en cercles de façon à n'avoir qu'à la lancer pour s'y suspendre et gagner le petit toit qui faisait saillie au-dessous de sa croisée. Ceci fait, il mit dans ses poches son poignard (un stylet corse à manche d'ébène), et le fléau qui pouvait lui servir d'assommoir ; il enleva le châssis de la fenêtre donnant sur le boulevard, afin que le jeu de sa machine ne fût gêné en rien, il alluma un grand feu dans la cheminée pour être certain de trouver de quoi enflammer la traînée de poudre qu'il répandit sur la lumière des canons ; puis il sortit, traînant sa malle qu'il transporta chez Nolland, avec les précautions que nous avons dites, et qui, loin d'aider à le sauver, ne firent que le perdre avec plus de certitude.

Après s'être débarrassé de cette malle compromettante, il vagua, n'osant rentrer chez lui. Là, le bandit défiant se révèle ; il eut peur d'être arrêté s'il reparaissait à son domicile ; il comprenait qu'il était une grosse proie et que la police la payerait cher si on la lui livrait ; il craignit d'avoir été vendu par ses complices. Et puis, il ne se souciait guère de rester seul, en présence de sa machine, car, malgré qu'il en eût, il pensait à toutes les victimes qu'il allait faire. Il se dirigea vers les bords du canal Saint-Martin et s'y promena pour « donner audience à ses réflexions », comme il l'a dit prétentieusement. Vers midi moins un quart environ, il revenait chez lui, lorsque, passant par la rue des Fossés-du-Temple, il rencontra Morey qui, sournoisement, rôdait dans les environs, comme un vieux loup en quête. Ils s'accostèrent : « Comment, dit Morey, tu n'es pas encore à ton poste ? — Oh ! j'ai le temps, répondit Fieschi, on ne bat pas encore aux champs. » Ils échangèrent quelques paroles et se donnèrent rendez-vous barrière Montreuil, chez le marchand de vin où l'on avait déjeuné après avoir expérimenté, dans les vignes de Charonne, le meilleur moyen d'allumer la traînée de poudre. Morey ajouta, avant de le quitter : « En tous cas, j'ai le passe-port de Bescher pour toi. »

Fieschi marcha lentement vers sa maison ; au moment de l'atteindre, il se trouva face à face avec Boireau qui était accompagné d'un nommé Martinault, chef de section à la Société des Droits de l'homme. Ils se serrèrent la main : « Vas à ton affaire, lui dit Boireau, nous sommes à la nôtre ;

tout le monde est prêt, et l'on compte sur toi. »
A ce moment, on entendit battre aux champs
dans le lointain ; Fieschi entra rapidement au
café, but un verre d'eau-de-vie, escalada ses trois
étages, ferma sa porte à double tour et y arc-
bouta une échelle qui lui servait ordinairement à
grimper dans son grenier. Il attendit ; par l'angle
de sa fenêtre, derrière la jalousie soulevée, il
apercevait à sa droite le cortége qui s'avançait au
milieu des acclamations ; le roi passait devant
Franconi. L'assassin hésita, il se sentait étouffé et
tremblait devant l'acte qu'il allait commettre.
L'étrange point d'honneur du bandit fut le plus
fort. Il fut de bonne foi, lorsqu'il raconta le fait :
« Je me suis dit : Fieschi, est-ce que tu ne serais
qu'un lâche ? Et le courage l'a emporté ! » Il ne
voulut point manquer de parole au bourrelier
Morey, à l'épicier Pepin, au lampiste Boireau ; il
redouta leurs reproches, leur mépris ; il eut peur
d'avoir à rougir devant eux et fut prêt à tout.

Lorsque le roi, à cheval, marchant au pas sur
le boulevard, devant la droite de la garde nationale, fut en face du milieu de la machine, Fieschi
se baissa rapidement vers la cheminée, y prit un
long tison et mit le feu sur le treizième canon, à
la traînée de poudre. L'effet fut formidable pour
lui ; Morey avait bien calculé son coup ; cinq
canons éclatés au tonnerre, deux éclatés au-dessus

de la culasse, avaient fait à l'assassin d'épouvantables blessures. La commotion dut être atroce; il fut renversé, le sang l'aveuglait; il se releva cependant et obéit, d'une façon inconsciente, au projet de fuite qu'il avait préparé ; par une sorte de mouvement réflexe de conservation, il franchit sa chambre à coucher, la salle à manger, la cuisine ; se baissa, ramassa la corde, la lança par la fenêtre, s'y suspendit et se laissa glisser sur le petit toit. Arrivé là, il fit un bond et saisit la barre d'appui d'une croisée ouverte dans l'appartement d'un sieur Chimaine, fabricant de rubans ; mais dans ce brusque élan, il renversa un pot de fleurs ; un agent du service de sûreté, nommé Villers, qui, au fracas de la détonation, s'était élancé dans la maison, et qui, servi par un juste instinct, s'était précipité dans la cour, au lieu de gravir l'escalier comme tant d'autres, leva la tête au bruit et aperçut Fieschi passant derrière les vitres d'une fenêtre ; il cria : « Voilà l'assassin qui se sauve ! » On accourut et, au moment où Fieschi, ayant descendu l'escalier, pénétrait dans la cour de la maison du boulevard du Temple n° 52, qui communiquait avec celle de la maison n° 41 de la rue des Fossés-du-Temple, il fut arrêté par Auguste Boguet, entrepreneur-charpentier, capitaine en premier à la 1re compagnie du 4e bataillon de la 8e légion.

Fieschi était horrible à voir; tout son visage n'était qu'une plaie sanglante. De toutes parts on accourait, chacun voulait le saisir; au milieu de bourrades, de coups et d'invectives, il fut conduit ou, pour mieux dire, traîné au poste du Château-d'Eau, occupé par un détachement de la garde municipale. Il était plus mort que vif et râlant, m'a dit un témoin oculaire; on croyait, en cet instant, à considérer les blessures béantes qui lui ouvraient le crâne, qu'il n'avait que quelques minutes à vivre; sa nature indomptable n'était cependant point affaissée, et son esprit de fanfaronnade subsistait encore. Un garde national, beaucoup trop zélé, lui ayant donné un coup de crosse dans les reins, il se tourna vers l'adjudant sous-officier Ventz de la Cretelle, chef de poste, et lui dit: « C'est une injustice; comment! f...! vous laissez assassiner un homme qui est entre vos mains! Si j'étais bien portant, ça ne se passerait pas comme cela! »

Fieschi, une fois amolli par l'influence singulière que M. Lavocat exerçait sur lui, a fini par être très-sincère et très-explicite dans ses révélations, un point excepté, sur lequel il a brodé un roman assez ingénieux. Comment se fait-il que cette machine, qui a tué aveuglément, ait précisément épargné le roi qu'elle devait atteindre avant tout autre? Fieschi a prétendu que, pendant les quelques minutes qu'il a passées dans son logement, au moment où le cortége royal s'approchait, à l'instant même où il allait commettre le crime, il a prétendu qu'il avait aperçu M. Lavocat faisant exécuter une évolution à la douzième légion dont il était le lieutenant-colonel. Ému à la vue de son ancien bienfaiteur, comprenant l'énormité de son forfait, il aurait, d'un brusque mouvement, modifié la direction de sa machine, de façon à épargner un homme auquel il avait voué une reconnaissance inaltérable; ce serait à cette circonstance seule que le roi et les princes auraient dû la vie.

Fieschi a menti. La fable était adroite ; elle prouve que l'assassin ne manquait pas d'astuce, mais elle prouve aussi qu'il n'avait pas fait le sacrifice de son existence aussi radicalement qu'il aimait à le dire. Il était persuadé que M. Lavocat lui portait un vif intérêt, qui irait peut-être jusqu'à intercéder en sa faveur ; s'il arrivait à convaincre les juges instructeurs et les pairs de France, que M. Lavocat était, par le fait, le sauveur du roi, celui-ci n'aurait rien à refuser à celui-là, rien, pas même la grâce du criminel. Ce fut, sans doute possible, le raisonnement qui fit naître chez Fieschi l'explication qu'il donna du salut de Louis-Philippe, salut qui passa pour miraculeux, salut fort simple en lui-même, et qui est uniquement dû à une maladresse du meurtrier.

Fieschi, — fort heureusement, — mit le feu trop tard ; il attendit que le roi fut bien en vue, au milieu de sa machine, pour allumer la traînée de poudre ; le temps de l'inflammation, celui que met le projectile à franchir sa trajectoire sont fort appréciables ; les chasseurs le savent bien et visent toujours en avant lorsque le gibier se présente par le travers ; Fieschi ignorait cela ; des chevrotines perdues, chassées par une charge de poudre trop forte, ont pu atteindre le roi, mais il avait déjà dépassé le point spécialement périlleux lorsque l'explosion produisit tout son effet ; ce fut le cortége, marchant à cinq ou six pas derrière Louis-Philippe, qui reçut ce que l'on nomme « la rose du coup », c'est-à-dire la masse compacte des projectiles.

Si Morey, qui était fort expérimenté en pareille matière, avait mis le feu à cette mitrailleuse maudite, ni Louis-Philippe, ni ses fils n'échappaient à la mort, car il eût certainement tiré au moment où le roi aurait apparu en face du premier canon de droite. La fable de Fieschi ne trouva, du reste, créance que parmi les personnes qui ignorent le maniement des armes à feu et qui aiment à donner au hasard une part trop prépondérante dans les événements de notre triste bas monde.

XIV

EN DEHORS DE L'INSTRUCTION.

Les lois de septemhre. — Fureur de la presse de l'opposition. — La machine infernale de Sauzet. — *Paris révolutionnaire.* — Son influence sur la presse. — Intérêt suscité en faveur de Pepin et de Morey. — « L'héroïque vieillard. » — Anoréxie. — On prétend que Morey veut se laisser mourir de faim. — Une citation du *National.* — Transport de Morey à Bicêtre. — A la Pitié. — Surveillance. — Complot. — Efforts vers Nina Lassave. — Elle est successivement transférée dans deux maisons de santé. — Menaces adressées à M. Lavocat. — La chimie officielle. — Une lettre de Bourg. — Mise en liberté de cent soixante-huit inculpés. — Transfert des cinq accusés au Palais du Luxembourg.

Pendant que l'instruction criminelle réunissait le faisceau de preuves dont nous venons de dégager les faits principaux, le gouvernement, en vertu du droit de légitime défense, proposait aux chambres législatives certaines mesures destinées à affaiblir, sinon à neutraliser complétement, l'action des journaux de l'opposition. Le ministère était alors composé de M. le duc de Broglie, aux affaires étrangères; du maréchal Maison, à la guerre; de M. Thiers, à l'intérieur; de M. Guizot, à l'instruction; de M. Humann, aux finances; de l'amiral de Rigny, à la marine ; de M. Persil, à la justice ; de M. Duchâtel, au commerce. Peut-être avant de profiter de l'émotion publique pour « museler la presse », aurait-il été bon de se rappeler un mot caractéristique des interrogatoires de Fieschi : — « Les journaux républicains ont-ils eu de l'influence sur votre détermination? — Pas beaucoup. » Mais on ne se souciait guère de cela ; l'occasion parut opportune pour se débarrasser des excès du « quatrième pouvoir » et on la saisit avec empressement. Le 4 août 1835, le ministère déposa quatre projets de loi qui, votés six semaines plus tard, devinrent les célèbres lois de septembre ; on s'aperçut, au mois de février 1848, qu'elles ne suffisaient pas à protéger un trône.

L'opposition radicale fut exaspérée, et quoiqu'elle eût d'avance la certitude d'être vaincue, elle entama la lutte avec une brutalité qui ne devait point ramener vers elle des esprits justement inquiets ; le *Populaire, journal des intérêts politiques, matériels et moraux du peuple*, publie le 23 août, en premier-Paris, un article intitulé : *la Terreur est mise à l'ordre du jour;* M. Guizot y est fort malmené : « C'est dans les discussions passionnées des chambres, au milieu des cris et des trépignements de la majorité, que l'ancien rédacteur du *Moniteur de Gand* se livre à sa sombre manie; c'est alors que ce sombre rhéteur se laisse entraîner à dévoiler la pensée dont il est le principal instrument. La Terreur de 93 fut révolutionnaire et provisoire; la Terreur de 1835 est légale et permanente. » *La Caricature,* journal ultra-violent, auquel des estampes satiriques très-bien faites, presque toujours fort spirituelles, avaient valu une vogue énorme, fit paraître, le 20 août, — huit jours avant de cesser toute publication, — une lithographie intitulée : *Machine infernale de Sauzet;* M. Sauzet était alors président de la Chambre des députés. Au fond l'on aperçoit le palais du Corps législatif; dans le fronton est encastré une machine imitée de celle de Fieschi; vingt canons de fusils lancent une volée de lois, d'arrêtés, d'ordonnances qui tuent les patriotes, les journalistes, en brisant la statue de la liberté de la presse et celle de la liberté individuelle. — Le crayon de l'artiste s'est trompé; ce n'est pas de la Chambre des députés que partit l'explosion qui blessa la liberté de la presse, c'est du boulevard du Temple, de la petite fenêtre du logement habité par Fieschi.

Malgré les lois répressives que le gouvernement soutenait avec autant de passion qu'on les attaquait, et que les chambres allaient voter, l'action des sociétés secrètes sur les journaux radicaux ne cessait de s'exercer. Certains papiers renfermés dans un portefeuille saisi chez le rédacteur en chef d'un journal d'une opposition à outrance, et déposé aujourd'hui aux archives nationales parmi les pièces du procès Fieschi, ne laissent aucun doute à cet égard. Dans ce portefeuille où, à côté d'une ode excessivement violente, signée : Paul Dieudonné, âgé de dix-neuf ans et demi, membre de la Société des Droits de l'homme et du citoyen, se rencontre une pétition d'un acteur nommé Milon, qui prie le duc d'Orléans d'assister à une représentation à bénéfice au théâtre du Petit-Luxembourg, on trouve un document d'où il résulte qu'il existait alors un groupe d'opposition nommé *Paris révolutionnaire*, et dont le comité correspondait régulièrement avec les journaux opposants. Ce groupe, indifféremment appelé *Paris révolutionnaire* ou *Bataillon révolutionnaire*, s'était séparé de la Société des Droits de l'homme, comme avait fait en 1834 le *Comité d'action* dirigé par Kersausie. Ce fut lui qui prit en main l'affaire des accusés du 28 juillet et qui, voyant que la fable d'une action légitimiste, émise dès les premiers jours, était repoussée par le bon sens public, chercha à émouvoir l'intérêt en faveur des deux sectionnaires les plus compromis, Morey et Pepin.

Nous avons déjà vu avec quel soin on publiait de fausses nouvelles concernant celui=ci, de façon à ralentir les recherches de la préfecture de police. Lorsqu'il fut arrêté pour la seconde fois, on essaya de le faire passer pour une victime des « sbires de la rue de Jérusalem »; on le représentait comme un bon bourgeois, bien doux, tout à fait inoffensif, uniquement occupé de son commerce et de l'éducation de ses enfants; Fieschi, ce sicaire, ce Corse altéré de sang, seul était coupable; ses prétendus complices étaient innocents et la justice, abusée par les aveux mensongers d'un vulgaire malfaiteur, allait se laisser entraîner à des erreurs irréparables et relever l'échafaud politique.

Le mot d'ordre fut donné et obéi : l'attentat du 28 juillet était un crime isolé; un fanatique pervers et profondément-dissimulé avait seul pu le concevoir et le commettre; nul ne l'avait aidé, nul n'avait reçu ses confidences; c'était une vengeance personnelle et pas autre chose. Chercher des complices à ce meurtrier, vouloir le rattacher, par un lien si éloigné que ce fût, au parti radical, c'était faire fausse route et surtout faire injure à l'opposition tout entière; un journal ne l'avait-il pas dit, au lendemain même de l'attentat : « Croire les républicains capables de diriger le bras d'un Fieschi, nous le répétons, c'est les méconnaître entièrement. Ces hommes se battent, mais n'assassinent pas. Jadis ils ont dressé des échafauds politiques, mais quand leur a-t-on vu dresser des embûches? » Plus tard, ce langage sera singulièrement modifié, et nous aurons à le faire remarquer.

Le but poursuivi était bien simple et bien naïf; faire prendre le change à l'opinion, et rendre Fieschi responsable de tout, afin de dégager ses complices qui, étant membres de la société révolutionnaire par excellence, avaient droit d'être soutenus, secourus et au besoin sauvés par leurs confrères en conspiration.

L'objet de la prédilection très-accusée de toutes les feuilles révolutionnaires, c'était Morey, que déjà l'on ne se gênait pas pour appeler « l'héroïque vieillard ». Or, l'héroïque vieillard, très-affaissé, très-abattu, répondant par des jérémiades à toutes les questions du juge-instructeur, se sentant perdu, malgré ses dénégations, était tombé dans un état comateux dont il fut difficile de le tirer. En 1820, il avait été assez fortement empoisonné par des aliments préparés dans un vase de cuivre mal étamé; il en était résulté pour lui une gastralgie intense, dont il n'avait jamais pu se débarrasser complétement. Sous l'influence de l'incarcération et des angoisses qui le poignaient, son mal s'exaspéra, devint une névrose de l'estomac et produisit cet état particulier que la science nomme anorexie; c'est tout simplement une absence radicale d'appétit qui se traduit par l'impossibilité de manger. Orfila, Esquirol, Scipion, Pinel, Andral, Récamier fils, Blandin, Chomel, — la science médicale dans ce qu'elle avait alors de plus élevé, — lui donnaient des soins et n'arrivaient pas à vaincre l'insurmontable dégoût que le malade éprouvait pour les aliments et que sa nature mélancolique augmentait encore. Morey s'affligeait lui-même et s'inquiétait; il eût voulu manger, et n'y pouvait parvenir; on satisfaisait toutes ses fantaisies, et l'on tolérait même qu'il bût de l'eau-de-vie, qu'il aimait beaucoup, quoique les médecins lui en eussent interdit l'usage. Parfois il réussissait à avaler quelques grains de raisin, mais des vomissements presque immédiats lui rendaient toute sa faiblesse, à son grand désespoir.

Cet état maladif était connu du public, dont l'insatiable curiosité, surexcitée au suprême degré, perçait les murs de la prison. Grâce aux journaux mus par le comité du *Paris révolutionnaire,* la légende prit cours et s'installa dans le monde de l'opposition : « Pour se soustraire aux sévices dont il était l'objet de la part des instruments du pouvoir », pour éviter de comparaître devant la cour des Pairs côte à côte avec un assassin qu'il méprisait, Morey, le vertueux Morey, était résolu à se laisser mourir de faim. Des journaux sérieux acceptèrent étourdiment cette fable, et la répandirent dans le public ; le *Constitutionnel,* le *Moniteur du commerce,* se firent innocemment l'écho de cette méchante farce.

Le *National* alla plus loin ; le 15 octobre, il annonça la mort de Morey dans des termes accusateurs qu'il faut retenir : « Dans l'ignorance absolue des charges qui pourraient exister contre Morey, l'opinion n'apprendra pas cette mort avec indifférence. C'est quelque chose de très-grave, qu'au bout de deux mois et demi de privations, un homme meure de faim dans son cachot, sans avoir communiqué avec qui que ce soit, et qu'il emporte avec lui son secret, s'il en a un, laissant la société dans l'impossibilité de se dire si cette mort affreuse est le désespoir d'un innocent ou le supplice volontaire d'un coupable. » Or, il faut remarquer que les journaux qui parlaient ainsi étaient ceux-là mêmes qui, le 30 juillet, au surlendemain de l'attentat, lorsque tant de familles étaient en deuil, et que Paris semblait courbé sous l'épouvante, publiaient l'entrefilet que voici : « Toutes les classes semblent céder à l'attrait d'une belle soirée, partagées entre une parfaite indifférence pour l'accident de la veille et la curiosité. »

Du reste, le *National* n'avait pas eu la plume heureuse, car, le jour même où il annonçait la mort de Morey, celui-ci avait pu recommencer à manger après onze jours d'abstinence. Comme sa santé était toujours fort compromise, on l'enleva au régime sévère de la Conciergerie, et on le transporta à Bicêtre, où l'air vif de la colline et l'espace des larges préaux activeraient sa convalescence ; le transfert eut lieu le 1ᵉʳ novembre et ne produisit pas les résultats que l'on avait espérés ; on le conduisit alors à l'hôpital de Notre-Dame de la Pitié, où il entra le 11 du même mois. On put comprendre alors quelle importance les sectaires, dispersés dans Paris, attachaient au silence du vieux bourrelier. Sous toutes sortes de prétextes des gens s'introduisaient dans l'hôpital, — l'accès des hôpitaux était alors plus facile qu'aujourd'hui, — cherchaient à voir le malade et essayaient de communiquer avec lui. Un rapport dit : « On semble venir pour l'encourager à se taire, ou pour voir s'il ne va pas bientôt mourir. » Sa mort, en effet, eût allégé plus d'une poitrine. Les précautions sévèrement prises déjouaient toutes ces tentatives. Morey, gardé par des inspecteurs du service de la sûreté, était enfermé dans un appartement séparé faisant suite à la salle Saint-Raphaël et qu'occupe aujourd'hui le ventouseur de l'hôpital ; des barrières en bois, des murailles en planches, de solides portes supplémentaires isolaient l'accusé dans une chambre d'où il pouvait apercevoir le toit de la galerie zoologique du muséum d'histoire naturelle.

Un rapport de police, en date du 19 novembre 1835, appelle l'attention du préfet sur un complot formé pour enlever Morey; les employés subalternes du Jardin des Plantes, — « presque tous acquis aux doctrines subversives, » — cherchent le moyen de pénétrer dans la Pitié, d'en emporter Morey et de le tenir caché au Muséum. Une fois là, on ne le trouvera plus, car on a trop d'intérêt à sa mort pour qu'il reparaisse jamais. Le rapport laisse supposer que certains employés du Jardin du roi connaissaient le projet de l'attentat, et ajoute : « On traite Fieschi de lâche et de scélérat, parce qu'il fait des révélations. » Il ne faut pas oublier que la maison de Morey, 23, rue Saint-Victor, n'était pas éloignée du Jardin des Plantes, et qu'elle était voisine de celle de Blanqui jeune, qui demeurait rue des Fossés-Saint-Jacques, n° 13. De tels rapports motivèrent un redoublement de surveillance, et la consigne qui maintenait Morey au secret fut plus rigoureuse que jamais.

Il n'était pas le seul sur lequel on faisait effort; comme Fieschi était inconnu des chefs de société secrète, comme l'on ignorait quel genre de confidences il avait pu recevoir, on le supposait bien plus complétement initié qu'il ne l'était en réalité;

on s'imaginait qu'il avait pu parler de ses projets avec trop d'abandon à « la borgnotte » et l'on essaya de pratiquer Nina Lassave, soit pour l'engager à se taire, soit pour apprendre jusqu'à quel point elle était instruite. Cette fille, dont la faiblesse et la naïveté s'étaient livrées sans restriction dès le premier jour, avait obtenu de quitter Saint-Lazare le 12 août et d'être internée à la maison de santé Faultrier, rue de Lourcine, n° 86. Elle n'y vécut pas en paix, et les obsessions dont elle se sentit entourée devinrent assez insupportables pour qu'elle demandât à changer de domicile ; on l'envoya, le 9 octobre, rue Pigalle, dans la maison de santé tenue par la dame Barier, où elle fut, pour ainsi dire, gardée à vue.

Fieschi sut certainement quelque chose de cela, car je retrouve dans une de ses lettres à Nina (24 octobre) une recommandation qui semble y faire allusion : « Ses messieurs ils sont très-content de toi et de mois aussi, parce que nous avon dict que la verrité, et moi aussi je te fais compliment de la conduite que tu tiens, soit toujours discrète, ne te fie que à nos juges, parce que les autres pourront te trahir... De la prudence avec le personne qu'il t'environne ! dabor tu et mon eléve. » — Dans cette même lettre, il lui dit qu'il lui garde deux petits oiseaux pour les lui donner lorsqu'il la verra, et il ajoute, — sans y croire, sans doute : — « Je nais pas grand cause à rédoutté. »

M. Lavocat, dont l'intervention fut si précieuse et qui parvint seul à ouvrir Fieschi tout entier devant la justice, fut mal récompensé d'avoir si simplement obéi à sa conscience; on le traitait d'espion, de mouchard; on lui écrivait pour lui demander combien la police lui payait les révélations mensongères qu'il « arrangeait » avec Fieschi; les lettres anonymes pleuvaient chez lui; on ne lui promettait rien moins que la potence, la guillotine, ou le poignard; on dessinait, à la craie, des couteaux entrecroisés sur la porte de la manufecture des Gobelins et l'on y inscrivait : « Mort au traître! » Rien ne le détourna de ce qu'il considérait, avec raison, comme l'accomplissement d'un devoir, mais il fut très-affecté de la haine que sa loyale conduite avait excitée contre lui, parmi les gens des partis excessifs; il ne put s'en taire, lorsqu'il comparut en qualité de témoin devant la cour des Pairs, et sa déposition s'en ressentit, car l'on put soupçonner qu'il n'avait pas dit tout ce qu'il savait.

Ces rumeurs extérieures troublaient le gouvernement et surtout Gisquet, qui comprenait qu'il avait une revanche à prendre. On écoutait, on regardait partout, mais l'on n'entendait que des bruits confus et l'on ne voyait que des objets indistincts.

Les agents de police étaient harassés de fatigue ; jour et nuit on les tenait sur pied, et on les épuisait dans des recherches vaines et souvent puériles. Nul indice, si faible qu'il fût, n'était négligé ; tout document était examiné à la loupe ; un imbécile quelconque adressa à Fieschi une pièce de vers :

> Monstre infâme sorti des gouffres de l'Enfer,
> Oui, tu fus en naissant reçu par Lucifer ;

tout est de cet acabit ; c'est idiot d'un bout à l'autre. On se garde bien de jeter cette niaiserie au panier, et l'on commet solennellement un chimiste, membre de l'Institut, auquel on fait prêter serment, pour vérifier si les interlignes ne contiennent pas des mots écrits à l'encre sympathique ; la trace des réactifs se voit encore sur le papier. Un mauvais plaisant, de Bourg-en-Bresse, voulant s'amuser à taquiner un peu « l'autorité », envoya à Fieschi la lettre suivante : « Mon cher ami, tu ne me connais peut-être plus, car il y a longtemps que tu ne m'as aperçu ; je suis né en Corse, à Bastia, je viens ayant appris ton crime. Quel dommage que ce bougre de Louis-Philippe ne soit pas tué ; mais sois tranquille, dans huit jours il n'existera plus ; je suis à Bourg, je pars à trois heures du matin pour aller à Paris ; dans trois jours tu seras libre, le roi tué et tes gardes assassinés ; ne montre ma lettre à personne ; j'irai te délivrer, et si on la découvre ne dis pas d'où elle vient, car je ne veux pas être pris. J'en ai assez dit, à jeudi, nous nous embrasserons sur la place ; Louis-Philippe sera tué et le Luxembourg brûlera. Adieu. Je ne signe pas, de peur qu'on ne me découvre. » Cette sornette motiva une commission rogatoire expédiée à Bourg, une surveillance attentive près des diligences arrivant à Paris du département de l'Ain et un redoublement de précautions autour du roi pendant quelques jours.

Je ne citerais pas ces détails fastidieux et ridicules, s'ils n'étaient la preuve de l'émotion profonde dans laquelle vivaient toutes les personnes attachées à l'instruction de cette affaire dont on sentait bien que l'on n'avait pas, — que l'on n'aurait pas, — le dernier mot.

L'enquête minutieuse, multiple, infatigable, menée par des hommes d'une intelligence exceptionnelle et qui ont porté dans la magistrature des noms vénérés, l'enquête avait duré six mois. La masse énorme de gens arrêtés était restée plus ou moins longtemps à la disposition de la justice ; cent soixante-huit inculpés avaient été réservés dès l'abord, et les moins favorisés ne recouvrèrent la liberté que le 10 novembre, après plus de trois mois de détention préventive qui ont dû leur sembler longs. Cinq **accusés** restaient seuls pour **les débats** publics : Fieschi, Morey, Pepin, Boireau et Bescher ; une ordonnance de non-lieu aurait dû épargner à ce dernier une prolongation de captivité inutile. De la Pitié où Morey était encore, de la maison de justice où les autres assassins étaient détenus, ils furent transportés au palais du Luxembourg ; on leur installa facilement une prison au milieu des constructions provisoires qui avaient été élevées pour loger les accusés des émeutes d'avril, et le procès s'ouvrit le 30 janvier 1836.

XV

LE PROCÈS.

Trois avocats. — Vanité de Fieschi. — Une âme multiple. — Impassibilité de Morey. — Inquiétude de Boireau. — Lâcheté de Pepin. — Abjection des accusés. — Fieschi paternel. — Aveux de Boireau. — Aveux de Pepin. — Maladresse de M. Pasquier. — Le réquisitoire. — Cinq jours de plaidoiries. — Le jugement. — La statue de Bayard. — Une lettre de Fieschi. — « Se mettre en règle avec l'histoire. » — A quoi pense Pepin.

Fieschi n'avait pas moins de trois avocats ; c'était bien peu, ou c'était beaucoup pour défendre une si mauvaise cause ; le talent de MM. Parquin et Chaix-d'Est-Ange, le verbiage de Mᵉ Patorni auraient facilement pu trouver une meilleure occasion de s'exercer. Le véritable directeur des débats ne fut pas M. Pasquier, ce fut Fieschi. Son insupportable vanité saisit avec empressement une telle occurrence pour s'étaler sans vergogne. Il fut monstrueux de fanfaronnade, de vantarderie ; il avait fini par se croire, très-sincèrement, un personnage considérable et d'une intelligence supérieure ; il gourmandait les témoins, interpellait le président, raillait ses coaccusés et quêtait partout une approbation qu'on eut l'impudeur de ne point lui refuser. On eut pour lui beaucoup d'indulgence, beaucoup plus que ne le comportait la dignité de la Chambre des pairs, érigée en cour souveraine de justice.

Ce petit homme, que sa pétulance naturelle mettait toujours en mouvement, défiguré par des cicatrices affreuses, tournant de tous côtés son visage osseux et charnu, gesticulant, prenant des poses, parlant avec emphase d'une voix nasillarde et d'un accent méridional très-prononcé, se montrant avec complaisance, se faisant admirer aux femmes curieuses qui se pressaient dans l'enceinte réservée au public, cet assassin, dont le repentir consistait dans la glorification de soi-même, ce sinistre Scaramouche fut odieux; mais on supportait toutes ses pantalonnades grossières dans l'espoir d'obtenir des révélations nouvelles et de jeter au procès quelque complice encore inconnu.

Singeant les avocats et « les gens du roi », il avait un portefeuille, des papiers; il griffonnait des notes de sa grosse et incorrecte écriture; il parlait à ses défenseurs, saisissait parfois l'interrogatoire et le menait lui-même, faisait des saillies et promenait ses vilains petits yeux sur ses juges, lorsqu'il en avait obtenu un sourire approbateur. Il dit : « Je parle à l'univers entier; — je veux sauver ma patrie, — j'en jure par le tombeau de mon père; — mes complices ne sont pas dignes d'avoir un complice comme moi; — je ne suis pas un vil sicaire, je n'ai rien fait pour de l'argent; mais je suis un grand criminel, je suis le grand coupable! » Cet Érostrate de carrefour s'enorgueillit à l'idée que la postérité connaîtra son nom.

Un incident fort insignifiant par lui-même est à signaler, car il constate, une fois de plus, la diversité des sentiments qui remuaient dans cette âme multiple. Par suite d'une circonstance qui n'importe pas à ce récit, il avait recueilli chez lui Annette Bocquin, maîtresse d'un sieur Janot, un de ses amis. Cette fille, dont la vertu ne paraît pas avoir été bien farouche, demeura un mois dans le logement de Fieschi, côte à côte avec celui-ci; elle était jeune et de mine avenante. « Je la respectai, dit Fieschi; je pus dire à mon ami: Tu m'as confié un dépôt sacré, ma raison fut plus forte que ma passion. » Fieschi ne mentait pas, et personne ne douta de sa parole. M. Baude, l'ancien préfet de police, avait peut-être raison lorsqu'il disait: « La tête de cet homme est mal ordonnée; s'il s'était trouvé dans des circonstances heureuses, s'il avait été environné de gens qui eussent sa confiance et qui l'eussent bien dirigé, il aurait fait de grandes choses; mais il est également propre au mal. »

Les coaccusés de Fieschi avaient des attitudes bien différentes de la sienne. Morey, enveloppé d'une ample redingote qui l'engonçait, la tête couverte d'un bonnet de soie noire, gardait une apparence impassible, continuait à nier tout, même l'évidence, jouait volontiers le rôle d'un moribond et exagérait la faiblesse naturelle de sa voix, à ce point qu'un greffier placé près de lui était obligé de répéter ses paroles. Victor Boireau affectait une indifférence qu'il n'éprouvait guère et que démentaient les regards éperdus qu'il jetait sur Fieschi, lorsque celui-ci déclamait ses dépositions. Bescher assistait aux débats, c'est tout ce que l'on en peut dire; dès le début, on lui avait fait comprendre — et il avait compris — que l'accusation l'abandonnait.

Quant à Pepin, il faisait pitié à voir; son toupet bien frisé, ses favoris régulièrement taillés, sa cravate blanche et son habit noir ne rendaient que plus livide encore la pâleur qui décomposait son visage; pendant tout le temps que durèrent les débats, il se montra tel que l'avait dépeint un rapport de police : « envieux et intrigant, sans esprit; » on eût pu ajouter sans courage, car jamais nature plus vile, plus menteuse, plus inconsistante, ne se montra avec une telle bonhomie de lâcheté. Ses contradictions sont permanentes, sa peur l'affole, il entasse stupidement mensonges sur mensonges; il nie toujours sans avoir la force de nier, et donne le spectacle écœurant d'un criminel imbécile qui voudrait passer pour vertueux : « Je serais indigne de voir la lumière, si j'avais pu participer de près ou de loin à la mort d'un de mes concitoyens. » C'est par des phrases aussi parfaitement plates, c'est par ces lieux communs fastidieux qu'il espère démontrer son innocence. Il est terrifié par Fieschi, cela est visible ; dès qu'il entend la voix de ce complice impitoyable, il tressaille, il s'effraye, il essuie son visage ruisselant de sueur et, s'il faut répondre, il balbutie.

Fieschi s'est promptement aperçu de l'effet qu'il produit sur ce malheureux dont les faibles nerfs ne peuvent supporter la précision des détails dont on l'accable ; il s'en amuse avec une cruauté de Peau-Rouge ; il le gouaille, il le torture, il le désagrége jusqu'à en faire une sorte de loque humaine qui n'a plus conscience que d'une épouvante sans nom ; puis il l'écrase encore et se vante : « C'est un lâche ; moi, je dis la vérité, je la dois à ma patrie, au roi, à Dieu et aussi aux nobles pairs qui m'écoutent. » L'un dans sa couardise, l'autre dans sa forfanterie, sont tout simplement abjects. Victor Boireau, non plus, n'était pas rassuré, et, jusqu'à la fin, il redouta de la part de Fieschi un aveu que celui-ci ne laissa jamais échapper.

Boireau et Pepin opposaient des dénégations

constantes aux affirmations de Fieschi ; Pepin, d'une politesse tremblante, disait : « M. Fieschi commet une erreur ; » Boireau était de moins bonne compagnie et répondait vertement : « Vous mentez ; » Fieschi ne se fâchait pas et, paternellement, se tournant vers l'auditoire, il disait avec un sourire d'indulgence : « Il faut lui pardonner, c'est si jeune que ça ne sait pas encore parler comme il faut. »

Depuis six jours, le procès suivait sa lente marche, sans incidents remarquables, à travers les dépositions des innombrables témoins, lorsque le 5 février, Boireau attendri par sa mère qui l'avait, le matin même, dans sa cellule, conjuré en sanglotant de dire la vérité, avoua que Pepin lui avait annoncé, le 26 juillet, l'attentat projeté pour le surlendemain, qu'il avait été prié par l'épicier de faire une promenade à cheval sur le boulevard du Temple dans la soirée du 27, et qu'il avait reçu un pistolet de Fieschi ; il avoue en outre la confidence qu'il a faite à Suireau et dont Gisquet n'avait pas su tirer parti. Ces aveux qui tuaient Pepin avaient été faits hors de la présence des accusés que l'on avait emmenés par ordre de M. Pasquier. Lorsqu'ils rentrèrent dans la salle d'audience, on leur donna lecture de la déposition de Boireau ; Pepin la déclara mensongère et Fieschi en confirma la sincérité.

Le 10, le procureur général, Martin du Nord, prit la parole; son réquisitoire fut médiocre et chercha à frapper, au-delà des accusés, les partis qui rêvaient le renversement de la dynastie de Juillet. Pepin, dont le trouble augmentait à mesure que le dénouement se montrait plus prochain, fit appeler M. Pasquier dans la matinée du 11 février et lui dit qu'en effet il avait vu Boireau dans la soirée du 26 juillet, que celui-ci était revenu le lendemain lui emprunter un cheval, pour faire une promenade dont on lui avait laissé ignorer le but et le motif. Dès l'ouverture de l'audience, cette déclaration fut communiquée à Boireau qui, fort irrité contre Pepin, raconta tous les faits relatifs à la promenade à cheval et aux confidences qu'il avait reçues. Pepin s'agite et bégaye; les demi-aveux qu'il a faits retombent sur lui : — il jure que Boireau et Fieschi sont venus chez lui pour le perdre et il ajoute que c'est Boireau qui l'a mis au courant des projets régicides de Fieschi; quant à lui, il est innocent; il n'a vu Fieschi qu'une seule fois, avant l'attentat, par hasard. — Fieschi alors intervient, il est immonde : « Il ne faut pas se décourager; une femme accouche à sept ou à neuf mois; Pepin commence à accoucher; il dira la vérité comme les autres. » Pepin s'écrie : « Je suis victime des subterfuges ! »

La vérité, — cette vérité tout entière dont parlait Fieschi, était sur les lèvres de Boireau — qui en savait long ; — furieux d'être chargé par Pepin qui l'accusait pour essayer de sauver sa tête, il allait probablement tout dire et raconter les dispositions prises le 28 juillet, par les sociétés secrètes, lorsqu'une maladresse incompréhensible de M. Pasquier vint lui fermer la bouche et arrêter des aveux que sa colère ne lui aurait pas permis de retenir. Au lieu de rester dans la cause qui était déjà bien assez grave par elle-même, le président voulut profiter de l'émotion de Boireau pour lui arracher une déclaration relative à un complot dont la police s'occupait alors, qu'on appela le *complot de Neuilly*, auquel l'accusé avait été initié et qui avait pour but l'assassinat du roi. Cette interversion subite, ce brusque transport d'une question à une autre, rappela Boireau à lui-même ; il battit assez habilement la campagne, fit des demi-confidences illusoires, et, en réalité, redevenu maître de lui, sut ne rien répondre de sérieux.

Les plaidoiries, interrompues par cet incident, reprirent leur cours ; Me Patorni, qui, le premier, porta la parole en faveur de Fieschi, fut inepte ; il rendait la société responsable envers l'assassin, dont elle avait méconnu la capacité ; M. Pasquier fit remarquer à l'avocat que sa thèse était dangereuse ; à cette observation du président, Fieschi ne se contint pas, et, s'adressant à Mᵉ Patorni, il lui cria : « Qu'est-ce qu'il dit donc, celui-là? Je vous retire la parole! Mais vous perdez la tête, mon brave homme! »

Il n'y avait rien à dire en faveur de ces misérables, ce qui n'empêcha pas les avocats et les représentants du ministère public de parler pendant cinq jours; le 15 février, à huit heures du soir, la dix-septième, la dernière audience s'ouvrit devant les pairs fatigués de ces longs débats; après avoir fait l'appel nominal et après avoir recueilli individuellement l'avis de tous les juges, le président prononça la sentence qui acquittait Bescher, condamnait Victor Boireau à vingt ans de réclusion, Pepin et Morey à la peine de mort, Fieschi à la peine des parricides. La cour étant souveraine et sans appel, il ne fut pas question d'un pourvoi en cassation.

Le greffier de la cour des pairs se rendit près de chacun des condamnés pour leur lire, individuellement, le texte de l'arrêt qui les frappait. Victor Boireau s'évanouit presque et ne revint à lui qu'en comprenant qu'il échappait à la peine de mort; Morey fut très-calme et resta somnolent : « Un peu plus tôt, un plus tard, dit-il, il faut toujours en finir par là; » Pepin eut un accès de fureur terrible, auquel succéda une torpeur qui se dissipa bientôt; Fieschi s'écria qu'il saurait mourir et donner à tous l'exemple du courage.

Pendant toute la durée du procès, malgré le nombre des audiences énervantes et des interrorogatoires multiples, Fieschi ne se démentit pas un seul instant; il fut toujours en scène et continua dans sa cellule le rôle qu'il jouait, avec tant de complaisance, devant la cour des pairs. Les surveillants, qui ne le quittaient pas, adressaient chaque jour, sur son état moral, un rapport confidentiel au préfet de police; celui du 4 février semble résumer tous les autres: « Le prévenu conserve sa gaieté; il lit les journaux et voit avec plaisir que l'on reproduit exactement son interrogotaire. » Un soir, rentrant de l'audience, il dit avec orgueil: « Comme on parle de moi! Pourtant je ne suis pas sans reproche, mais je suis sans peur, comme ce chevalier dont la statue est à Grenoble. » — Avoir été Bayard et servir à de telles comparaisons!

La vanité qui le tourmentait ne lui laissait pas un instant de repos; lorsqu'il ne parlait pas, il écrivait; coûte que coûte, il voulait que l'on s'occupât de lui. Cette étude ne serait pas complète si je n'y donnais un spécimen de sa littérature. Parmi ses lettres, j'en ai choisi une qui m'a paru un type achevé de son caractère, de sa bassesse lorsqu'il n'était pas violent, de ses flagorneries intéressées lorsqu'il n'était pas injurieux; elle est adressée à un des juges instructeurs qui eurent à l'interroger par délégation du président de la cour des pairs, et j'en rétablis l'orthographe pour la rendre moins inintelligible au lecteur. Elle est écrite un mois avant l'ouverture des débats publics : « Monsieur, jusqu'aujourd'hui, pas un magistrat, pas un homme a su me connaître; tous n'ont vu que mon attentat, mais point de qualité chez moi, rien que le crime; ma loyauté dans mon instruction, elle a été regardée par la justice comme un devoir que j'avais à remplir. — Oui — il écrit *houvi* — monsieur, pour moi c'était un devoir à remplir; mais un juge peut-il le regarder ainsi? Non, car peut-être d'autres auraient gardé le silence. Mais moi, je n'ai pas fait de même, et mon cœur est satisfait aujourd'hui d'avoir fait des aveux sincères. Monsieur, je m'adresse à vous, parce que vous seul êtes à même de me juger, vous seul, monsieur, êtes à même de connaître ma faiblesse; vous seul êtes à même de justifier que mes aveux, ce n'est pas par des promesses d'argent, ni pour obtenir ma grâce; non. Ma raison, ma conscience et l'amitié et la reconnaissance et l'amour pour ma patrie, j'ai voulu la prévenir pour l'avenir, et je peux engager ma parole que je ne coûte pas un centime au gouvernement pour mon compte personnel. Bref, et pourtant la cour refuse de me donner quelque petite satisfaction pour mon faible cœur; je fais confession de cette faiblesse. Voici : J'ai écrit à ma petite Nina; point de réponse ; j'ai demandé la permission d'écrire à Janot que j'aurai peut-être besoin de le faire appeler comme témoin ; point de réponse ; j'ai demandé que l'on m'accordât, s'il était possible, à M. Lavocat de voir Nina; elle le connaît, M. Lavocat de même ; point de réponse. Eh bien! je demanderai ma grâce, peut-être serais-je plus heureux. Par conséquent je m'adresse à vous, en vous disant que rien ne m'empêchera de faire mon devoir à la Chambre, et après que j'aurai parlé, mes juges sauront l'homme que l'on doit condamner à la peine capitale. Agréez, monsieur, ma plus haute considération que méritent votre bonté d'âme, votre caractère, votre noble talent, votre logique; il faut qu'un homme soit un réprouvé, un téméraire, ou trop injuste s'il ne cède pas à votre langage. Vous faites connaître que vous êtes le fils d'un grand législateur, et je m'aperçois que vous suivez sa trace. Je désire aussi que les années puissent se suivre par d'heureux succès à toute votre honorable famille. Votre très-humble serviteur et dévoué à jamais : Fieschi. Fait à la Conciergerie le 28 ; jour mémorable pour moi et pour la France. Le 28 décembre 1835. »

Cette graphomanie ne l'abandonna pas, lorsqu'il fut condamné à mort ; l'idée d'une grâce possible persistait certainement en lui ; il rêvait d'aller vivre en Amérique avec « sa petite Nina » ; mais néanmoins, comme il l'a sottement dit, il voulut « se mettre en règle avec l'histoire » ; et il employa toute la journée du 16 février à écrire une sorte de mémoire qu'il intitula : « *Déclaration faite par Fieschi au gouvernement pour insérer au procès-verbal* ». Il a soin de recommander que l'on respecte son orthographe, afin que l'on puisse avoir une juste idée de « son cetile ». C'est tout au long une déclamation emphatique et absurde, parsemée de prétendues réflexions morales qui ne sont que des lieux communs de bas étage ; c'est le comble de la vanité d'un criminel infatué et ivre de sa sinistre importance. Il lègue ce fatras à la France. Il est impossible de regarder cette paperasse immonde sans sourire. Fieschi s'est strictement conformé aux usages qu'il avait vu appliquer pendant ses interrogatoires ; lorsqu'il fait une rature, il met en marge : approuvé tant de mots nuls ; il parafe toutes les pages ; tout est de son écriture, mais il signe : pour copie conforme, *ne baritur (varietur)*. On n'a pas tenu compte de ses instantes recommandations, et cette scorie est restée secrète. Ce n'est pas que l'on ne fût empressé de complaire à ses désirs ; on poussa la mansuétude jusqu'à le laisser communiquer sans témoin avec

Nina Lassave, — probablement pour « donner quelque petite satisfaction à son faible cœur ».

Il parlait volontiers de ses complices à ses gardiens : « On a bien fait de ne pas être sévère pour Boireau, c'est un enfant; ça parle sans savoir ce que ça dit, par forfanterie; le père Morey est une vieille bûche, ça n'est bon qu'à jeter au feu, on n'en pourra jamais rien tirer; il est trop bête pour comprendre son devoir, ce n'est pas comme moi. Pepin doit avoir le nez long, il a eu beau trembler pour sa peau, il ne l'a pas sauvée ; c'est lui qui a tout fait, s'il n'avait pas donné l'argent, je n'aurais jamais pu acheter les fusils. C'est égal, je voudrais bien savoir à quoi il pense ! » — Pepin « pensait » à éviter la mort et à mériter sa grâce par de tardives révélations.

XVI

L'EXÉCUTION.

État de Pepin. — Dernière tentative. — Les aveux suprêmes. — On exige de Pepin plus qu'il ne sait. — M. Zangiacomi délégué. — Morey. — Le recours en grâce. — Annotation de Louis-Philippe. — Les condamnés sont prévenus. — Jactance de Fieschi. — Départ. — Le soldat de Gaëte. — Le duc de Brunswick. — Dernier effort sur Pepin. — Le véritable rôle de celui-ci. — « L'héroïque vieillard ». — Légende et réalité. — « C'est une vieille canaille. » — La mort de Fieschi. — Le mot de la fin. — Phrénologie. — Le fils de Fieschi. — Protestation.

L'état d'âme de Pepin était lamentable ; lui qui fut très-courageux en présence de la mort, lorsque toute espérance fut perdue, il ne pouvait supporter l'idée de sa fin prochaine, et se débattait contre les fantômes de la dernière heure qui l'assaillaient à outrance. Immobilisé dans sa camisole de force, assis sur le dur escabeau de la prison, la tête retombée sur la poitrine, le malheureux pensait à sa femme, à ses cinq enfants, et cherchait une issue à la route horrible au bout de laquelle l'échafaud lui apparaissait. Comme les moribonds qui se figurent que la présence du médecin leur rendra la santé, il s'imaginait que la présence de ses juges prolongerait sa vie.

Il demandait pour quelques instants la liberté de ses bras et écrivait — non point des « déclarations », comme Fieschi, — mais des lettres suppliantes au duc Decazes, au procureur général, à M. Pasquier. Celui-ci, escorté de M. de la Chauvinière, greffier en chef de la Cour, se présentait près du condamné, prêt à recueillir les aveux arrachés par l'angoisse. Ces interrogatoires se multiplient : j'en compte un le 15 février, deux le 17 et enfin un dernier le 19, à une heure moins un quart du matin, effort suprême qui précéda de peu d'instants les redoutables apprêts de *la toilette* et le départ pour la place Saint-Jacques.

Le 18 février, à onze heures du soir, M. Pasquier, qui habitait le Petit-Luxembourg, reçut une lettre par laquelle Pepin s'engageait à faire des révélations graves et à donner des indications précises de nature à éclairer le gouvernement sur les dangers qui menaçaient celui-ci. Trois fois déjà M. Pasquier avait vu Pepin et n'en avait obtenu que de vagues renseignements ; évidemment il ne se souciait plus d'aller encore entendre d'inutiles récriminations et voulut se soustraire à un spectacle très-pénible ; il fit prier M. Zangiacomi de se rendre près de Pepin pour l'écouter ; en même temps il avisa M. Thiers et M. Persil, qui ne tardèrent pas à arriver. Une seconde lettre de Pepin fut apportée vers minuit et demi, très-pressante et réclamant la présence immédiate de M. Pasquier. L'exécution était commandée pour huit heures du matin ; le ministre de la justice et celui de l'intérieur restèrent au Petit-Luxembourg, près de madame la duchesse Decazes, attendant le retour de M. Pasquier, afin de décider si l'on devait surseoir au supplice ou lui laisser libre cours. M. Pasquier se résigna à aller lui-même interroger encore une fois le condamné.

Pepin était fort abattu ; il savait que les premières minutes de son jour suprême avaient sonné, et que la mort, — « Celle qui ne se repose jamais, » comme dit le romancero espagnol, — l'attendait dans quelques heures. Pepin dans sa lettre avait promis de dire toute la vérité, et cependant sa première réponse à M. Pasquier cache une réticence : « Je suis déterminé à dire tout ce que je sais. » Il avoua bien des choses, cependant, et fort sérieuses. Il avait demandé des fusils à Godefroi Cavaignac dans un but qu'il ne lui avait point dissimulé ; il avait donné avis de l'attentat au docteur Recurt, avant que celui-ci fût réintégré à Sainte-Pélagie, par conséquent, entre le 1er mars et le 9 mai 1835, et Recurt ne l'avait point « détourné de son projet » ; il avait prévenu Floriot, marchand de vins du faubourg Saint-Jacques et chef de section à la société des Droits de l'homme ; il avait tout dit, le matin même du 28 juillet, à Auguste Blanqui ; il fournit des détails sur l'organisation d'une nouvelle Société secrète à laquelle il avait été affilié par Recurt et qui fut *la Société des familles ;* il parla du *Bataillon révolutionnaire* organisé par Henri Leconte, et enfin révéla l'existence d'une fabrique clandestine de poudre établie rue de Lourcine.

M. de la Chauvinière écrivait ces déclarations bégayées avec peine et que Pepin ne s'arrachait qu'à la suite d'un combat intérieur dont les traces apparaissaient sur son visage bouleversé. Tout ce qu'il venait de dire confirmait des soupçons, prouvait que l'épouvantable machination avait été soutenue par une complicité latente dont on se doutait depuis longtemps, mais ne produisait aucun complice effectif, matériel, et ne désignait à la justice aucun coupable ayant directement participé à l'attentat ; or, c'est ce que l'on recherchait encore avec ardeur. Pepin avait livré beaucoup, mais on jugea que ce n'était pas assez.

« Jusqu'ici, lui dit M. Pasquier, vous n'avez parlé que des individus que vous aviez avertis ; il faudrait maintenant parler de ceux qui vous auraient excité au crime, qui vous auraient fourni les moyens de le commettre. » Pepin répondit :

« Si je n'ai pas révélé les projets de Fieschi, c'est que j'ai cédé à l'influence de son poignard ; aucune autre influence n'a été exercée contre moi. » La première partie de cette réponse est un mensonge, la seconde est sincère.

M. Pasquier se retira ; les ministres, instruits par lui des révélations de Pepin, décidèrent qu'il n'y avait pas lieu à suspendre l'exécution ; mais pensant qu'à la minute suprême, en présence de la guillotine, le condamné pourrait livrer le dernier mot de son secret, ils déléguèrent M. Zangiacomi pour recevoir, au besoin, les déclarations *in extremis* et lui donnèrent plein pouvoir d'ajourner l'exécution, si les circonstances l'exigeaient.

Pendant que Fieschi écrivait ses phrases ridicules ou qu'il causait avec Nina Lassave, pendant que Pepin faisait effort pour dégorger tout son égout, le vieux Morey, souffreteux, presque toujours couché, se plaignant de la nourriture et ne récriminant contre personne, persistait dans son rôle. Le 18 février, M. Pasquier fit spontanément un effort pour l'amener à quelque confession ; ce fut peine perdue ; le condamné se contenta de répondre hypocritement d'une voix dolente : « Je ne suis pas capable de faire du mal à mon pays, et si je savais quelque chose qui pût être utile, je le dirais. »

Le recours en grâce, — qui est obligatoire pour

tous les condamnés à mort depuis la circulaire ministérielle du 27 septembre 1830, — avait été soumis à Louis-Philippe. En présence de tant de victimes, il était impossible de « préférer miséricorde à la rigueur des lois ». Le garde des sceaux écrivit au procureur général : « Le roi a décidé qu'il serait fait remise à Fieschi de la peine accessoire du parricide seulement et que l'arrêt serait exécuté en toutes ses parties conformément à la loi. » Le rapport présenté au roi, selon l'usage, par le ministre de la justice, porte une annotation écrite de la main de Louis-Philippe et qui ne doit pas être oubliée : « Ce n'est que le sentiment d'un grand devoir qui me détermine à donner une approbation qui est un des actes les plus pénibles de ma vie ; seulement j'entends qu'en considération de la franchise des aveux de Fieschi et de sa conduite pendant le procès, il lui soit fait remise de la partie accessoire de la peine, et je regrette profondément que plus ne me soit pas permis par ma conscience. » La suppression de « la peine accessoire » constituait pour Fieschi un adoucissement appréciable, quoique la loi de 1810 en vertu de laquelle on coupait le poing droit aux parricides, avant de leur trancher la tête, eût été abrogée par la loi du 28 avril 1832.

Le 19 février, vers six heures du matin, on entra dans la cellule des condamnés et on les prévint qu'il ne leur restait plus qu'à se préparer à mourir ; Morey fut impassible et Pepin résigné ; Fieschi éprouva une émotion violente dont il se remit aussitôt ; il dit à voix basse : « Et ce que l'on m'avait promis (1)? » L'abbé Grivel lui recommanda de penser à son âme. Pepin était fort calme ; autant il avait lutté, avec maladresse et sotte astuce, pour sauver sa vie, autant il prouva de résolution, lorsqu'il fut face à face avec la mort. Il demanda une aile de poulet, la mangea avec appétit, but un verre de vin et alluma paisiblement sa pipe.

Les trois condamnés furent réunis dans l'avant-greffe pour subir l'inutile et cruelle cérémonie de la toilette ; chacun s'y montra selon son caractère ; Morey toujours absorbé ; Pepin questionnant les aides du bourreau sur les détails de l'exécution ; Fieschi, verbeux, plein de jactance et cherchant peut-être à s'étourdir à force de bruit. Il y avait là un certain nombre de personnes, les trois aumôniers, l'exécuteur et ses aides, le directeur de la

(1) On a dit que l'on n'avait obtenu les révélations de Fieschi qu'en lui promettant sa grâce ; c'est là une affirmation erronée ; on a fait comprendre à Fieschi que l'on aurait de l'indulgence pour lui s'il disait la vérité ; Fieschi ignorait certainement les dispositions de l'article 13 du Code pénal ; indulgence et grâce lui parurent avoir la même signification ; il a pu se tromper, mais on ne l'a pas trompé. On fut indulgent, car on substitua la peine de mort à la peine des parricides ; il n'eut donc pas à marcher pieds nus jusqu'à la place de l'exécution, il n'eut pas la tête couverte d'un voile noir et il ne fut pas exposé sur l'échafaud pour entendre la lecture de l'arrêt de condamnation.

prison, les gardiens, les soldats ; c'était une sorte de public, et Fieschi ne perdit pas cette occasion de dire encore quelques niaiseries redondantes : « Je laisse ma tête à M. Lavocat, mon âme à Dieu, mon cœur à la terre. Où donc est M. Lavocat ? pourquoi ne vient-il pas ? il faut qu'il me voie mourir ; je serai intrépide ; il n'aura pas à rougir de Fieschi ! » Il baisait le crucifix, embrassait l'aumônier, embrassait les gardiens et répétait : « Vous verrez comme je saurai mourir ! » Puis il dit cette énormité : « Ma pauvre petite Nina ! que va-t-elle devenir ? je la recommande à la duchesse de Trévise. »

On pourrait croire que le gouvernement redoutait quelque émotion populaire, car 6,200 hommes avaient été massés, avant le lever du jour, autour du lieu réservé pour l'exécution. Trois voitures stationnaient dans la cour de l'Orangerie du Luxembourg que gardait un cordon de troupes ; chacune de ces voitures, entourée de gendarmes, le sabre au poing, reçut un des condamnés et l'aumônier qui l'exhortait. Au moment où Fieschi, gêné par la *ligotte* attachée à ses chevilles, s'avançait lentement pour prendre place, le colonel de Pozac, gouverneur militaire du palais, lui cria : « Fieschi ! pense à Dieu et souviens-toi du soldat de Gaëte ! » Ce soldat de Gaëte était un Corse dont la conduite héroïque était restée légendaire dans l'armée. Pendant un rapide moment Fieschi devint pensif, sembla s'attrister et dit : « Ce que c'est que la destinée ! dans les Calabres, au temps du roi Joachim, une sorcière m'a prédit que je mourrais décapité. » Puis il ajouta après un instant de silence : « Pourquoi ne suis-je pas mort à la Moskowa ? »

Il faisait froid ; le ciel triste et gris roulait de gros nuages obscurs qui passaient au-dessus des arbres dépouillés ; le lugubre cortége, marchant au pas, traversa la grande allée du Luxembourg, l'avenue de l'Observatoire, et, à huit heures un quart, après avoir accompli son trajet entre deux haies de soldats, parvint à la place Saint-Jacques, où la troupe avait grand'peine à maintenir la foule immense qui s'étouffait aux environs de l'échafaud. Au-delà de la barrière, à la fenêtre du premier étage d'une maison occupée par le marchand de vin Étienne, on pouvait voir le duc de Brunswick, — celui dont tout Paris a connu les diamants et les perruques en soie noire, — qui regardait cette scène à l'aide d'une lorgnette revêtue d'ivoire sculpté.

Ils descendirent de voiture ; Fieschi avec l'abbé Grivel ; Pepin, toujours fumant, avec l'abbé Gallard ; quant à Morey, qu'accompagnait l'abbé Montès, il fallut l'aider et même le porter. « L'héroïque vieillard » avouait lui-même « qu'il n'avait

plus de jambes, quoique le cœur fût encore bon. »
Au moment où les trois condamnés, les aumôniers
et les aides formaient un groupe sinistre au pied
de l'échafaud, M. Zangiacomi, suivi de M. de La
Chauvinière, de M. Cauchy, greffier de la Cour des
Pairs, et accosté de M. Vassal, commissaire de
police, se tenait dans la baraque du contrôleur
d'une station d'omnibus ; il était là pour remplir
la mission que la justice lui avait confiée, et il fit
faire une dernière tentative près de Pepin, que
l'on eût voulu avoir une raison suffisante de gracier.

Par ordre du juge d'instruction, armé de pleins
pouvoirs et prêt à arrêter la main du bourreau,
M. Vassal s'approcha de Pepin, le tira à part et lui
dit : — « A cette minute qui va être la dernière de
votre vie, vous n'avez plus d'intérêts à ménager ;
il y a des êtres qui vous sont chers et qui seront
heureux de vous voir conserver l'existence ; dites-
nous la vérité, mais la vérité sans réserve, et il
sera sursis à votre exécution. » Pepin leva les
épaules avec un geste de découragement et répondit : « J'ai dit tout ce que je savais ; » à voix basse,
M. Vassal insista : « Si l'échafaud est démonté, on
ne le remontera pas pour vous. » Pepin répliqua :
« Je n'ai rien à dire. — Réfléchissez bien ; est-ce
votre dernier mot ? — Oui. » — Et Pepin alla, de
lui-même, se placer près de ses complices.

Pepin n'a point menti ; on s'obstina à ne voir en lui qu'un instrument mû par des mains occultes, on eut tort. Morey suffisait à surexciter au crime cette âme haineuse ; il ne fut point poussé par des chefs de parti, il ne fut point soudoyé. Sa vanité misérable rêva un grand rôle ; il se crut un libérateur et fut persuadé, tant sa pensée était obscure et pervertie, qu'il deviendrait un haut personnage si l'attentat réussissait ; il n'en voulut partager la gloire avec quiconque ; il se contenta de prévenir les intéressés afin qu'ils se tinssent prêts ; mais le fait en lui-même reste étroitement circonscrit entre lui, Fieschi, Morey et Boireau ; les hommes des sociétés secrètes, avertis et préparés, attendaient l'événement avec impatience ; mais ils n'aidèrent ni à la conception, ni à l'exécution. Exiger de Pepin qu'il nommât les instigateurs du forfait, c'était lui demander de savoir ce qui n'existait point. C'étaient les doctrines tout entières librement professées et prêchées par les gens de l'opposition ultra-radicale qui étaient coupables ; mais, au sens précis de la jurisprudence criminelle, ces mêmes gens ne l'étaient pas.

Pepin, les yeux levés vers le ciel comme s'il récitait une prière mentale, gravit sans faiblesse les degrés de l'échafaud ; arrivé sur la plate-forme, il cria : « Je suis innocent, je suis victime ! » et mourut. On porta Morey, qui était incapable de marcher; il était lourd, l'escalier n'était pas large, les aides de l'exécuteur qui le tenaient dans leurs bras frôlaient involontairement ses vêtements. On a prétendu — tant une légende malsaine a essayé de glorifier ce misérable — qu'il se serait tourné vers ses porteurs et leur aurait dit d'une voix douce : « Pourquoi gâter ce gilet ? il peut encore servir à un pauvre. » Il fut bien plus humain et ne tomba point dans ce pathos sentimental ; comme l'exécuteur, ne pouvant détacher la corde qui retenait sa redingote sur ses épaules, allait déchirer la boutonnière où elle était nouée, il dit : « N... de D...! n'abîmez donc pas mes effets ! », ce qui est naturel à un homme grossier dont tous ceux qui l'ont connu disaient volontiers : « C'est une vieille canaille, » jugement peu courtois, mais que l'histoire impartiale, ne se souciant guère des fantaisies de l'esprit de parti, est forcée d'accueillir, malgré la brutalité de l'expression, car il est conforme à la vérité.

Fieschi, le plus coupable, devait mourir le dernier ; il avait dit qu'il serait intrépide, — c'était son mot de prédilection, — il le fut. Il monta très rapidement l'escalier, et prenant une pose théâtrale, autant que le lui permettaient ses liens, il s'écria, d'une voix que nulle émotion n'altérait : « Je vais paraître devant Dieu. J'ai dit la vérité. Je meurs content. J'ai rendu service à ma patrie en signalant mes complices. J'ai dit la vérité, point de mensonge, j'en prends le ciel à témoin ; je suis heureux et satisfait. Je demande pardon à Dieu et aux hommes, mais surtout à Dieu. Je regrette plus mes victimes que ma vie ! » Il se pencha vers l'abbé Grivel qui l'avait conduit jusqu'aux bords de la bascule, il l'embrassa et lui dit en souriant : « J'aimerais assez à venir vous donner de mes nouvelles dans cinq minutes. » Il avait probablement longtemps cherché d'avance et composé ce « mot de la fin », restant, jusque sous la hache de l'échafaud, ce qu'il s'était montré depuis le commencement du procès : un épouvantable histrion.

On moula sa tête, et Brascassat, le peintre d'animaux, en fit une étude extraordinairement vigoureuse, que l'on n'eût point attendue de cet artiste étroit et sec. On a beaucoup disserté, à l'époque, sur les protubérances et les traits principaux de ce masque épais et dur. Un comte de L. D. publia même un *Portrait phrénologique et physiognomonique de Fieschi*, dans lequel on peut lire : « L'ensemble de cette physionomie dénote une énergie et une fermeté portées jusqu'à la férocité ; un sourire d'hyène, une raillerie satanique, errent sur ses traits anguleux. » Tout ceci est singulièrement exagéré ; j'ai vu l'*Étude* de Brascassat et j'ai tenu le moulage entre mes mains ; c'est une fort vilaine tête, épaisse, dont le crâne n'a aucune saillie excessive ; les pariétaux sont assez aplatis, l'arcade sourcilière est proéminente ; les joues sont avachies et les oreilles très-larges ; le menton carré, brutal, semble seul indiquer une grande énergie ; je crois que M. Baude a été bien près de la vérité scientifique lorsqu'il a dit : « La tête de cet homme est mal ordonnée. » Fieschi eut un frère qui était sourd-muet, il ne le faut point oublier ; en outre, il eut un fils naturel, Pierre Fieschi, né en 1832 ; cet enfant est mort, au mois de février 1853, à l'hospice des aliénés d'Aix, en Provence ; il était complétement fou depuis l'âge de dix-sept ans.

Les coupables avaient subi la peine prononcée contre eux ; ce que l'on nomme « la vindicte publique » était satisfaite ; mais le gouvernement était fort inquiet et la police aux écoutes, car l'on était convaincu que Pepin avait fait la part du feu, dans ses dépositions, pour obtenir grâce de la vie, mais qu'il n'avait point dit tout ce qu'il savait. On s'entêtait à chercher derrière l'attentat une sorte de haute organisation mystérieuse, qui aurait préparé le crime afin d'en tirer parti, et l'on ne s'apercevait pas que c'était précisément le contraire qui aurait eu lieu ; que c'était l'attentat qui aurait mis cette organisation mystérieuse en mouvement et l'eût jetée au combat, si le roi eût succombé, comme tout le faisait présumer. En désespoir de cause et pour édifier, à ce sujet, l'opinion du pays, on rendit publiques, — en partie du moins, — les dernières révélations de Pepin. Les journaux de l'opposition poussèrent les hauts cris; parmi les personnes que Pepin avait dénoncées, Floriot, le docteur Recurt et Blanqui protestèrent, — dont acte.

XVII

LA COMPLICITÉ LATENTE.

Inquiétude du gouvernement. — Propos d'un pair de France. — Incendies du 28 juillet. — Erreur de M. Guizot. — Le registre du Mont-Anvert. — Le registre de la grotte de Balme. — Prédictions en province et à l'étranger. — Effervescence dans quelques villes. Tentatives de barricades. — Le hussard Guth. — Nina Lassave. — Dame de comptoir dans un café. — Sa protestation au *Constitutionnel*. — Conférence secrète entre Louis-Philippe, Pasquier et Martin du Nord. — La raison d'État. — La poudrière de la rue de Lourcine. — Laurence Petit. — Encore Boireau. — Une lettre de lui. — Les remords d'un coupable.

Le gouvernement était d'autant plus inquiet que les documents réunis par l'instruction et par la préfecture de police, depuis l'attentat, prouvaient que celui-ci avait été prévu, presque annoncé à l'avance, non-seulement à Paris, mais en province et même à l'étranger. Beaucoup de versions ont couru à l'époque, qu'il faut examiner avec soin pour en éliminer toute exagération inutile; la part que garde la vérité est déjà bien assez considérable. Nous ferons d'abord justice d'une rumeur qui fut fort répandue alors et que les esprits troublés acceptèrent, sans contrôle, avec beaucoup trop de facilité.

Un pair de France, M. Gilbert des Voisins, prétendit que le 28 juillet 1835, dans les instants qui précédèrent et suivirent immédiatement l'attentat, sept incendies avaient été allumés dans Paris par les conspirateurs, dans l'espoir d'augmenter le désordre et d'accroître ainsi leurs chances de succès. La précision même des détails donna crédit à ce « racontar » qui fut colporté dans tous les salons et reproduit par bien des feuilles publiques. Ce bruit était faux ; rien n'était plus facile que de le contrôler, et c'est ce que j'ai fait. Dans la journée du 28 juillet, il y eut à Paris un feu de cheminée chez un restaurateur, rue de Cléry, n° 102, et un commencement d'incendie chez le pharmacien Houdouin, rue Neuve-Saint-Méry, n° 9 ; dans la nuit un incendie sans importance se manifesta rue du Plâtre Saint-Jacques, n° 7, chez un sieur Deville, et un autre, tout aussi insignifiant, place Dauphine, n° 2, dans le domicile d'un sieur Labay.

De graves historiens ont dit, et M. Guizot a répété dans ses *Mémoires* (1), que, « le 28, des jeunes gens voyageant en Suisse, après avoir inscrit sur un registre d'auberge les noms de Louis-Philippe et de ses fils, les font suivre de ces mots : « Qu'ils

(1) Tome III, p. 305.

reposent en paix ! » Ici il y a erreur et confusion : les pièces m'ont passé par les mains. La vérité, pour n'être pas dans la version de M. Guizot, n'en est pas moins singulière. Sur le registre du Mont-Anvert, on trouve, à la date du 28 juillet, l'inscription suivante : « Gérard Fieschi est un grand coupable... à cause de sa maladresse. » Le 28, le nom de Fieschi était ignoré ; à telle distance, dans un temps où la télégraphie électrique n'existait pas, on ne pouvait connaître les détails de l'attentat ; cette note, antidatée, a été certainement écrite après coup, par quelque commis voyageur radical ou en goguette. Mais le 29 juillet, à dix heures du matin, lorsque déjà les bruits contradictoires de l'événement avaient franchi nos frontières, trois jeunes gens s'arrêtèrent, en Savoie, à la grotte de Balme ; sur le livre des étrangers, ils écrivirent : « Cy gy le bon, excellent monarque, le roi citoyen Louis-Philippe Ier, roi des Français, Syrabuse, Poulot, Adélaïde, M. Athalin ; » au-dessous et d'une autre écriture, on lit : « Que la terre leur soit légère ! » Et encore d'une autre main : « *Requiescant in pace!* » Les auteurs de cette niaiserie brutale voyageaient en chaise de poste, c'est tout ce que l'on put apprendre, malgré une enquête minutieusement conduite par la police française et les autorités judiciaires de la Savoie.

Des journaux de province avaient été très-explicites, et, lorsqu'on lit entre les lignes, on peut croire qu'ils étaient au courant de bien des choses. La *Gazette de Metz* dit, le 27 juillet : « Pour la cinquième et probablement la dernière fois, les ex-glorieuses et mémorables vont être célébrées à Paris ; » le 28 juillet, l'*Industriel de la Meuse* insère un article que lui expédie le bureau d'une correspondance politique établie à Paris : « On continue à dire que Louis-Philippe sera assassiné, ou plutôt qu'on tentera de l'assassiner à la revue du 28 juillet. » Ces lignes sont suivies d'un correctif qui atténue quelque peu la prophétie : « Ce bruit a sans doute pour but de déterminer sa bonne garde nationale à venir, nombreuse, le protéger de ses baïonnettes. » Cette dernière phrase ressemble singulièrement à une insinuation ; du reste, dans ce temps-là, comme dans tous les temps, le parti révolutionnaire accusait invariablement la police de simuler les émeutes et les tentatives de soulèvement, toutes les fois qu'une insurrection échouait devant la ferme attitude de l'armée et de la population.

A Coblentz, à Francfort-sur-le-Mein, à Munich, la mort du roi fut publiquement annoncée pour le 28 ; à Rome, un ordre du jour de la *Jeune Italie* recommandait de se tenir prêt à profiter de la mort de Louis-Philippe, qui serait infailliblement tué pendant les journées de Juillet ; la correspondance des membres du corps diplomatique et des agents consulaires fourmille de révélations de cette nature. Une dame Lecomte se présente spontanément devant un juge d'instruction, le 7 août, et lui communique une lettre datée de Gênes, le 24 juillet, dans laquelle on lit : « On dit que l'on a fait sauter votre roi à l'aide d'une machine infernale. »

On avait appris, en outre, que, dans plusieurs villes de France, des hommes connus par leurs opinions exaltées avaient semblé prendre quelques mesures en vue d'un événement prochain. Une sorte d'animation inusitée avait régné à Lyon, à Marseille, à Strasbourg, à Saint-Étienne, parmi des personnes soupçonnées d'appartenir à des sociétés secrètes.

A Paris, aussitôt après l'attentat, deux tentatives de barricade s'étaient produites; l'une au bas de la rue Meslay, l'autre dans la rue Sainte-Apolline; dans ces deux endroits on avait essayé de dételer des fiacres et de les renverser; la seule intervention des passants avait, du reste, suffi à mettre fin à ce commencement de désordre. A la même heure, un soldat du 5ᵉ hussards, nommé Guth, ordonnance du lieutenant-colonel Combes, monté sur un cheval et en tenant un second à la botte, revenait de l'abreuvoir à la caserne des Célestins; trois coups de feu furent tirés sur lui pendant qu'il passait sur le quai. Plusieurs témoins déposèrent qu'ils furent injuriés, frappés, « bousculés », le 28 juillet, sur les boulevards, pour avoir, publiquement et à haute voix, exprimé l'horreur que leur inspirait l'attentat.

Tous ces faits et bien d'autres de même nature étaient connus de la justice, qui les recueillait, et du ministère auquel ils étaient communiqués ; rapprochés des révélations que Pepin fit à la dernière heure, pouvaient-ils fournir les éléments sérieux et certains d'une action judiciaire ? Les coupables ayant été frappés et n'étant plus, devait-on réunir de nouveau la Cour des pairs et l'appeler à apprécier des faits qui ne constituaient qu'une sorte de complicité diffuse, assez difficile à définir ? on ne le pensa pas.

Après l'exécution des trois assassins, on interrogea Nina Lassave, on l'entoura de quelques soins, on la « cajola », avec l'espoir que, dans ses dernières confidences, Fieschi lui avait peut-être livré quelque secret important : ce que « la Borgnotte » eut à raconter était tout à fait intime et n'avait rapport ni avec la politique, ni avec les conspirations. Nina fut abandonnée et rejetée au pavé, malgré « le bel avenir » que Fieschi, resté assez naïf malgré ses abominables instincts, lui avait fait entrevoir.

Elle se loua à un industriel sans vergogne, qui

l'établit dame de comptoir dans un café situé près de la place de la Bourse ; elle y trônait avec son œil véron, sa main estropiée, ses cheveux luisants de pommade et ses grâces de fille de bas étage. « Tout Paris » se pressa pour la voir ; elle fut parfois mauvaise marchande de sa honte, et plus d'un trognon de chou reçu en plein visage lui apprit qu'il ne faut pas trop heurter le sentiment de la pudeur publique. Elle disparut, un beau soir, lorsque la curiosité fut satisfaite, lorsque l'on se fut assez délecté à regarder la fille d'une reprise de justice et la maîtresse d'un régicide. On la crut morte, partie à l'étranger, tombée dans la misère ; en 1842, le *Constitutionnel* raconta qu'elle était réduite à chanter dans les rues pour vivre. Elle vint elle-même, accompagnée de « madame sa mère », dans les bureaux du journal, protester contre les « méchants bruits que l'on faisait courir sur son compte » ; elle dit et prouva qu'elle était dans une bonne situation ; mariée et mère de famille. Ce qui prouve que le proverbe a raison et que « la vertu est toujours récompensée ».

On m'a dit, — et je n'ai aucun motif de douter, — que le jour même de l'exécution, le 19 février 1836, Louis-Philippe réunit, dans une conférence secrète, M. Pasquier et M. Martin du Nord. Loin du préfet de police, qui n'inspirait plus qu'une confiance très-restreinte ; loin des ministres, sur lesquels le roi redoutait l'influence de ce qu'il appelait « l'esprit brouillon de M. Thiers », le président de la Cour des pairs et le procureur-général, seuls en présence du souverain, examinèrent avec lui s'il y avait lieu d'ordonner de nouvelles poursuites et de se servir des éléments livrés par Pepin pour attaquer de front tout le parti révolutionnaire. Je n'ai naturellement rien su de ce qui se passa dans cette conférence, mais il n'est pas difficile de le deviner.

On sortait à peine du procès d'avril qui n'avait été qu'une longue série de scandales dont l'opinion publique avait été très-émue ; on venait de prononcer trois condamnations capitales ; l'attentat, par l'indignation même qu'il avait excitée, avait ramené vers le gouvernement du roi bien des sympathies ; les cours étrangères, malgré l'opposition systématique qu'elles firent toujours à Louis-Philippe, avaient quelque tendance à se rapprocher de lui, en reconnaissant contre quels adversaires sans merci il avait à lutter ; tous les souverains, — à l'exception du duc de Modène et de l'empereur de Russie, — avaient écrit au roi pour le féliciter. Un nouveau procès ne serait-il pas un aveu de faiblesse et ne laisserait-il pas supposer que les institutions, issues de la révolution de Juillet, étaient lézardées, branlantes, près de crouler? La raison politique l'emporta évidemment sur la question de sécurité, et l'on résolut de taire ce que l'on savait, tout en redoublant de précaution pour l'avenir.

On avait pu se convaincre cependant que les renseignements donnés par Pepin étaient de quelque importance. Il avait révélé l'existence d'une fabrique clandestine de poudre, il avait spécifié l'endroit et indiqué des noms. On établit une surveillance occulte autour des lieux indiqués, et le 8 mars 1836 on pénétra dans une maison isolée, située rue de Lourcine, n° 113; c'était la poudrière; des hommes y travaillaient activement : parmi eux deux étudiants en médecine, un étudiant en droit et le menuisier Adrien Robert qui avait fait le châssis de la machine infernale de Fieschi. Des perquisitions habilement conduites livrèrent le secret de la *Société des familles* que Pepin avait dévoilé et amenèrent l'arrestation de Blanqui et de Barbès.

Tout concourait à prouver que Pepin avait été sincère, et peut-être regrettait-on de ne pas l'avoir gracié au dernier moment. On en aurait su bien davantage, et l'on eût été initié à plus d'un mystère si Boireau avait consenti à parler; mais il était retombé dans un mutisme dont rien ne put le faire sortir. Malgré l'axiome respecté de la justice criminelle : *Non bis in idem*, il ne se souciait pas de servir de témoin dans un procès politique rattaché à l'affaire Fieschi ; il se tenait pour satisfait de ses vingt années de réclusion et redoutait fort de les échanger contre une peine plus sévère. On l'avait conservé à la Conciergerie, à la disposition des juges qui instruisaient l'affaire du *complot de Neuilly,* dans laquelle il était impliqué.

La femme Laurence Petit, cette ancienne maîtresse de Fieschi, cette mère de Nina Lassave, allait le voir très-fréquemment dans sa prison ; cela parut suspect ; on pensa qu'elle pouvait servir d'intermédiaire entre Victor Boireau et quelque complice de l'extérieur ; on la surveilla de près et, un jour qu'elle entrait à la Conciergerie, on la fouilla avec soin ; elle fut trouvée nantie d'une lime qu'elle apportait au condamné. Une perquisition immédiatement opérée à son domicile amena la saisie de plusieurs lettres de Boireau, dont une appartient essentiellement à l'histoire de l'attentat Fieschi. Elle est adresssée à un certain Isidore Janot, étudiant en droit, âgé de 22 ans, que Fieschi connaissait et aimait beaucoup, qui avait été pensionnaire à la gargote de Laurence Petit et qui, pendant quelques jours, fût inculpé dans le procès. Ce Janot avait subi son premier interrogatoire le 24 août 1835, devant M. Zangiacomi ; à la question : — N'avez-vous pas connu Victor Boireau ? — il avait nettement répondu : Non, monsieur.

Cette lettre, la voici dans ses parties essentielles : « Mon cher Janot, tu peux te figurer le plaisir que j'ai ressenti en apprenant ton retour dans la capitale. Toi, mon vieil ami, tu ne me condamneras pas, au moins, sans m'entendre. Je suis très-malheureux ; les remords que j'éprouve devraient me suffire, sans que quelques hommes vaniteux me calomnient. Oui, mon ami, s'il faut mon sang pour racheter quelques moments d'erreur, je suis prêt à en faire le sacrifice. D'ailleurs ai-je besoin de te faire des protestations ? Ne me connais-tu pas ? Tel j'étais le 28 juillet, tel je suis au moment où j'écris, et mes sentiments seront toujours les mêmes... J'attends avec impatience les débats de l'affaire de Neuilly où je suis inculpé, pour prouver à la France entière que Boireau n'est et ne sera toujours qu'un loyal républicain, incapable de nuire à ses amis. Il est inutile de te décrire les tortures que j'ai endurées pendant six mois et demi. Tu dois les reconnaître capables de tout jusqu'à la corruption. Ils avaient tout tenté près de moi, et ils n'avaient pu réussir. Il n'y a donc qu'un être sur la terre que je n'aurais pas dû voir, c'est ma malheureuse mère... J'ai dit quelques paroles insignifiantes pour ne pas compromettre mon coaccusé Pepin qui, plus tard, n'a pas craint lui-même de me charger et par cela même nous nous sommes perdus l'un l'autre. Si

Pepin l'avait voulu, il ne serait pas mort; c'était d'avouer des faits qui étaient établis et qu'il ne pouvait nier, de les faire retomber (sur Fieschi); je lui aurais aidé pour cela, je le conseillais à cela ; mais il ne voulait pas écouter un conseil comme le mien ; j'étais trop peu auprès de lui... Je te dirai que j'ai été interrogé par le président des assises ; j'ai dit ce que le misérable Fieschi avait déclaré, propos que je lui avais tenus dans mes deux premiers interrogatoires, où je déclare absolument ne rien connaître du tout. Il m'a fait observer que je n'étais pas d'accord avec ce que j'avais déclaré à la cour des pairs. Je lui ai répondu que je n'avais fait que répéter ce que le juge d'instruction m'avait dit peut-être dix fois, et que tout cela était mensonger, et que personne ne m'avait jamais rien dit... Sois tranquille, je les travaillerai dur. Là, je ne craindrai plus Fieschi, car j'avais toujours peur qu'il me chargeât davantage. J'ai été bien près du soleil. La camisole avait été aussi apprêtée pour moi. M'en voilà encore échappé d'une cruelle. Maintenant, à l'avenir, pour me venger de cette canaille de Suireau, qui a tout fait pour envoyer ma tête à l'échafaud, mais il est très-malheureux pour lui de ne pas avoir réussi. On a cru que je lui avais confié beaucoup de choses ; on s'est cruellement trompé ; car, si cela avait été ainsi, l'affaire n'aurait pas réussi... Ils ont cru qu'il s'agissait d'un souterrain avec quelques tonneaux de poudre, c'en était un drôle de souterrain... Il y a des hommes que je croyais bien solides et qui ont trompé mon attente : ceux-là me déchirent. Peut-être plus tard je te dirai leurs noms et tu les verras. En définitive, ils doivent savoir si je suis un homme d'honneur et si je les ai fait inquiéter de la moindre chose. Non, Boireau ne nuira jamais à ses frères... Que S... se taise, lui et tant d'autres ; qu'ils ne parlent plus des faits passés, alors même qu'ils se cachent quand il faut exécuter. »

Si quelques juges naïfs s'étaient imaginé que le repentir visiterait l'âme de Boireau, ils se sont trompés. La vanité, qui est le fond même de toutes ces natures médiocres, les garde dans le mal auquel on voudrait les arracher. Il ne regrette rien que les aveux qu'il a laissé échapper et il s'ajourne à l'avenir pour « se venger de cette canaille de Suireau ». Les pairs de France qui ont usé envers lui d'une indulgence que cette lettre rend excessive, sont des gens qui « ne connaissent pas de loi ; la vie d'un homme ne leur coûte rien ». — Sa phrase : « M'en voilà échappé d'une cruelle », prouve qu'il s'attendait à être condamné à la peine de mort, car il n'ignorait pas qu'il l'avait méritée. Si l'attentat, au lieu de s'égarer sur tant de victimes, eût frappé le roi, le duc d'Orléans, le duc de Nemours, le prince de Joinville et eût anéanti, d'un coup, presque toute une dynastie, Boireau se fût rué dans le combat projeté ; il était à son poste, avec ceux qu'il nomme emphatiquement « ses frères », avec ceux qu'il « croyait bien solides et qui ont trompé son attente ». Il savait quel effort criminel on devait tenter, de quelles forces on disposait et quel but on essayait d'atteindre. Il n'était pas le seul qui se disposât à profiter d'une si profonde convulsion ; bien d'autres que lui se tenaient prêts, et nous devons faire connaître ceux, — mais ceux-là seuls, — que nous pouvons nommer avec certitude.

XVIII

LES ŒILLETS ROUGES.

Voyage de Pepin en province. — Le dîner du 14 juillet. — Godefroi Cavaignac et Morey. — Les réunions secrètes du 27 juillet. — Dans un chantier. — Dans un cabaret. — Barbès et Blanqui. — Dernière entrevue de Blanqui et de Pepin. — La proclamation au peuple écrite par Barbès. — La nourrice et l'enfant. — Horrible précaution. — Tout le monde à son poste. — Emplacement des sections. — Les armes. — Visite à Sainte-Pélagie. — La fuite des « œillets rouges ». — Les passe-ports de M. Dugabé. — Embarquement de Godefroi Cavaignac en Baie-de-Somme.

Dans le courant du mois de juin 1835, Pepin fit un voyage en France, sous prétexte d'affaires à régler en province ; il est avéré aujourd'hui que ce voyage avait un but politique ; on croit que la *Société des Familles,* dont la création est due à Blanqui et à laquelle l'épicier avait été affilié par Recurt, dès le mois d'avril, l'avait chargé d'aller prévenir « les patriotes » d'avoir à se tenir prêts à agir aussitôt que, vers la fin de juillet, ils recevraient la nouvelle de la mort de Louis-Philippe et d'une insurrection à Paris. L'importance que Pepin cherchait à acquérir, dans la faction à laquelle il appartenait, lui fit saisir avec empressement cette occasion de prouver son zèle et de donner une sorte de point d'appui à l'ambition secrète qui le dévorait : le rêve de ce vaniteux imbécile était d'être secrétaire général de la mairie de Paris, que l'on ne manquerait pas de rétablir au lendemain d'une révolution.

Le 12 juillet, nous l'avons dit, vingt-huit détenus politiques impliqués dans le procès d'avril s'évadèrent de Sainte-Pélagie; aucun d'eux ne quitta Paris ; tous y trouvèrent un refuge assuré et restèrent en communications faciles les uns avec les autres; sans être directement mêlés à l'attentat dont la plupart ignoraient les détails, ils l'attendaient et se disposaient à attaquer le gouvernement; mais quelques-uns surent exactement à quoi s'en tenir.

Le 14 juillet est une date restée chère à la France moderne, et les républicains ne se firent faute, en 1835, de célébrer l'anniversaire de la prise de la Bastille. Les chefs et les principaux sectionnaires de l'ancienne *Société des Droits de l'homme* se réunirent à un repas commémoratif; Morey ne manqua pas de s'y trouver. Plusieurs des évadés de Sainte-Pélagie y assistèrent, entre autres Godefroi Cavaignac, qui, après le dîner, resta longtemps en tête-à-tête et causant à voix basse avec Morey. Marc Dufraisse désirait parler à Godefroi Cavaignac ; trois fois il s'approcha de lui et trois fois il fut éloigné avec une impatience que l'on ne chercha même pas à déguiser.

Le 27 juillet, Morey et Pepin assistèrent à un service dit par l'abbé Châtel, dans l'église française, rue du Faubourg-Saint-Martin, en l'honneur des martyrs « des trois journées ». Pepin et Morey n'y parurent que pendant quelques instants : le temps d'échanger un mot d'ordre et de faire une collecte pour les « réclamants de Juillet ». La collecte produisit environ trois francs, que Morey porta au *National.* Le soir de ce même jour, lorsque la nuit fut venue, il y eut trois réunions politiques secrètes.

La première était composée des hommes que l'on appelait « la tête du parti », de ceux qui se fussent emparés du pouvoir si l'attentat n'eût pas échoué et s'il avait pu avoir les suites que l'on espérait. La plupart des évadés de Sainte-Pélagie en faisaient partie ; elle eut lieu dans un chantier des boulevards extérieurs, sous les longs couloirs qui séparent les piles de bois pour en activer la dessiccation. Il fut décidé qu'aucun des membres de ce groupe privilégié ne se compromettrait de sa personne, que l'on attendrait, à domicile, le résultat de l'événement prévu, et que si celui-ci était favorable, on se porterait sur l'Hôtel-de-Ville afin d'y proclamer un gouvernement provisoire ;

mais, en même temps, l'on décida que les débris des sections de la *Société des Droits de l'homme* seraient à leur poste de combat, que le prétexte de la convocation serait une de ces revues des forces révolutionnaires que l'on passait de temps en temps afin de tenir « le personnel » en haleine, et que le signe de ralliement pour être reconnu au milieu de la foule qui encombrerait les boulevards et les rues serait un œillet rouge placé à la boutonnière.

Cette décision fut communiquée immédiatement par un émissaire à la seconde réunion qui tenait séance dans la salle d'un cabaret mal famé de la rue Croix-des-Petits-Champs. Victor Boireau s'y trouvait, et, sans raconter positivement l'horrible mystère auquel il était initié, il laissait volontiers soupçonner qu'il en savait plus qu'il ne disait; il restait assis, se prétendant fatigué d'une promenade à cheval qu'il avait été obligé de faire « dans l'intérêt de la cause ». L'envoyé de la première réunion, laquelle correspondait à ce qu'avait été autrefois la Vente suprême du carbonarisme, fit connaître les ordres du comité directeur. Ces ordres furent reçus passivement par les vingt ou vingt-cinq individus présents; ceux-ci se séparèrent, en se disant : A demain! pour aller porter de ci et de là les instructions qu'ils étaient chargés de transmettre aux sectionnaires.

Ces deux réunions, celle des chefs et celle des subordonnés, représentaient l'action révolutionnaire exclusivement politique qui voulait simplement la substitution de la république à la royauté constitutionnelle. Parmi ceux qui se disposaient à s'emparer du pouvoir et à diriger les destinées du pays, il y avait fort peu de jacobins; c'étaient, pour la plupart, de simples ambitieux, abusés sur leur propre valeur, rhéteurs et écrivassiers penchant vers le girondinisme, sans grande portée dans l'esprit, sans instruction solide, Brutus du double-six et du carambolage, que la paresse et la vanité jetaient dans des perturbations où ils espéraient conquérir une situation que leur incapacité leur interdisait d'obtenir d'une façon normale.

Un troisième groupe, agissant en dehors des deux premiers et qui poursuivait la réalisation de rêves bien autrement périlleux, se rassemblait, ce même soir, dans un petit appartement de la rue de la Verrerie. Cet appartement était un domicile secret dans lequel un jeune créole de vingt-cinq ans, encore inconnu et nommé Armand Barbès, cachait une amourette. La réunion, fort peu nombreuse, était composée de Barbès, de Blanqui et de trois autres personnes que je crois ne pas devoir nommer. Ceux-là étaient des hébertistes, ainsi qu'ils aimaient à se désigner; pour eux, la révolution politique n'était pas un but, elle n'était que le moyen d'arriver à la révolution sociale, à la substitution du peuple à la bourgeoisie, comme classe dirigeante; au nivellement des fortunes, à la confiscation, à la suppression de l'armée, de la magistrature et du clergé; ils voulaient, en un mot, une interversion complète de la société. Ceux-là faisaient un peu bande à part; ils dirigeaient la *Société des Familles,* et se préparaient à profiter de l'attentat du lendemain. Blanqui savait la vérité; il avait été initié au complot par Pepin et peut-être même par Morey, qu'il connaissait et avec lequel il entretenait quelques relations de voisinage; il prévint les quatre sectaires avec lesquels il était réuni dans l'appartement de Barbès. Trois d'entre eux furent chargés de recommander aux membres *des Familles* d'être prêts au combat pour le lendemain; Barbès et Blanqui devaient passer ensemble la journée du 28, préparer les proclamations au peuple et attendre.

Le lendemain, vers sept heures du matin, Blanqui eut une dernière entrevue avec Pepin, sur la voie publique, rue de l'Estrapade, où ils s'étaient donné rendez-vous chez un libraire. Blanqui, assuré que rien n'était venu modifier les intentions des régicides, que la police semblait être dans une sécurité rassurante, se rendit au logement secret de Barbès, et là, de concert, ils rédigèrent une proclamation qui fut saisie, dans ce même domicile, le 11 mars 1836, trois jours après la découverte de la poudrière de la rue de Lourcine et vingt jours après l'exécution des régicides; cette élucubration, dont la violence et la niaiserie n'ont point d'égales, a fort probablement été dictée par Blanqui, mais elle a été tout entière écrite par Barbès. Il faut la citer, sans restriction ni suppression, parce qu'il est bon de connaître jusqu'où va la démence de ces fous furieux de la politique socialiste :

« Citoyens! le tyran n'est plus! La foudre populaire l'a frappé. Exterminons maintenant la tyrannie! Citoyens, le grand jour est venu, le jour de la vengeance, le jour de l'émancipation du peuple! Pour la réaliser, nous n'avons qu'à vouloir. Le courage nous manquerait-il? Aux armes! aux armes! Que tout enfant de la patrie sache qu'aujourd'hui il faut payer sa dette à son pays! Aux armes! républicains, aux armes! la grande voix du peuple se fait entendre : elle demande vengeance. Frappons, au nom de l'égalité! Ils sont là, nos tyrans, prêts à couronner par un dernier forfait leurs crimes innombrables. Que nos braves les fassent rentrer dans le néant! Héros du vice et de l'aristocratie, le courage n'anima jamais leurs cœurs. Les voyez-vous, tremblants et pâles? Voyez-vous leurs mains débiles, prêtes à laisser tomber leurs inutiles armes? — Peuple, redresse-toi! à toi seul appartient le souverain pouvoir. Pour le ressaisir, tu n'as qu'à le vouloir. Le cœur te manquerait-il, quand tu n'as qu'à lever la main pour écraser tes faibles ennemis? Te rappelles-tu comme ils t'ont outragé? le coup sanglant dont ils t'ont meurtri le visage? les bagnes où ils t'ont plongé? les droits de l'homme dont ils t'ont dépouillé? Ils t'ont flétri du nom de prolétaire! Lève-toi, frappe! Vois-tu les cadavres de juin et d'avril, les victimes de Saint-Merry et de la rue Transnonain, qui te montrent leurs plaies sanglantes? Elles demandent du sang aussi. Frappe! frappe encore! Vois les enfants écrasés sous la pierre, les femmes enceintes présentant leurs flancs ouverts, les cheveux blancs de ces vieillards traînés sans pitié dans la boue! Tu n'as pas encore frappé! qu'attends-tu? Viens! que ta colère purifie cette terre souillée par le crime, comme la foudre purifie l'atmosphère. Immole tous les ennemis de l'égalité et de la liberté. Frapper les oppresseurs de l'humanité, n'est que justice; tu te reposeras ensuite dans ta force et dans ta grandeur. Alors tu donneras des lois justes et saintes; alors, tu travailleras au bonheur de tous les hommes en prenant pour instrument l'égalité. Mais maintenant, point de pitié. Mets nus tes bras, qu'ils s'enfoncent tout entiers dans les entrailles de tes bourreaux! »

Cette rhétorique furibonde coule de source, cela se voit sans peine ; ceux qui l'ont commise se sont peut-être imaginé qu'ils avaient émis des idées ; c'est tout simplement l'appareil littéraire de l'attentat ; la machine infernale et cette proclamation ont été conçues par des cerveaux pour lesquels Charenton semble avoir été spécialement inventé.

Un des hommes que j'ai nommés dans cette étude, et que je ne me sens pas le courage de désigner autrement, prit dans la matinée du 28 juillet une horrible précaution pour établir une sorte d'alibi moral qui pût, au besoin, témoigner de sa non-participation au crime. Il avait eu un fils qui lui était né le 19 novembre 1834, et cet enfant était allaité au domicile paternel par une excellente femme nommée Aimée Poire qui était née à Troyes, dans le département de l'Aube, où elle est morte vers 1867, après être restée plus de vingt ans au service d'un employé secondaire du Muséum d'histoire naturelle. Le conspirateur prudent jusqu'à l'infamie dont je parle, — dans son parti, on disait et l'on dit encore : « C'est un homme très-fort ! » — engagea la nourrice à aller voir la revue et à y porter le petit enfant. La nourrice connaissait mal Paris et demandait vers quel point elle devait se diriger pour « bien voir ». Son maître l'engagea à se rendre sur le boulevard du Temple, devant le Jardin-Turc ; c'est, lui dit-il, la meilleure place. La nourrice s'y installa, portant le nourrisson dans ses bras ; miraculeusement, ils ne furent tués ni l'un ni l'autre. Si ce misérable eût été arrêté comme complice et impliqué dans le procès, il pouvait répondre : La preuve que j'ignorais tout, c'est que j'ai envoyé mon enfant, mon fils unique, à l'endroit même où l'explosion a causé le plus de ravages. Il n'est pas un juge, il n'est pas un juré, — au grand honneur de l'humanité, — pas un, qui n'eût admis une telle preuve et n'eût immédiatement cru à l'innocence de cette bête fauve.

A onze heures du matin, tout le monde était à son poste ; les Harmodius de tabagie, les Aristogiton de cabaret voyaient se presser derrière eux les groupes dont ils devaient diriger l'action. Les œillets rouges foisonnaient le long des boulevards et surtout à l'entrée des faubourgs. On connaît exactement l'emplacement qu'occupaient certaines sections ; l'une d'elles qui, a-t-on dit, avait reçu le mot d'ordre de Recurt, toujours détenu à Sainte-Pélagie où il attendait le résultat de l'événement, était à la place de la Bastille, précisément près de la boutique de Pepin ; deux sections étaient dispersées dans le faubourg Saint-Jacques, dont l'une sous le commandement du marchand de vins Floriot et prête à s'emparer du Panthéon qui, en cas d'émeute, représente une citadelle formidable; une autre était aux environs de la rue Sainte-Apolline de façon à pénétrer rapidement sur le boulevard Saint-Denis par la cour intérieure des maisons à double issue; des sectionnaires étaient aussi répandus boulevard Saint-Martin de façon à profiter des profondes maisons qui s'ouvrent sur la rue Meslay; c'est au coin de cette rue et de la rue du Temple que se tenait Victor Boireau, avec son ami Martinault et deux ou trois autres « patriotes ». Quelques sectionnaires stationnaient sur les quais et sur le Pont-Neuf aux environs de la rue Dauphine, où existait un dépôt clandestin de munitions dans les maisons portant les numéros 22 et 24.

Les hommes de la *Société des Familles,* disposés selon le plan de Blanqui, étaient jetés par petits groupes dans les rues voisines de l'Hôtel-de-Ville, dont, aux jours de batailles populaires, chacun cherche à s'emparer le premier. Si « le coup » eût réussi, on se serait jeté, en hâte, sur les boutiques d'armurier; le grand magasin de Lepage était alors situé rue Bourg-l'Abbé; on se fût porté chez les capitaines de la garde nationale, qui détenaient à domicile les fusils réservés aux gardes non pourvus d'uniformes et qu'on avait surnommés les bizets; on eût envahi et désarmé les casernes de vétérans; on eût reçu les fusils dont la *Société des Droits de l'homme* avait encore trois dépôts dans Paris; on se fût rué sur la garde nationale et, dans la poussée, on eût essayé de lui arracher ses armes; enfin, on était persuadé que, dans les rangs de la « milice citoyenne », on eût rencontré plus d'un complice prêt à faire le coup de feu pour la bonne cause.. — Le même jour à midi, A.-B., l'un des plus grands artistes que possède la France, alla voir, à Sainte-Pélagie, son frère utérin, Xavier Sauriac, qui était détenu pour participation aux émeutes du mois d'avril. Pendant qu'ils se promenaient ensemble dans le préau, l'horloge sonna midi et demi; Xavier Sauriac dit : « La branche d'Orléans a cessé de régner. — Pourquoi? lui demanda son frère. — Tu le sauras ce soir, et ce soir j'irai te demander à dîner. »

Dans les prisons et sur bien des points de Paris, on attendait; « la foudre populaire » éclata, comme dit la proclamation de Barbès; le roi ne fut pas tué; le bruit s'en répandit dans toute la ville avec une surprenante rapidité, et les œillets rouges disparurent comme par enchantement. Le mot resta longtemps dans le vocabulaire des conspirateurs ; d'un « patriote » sur lequel on pouvait compter, l'on disait : « C'est un bon, il a porté l'œillet; » l'expression se concréta encore et l'on disait simplement : « C'est un œillet. »

Les hommes, qui avaient eu une connaissance plus ou moins vague du projet d'attentat, vécurent dans une inquiétude poignante. Un romancier qui fut représentant du peuple après la révolution de 1848 et ministre pendant quelque temps, écrivait le 5 août 1835 : « Si Fieschi parle, nous sommes tous perdus! » On croyait alors, dans « le parti », que l'assassin avait été initié aux intentions futures beaucoup plus qu'il ne l'avait été; on craignait qu'il ne connût certains noms et qu'il ne les divulguât; mais il se tut, et pour cause. Morey ne lui avait rien dit, et Pepin n'avait rien affirmé avec précision. L'effarement n'en fut pas moins considérable; les arrestations opérées beaucoup trop à l'aveuglette par la police ne firent que l'augmenter; ce fut à qui essayerait de quitter Paris pour franchir les frontières et gagner un refuge à l'étranger. On était fort sévère à cette époque pour les passe-ports; tout gendarme, tout garde champêtre, tout douanier avait droit de les réclamer aux voyageurs.

Une lettre du ministre de l'intérieur, datée du 9 août 1835 et adressée au président de la Chambre des députés, prouve que depuis huit jours trois individus sont sortis de France munis de passe-ports au nom de M. Dugabé ; or celui-ci était un député de la Haute-Garonne, il appartenait à l'opposition, et, sous bon prétexte, il s'était fait délivrer plusieurs passe-ports à la questure de la Chambre. Il fut interrogé et les explications qu'il fournit ne furent point sérieuses.

Godefroi Cavaignac qui, depuis son évasion de Sainte-Pélagie, restait caché à Paris, prit peur et jugea prudent de quitter la France. A l'aide de faux papiers d'identité, il put gagner Abbeville où il avait des amis dévoués ; l'un d'eux, historien très-connu, travailleur infatigable, auquel on doit la publication d'excellents *Mémoires* du temps passé, parvint à le sauver d'une façon ingénieuse, tout en compromettant les autorités responsables. Il le conduisit, dans la patache même de la douane, jusqu'à un lougre anglais, ancré en baie de Somme, qui le porta en Angleterre.

XIX

LES RÉGICIDES.

Volte-face des journaux radicaux. — Béatification de Morey. — La religion du régicide. — Lettre de Marc Dufraisse. — Alibaud. — Opinion d'Armand Carrel. — *Société des familles.* — L'amnistie. — Journaux clandestins. — *Le Moniteur républicain.* — *L'Homme libre.* — *La Société des Saisons.* — Organisation ingénieuse. — Meunier. — Darmès. — Quenisset. — *Les Nouvelles Saisons.* — *La Société dissidente.* — Triomphe momentané. — Qu'auraient-ils fait s'ils eussent été les maîtres ?

On se rappelle avec quelles superbes expressions de mépris les journaux de l'opposition radicale avaient répudié toute participation à l'attentat du 28 juillet, et par quelles manœuvres peu loyales ils avaient essayé d'en faire retomber la responsabilité sur le parti légitimiste. Cette belle ferveur ne fut pas de longue durée ; ils continuèrent, il est vrai, à maudire Fieschi, non point parce qu'il avait commis d'épouvantables assassinats, mais parce qu'il avait livré des complices qui, trop habilement, avaient cherché à se débarrasser de lui. Fieschi lui-même, du fond de sa prison, avait parfaitement compris que l'on n'hésiterait devant aucun moyen pour arrêter ses révélations, et, aussitôt après l'interrogatoire du 11 septembre, il demande que l'on prenne certaines précautions à son égard, que l'on surveille spécialement sa nourriture, et que celle-ci ne lui soit apportée que par des hommes de confiance, car il craint d'être empoisonné.

Si Fieschi continua d'être pour les feuilles révolutionnaires « un monstre, un fanfaron, un sicaire, un bandit », il n'en fut pas de même de Pepin, ni surtout de Morey. Celui-ci devint une sorte de héros, et l'on procéda à son apothéose ; ses cheveux, ses derniers vêtements, les cordes qui l'avaient lié à l'heure suprême, furent des reliques précieuses que l'on se partagea avec vénération. On se serait cru revenu aux litanies du temps de la Terreur : « Cœur de Jésus! cœur de Marat! » tout ce qui avait appartenu à cette brute obtuse et sanguinaire fut d'un prix inappréciable pour les patriotes ; on allait en pèlerinage à sa tombe, on y portait des fleurs et des immortelles enguirlandées de crêpe noir ; quelques femmes « bien pensantes » y eurent des attaques de nerfs, comme autrefois les convulsionnaires sur le tombeau du diacre Pâris.

Ce n'étaient point là de vaines simagrées destinées à « taquiner le pouvoir » ; on était de bonne foi ; une nouvelle religion va naître, celle du régicide, et elle aura ses adeptes. Le 23 février 1836, sept jours après l'exécution des assassins, Marc Dufraisse écrivait à son ami Augustin Gay, membre de la *Société des Familles,* une lettre qui exprime nettement l'opinion radicale sur l'attentat Fieschi et qui, à cet égard, ne doit pas être négligée :

« Quel rôle a donc joué cette presse poltronne et ignorante, dans le drame commencé le 28 juillet et dénoué d'une façon sanglante? Quel écrivain a osé qualifier le fait du 28 juillet autrement que par le mot d'attentat? Et cependant, pour quiconque a un peu de morale dans le cœur, un peu de foi dans les entrailles, il y a quelque chose à dire... Ne fallait-il pas d'abord, abstraction faite de ses auteurs, qui étaient alors ignorés, apprécier en lui-même l'acte du 28 juillet? Et ne pourrait-on pas dire : Le but de ce que vous appelez attentat était de détruire Louis-Philippe et les aînés de sa race? Louis-Philippe et les aînés de sa race sont des contre-révolutionnaires. Le premier devoir de l'homme est d'anéantir tout ce qui s'oppose au progrès, c'est-à-dire à la révolution ; donc le fait du 28 juillet avait une fin révolutionnaire, donc il était moral. Et n'était-il pas facile d'asseoir sur cet argument une justification absolue de l'attentat, et de le sanctifier par la raison, par le sentiment et par la passion?... Fieschi est un infâme, parce que, après s'être fait sinistrement salarier d'une action qu'il ne comprenait pas, il a dénoncé ses complices... Pepin avait la conscience de l'œuvre qu'il méditait; s'il est coupable d'un crime, c'est d'avoir été lâche pendant les débats... Morey a été sublime d'un bout à l'autre du drame! Ce vieux prolétaire, concevant l'idée du régicide, faisant le plan de la machine qui doit exécuter son dessein, chargeant les canons, les ajustant; ce vieux travailleur, passant de son atelier où il gagne son pain, au lieu où doit s'accomplir son projet, toujours calme, toujours de sang-froid; ce vieillard, souffrant et infirme, soutenant les débats avec une imperturbable impassibilité, entendant son arrêt de mort sans rien dire, ce vieux Morey a été sublime. Il savait bien ce qu'il faisait et il ne s'est point démenti. Boireau n'avait pas conspiré par passion, mais par mode; il n'a plus eu de courage quand il en fallait, parce qu'on ne meurt pas par mode; il s'est laissé séduire; ses révélations sur Pepin l'ont déshonoré; il ne porte plus qu'une tête déshonorée. Un journaliste républicain devait représenter Pepin rachetant, à la fin, sa pusillanimité dans les débats par une mort ferme et courageuse; Fieschi mourant en fanfaron comme il avait vécu avec forfanterie. Mais c'est encore sur le vieux Morey que j'aurais appelé l'attention. Eh bien! cet héroïque vieillard si sublime dans l'acte qu'il prépara, si sublime dans le débat, si impassible au dernier moment, ce vieillard si bon, si généreux, de l'aveu même de l'infâme qui l'a fait périr; ce vieillard, si éloquent par son silence et sa continuelle taciturnité; ce vieillard est mort sans qu'aucune voix de la foule stupide qui l'entourait lui ait lancé un mot de consolation, ou plutôt d'admiration, et pas un journal n'a fait l'oraison funèbre que ce beau caractère a méritée! Ah! mon ami, la tradition révolutionnaire est morte dans les cœurs! le peuple n'a pas senti tout ce qu'il y avait de saint dans la mort de Morey; le peuple a vu tomber cette tête blanche sans frémir! Le peuple a peut-être applaudi! C'est ainsi que les juifs raillèrent le Christ sur la croix! Quand donc viendra le jour des réhabilitations? »

Est-ce donc là l'œuvre isolée d'un fanatique? Nullement; c'est une doctrine qui s'impose; c'est un mot d'ordre qui est écouté. Un journal qui passait pour sérieux dit que Fieschi « n'était qu'un coupe-jarret de police égaré, on ne sait comment, au milieu de passions qu'il ne pouvait partager ». Ces théories se répandaient dans la partie révolutionnaire et mécontente de la population; l'exaltation des criminels engendre naturellement le crime. Le 25 juin 1836, moins d'une année après l'attentat de 1835, Alibaud essaye de tuer le roi. On le glorifie et l'on parle du droit de Brutus contre César. Cette rhétorique de chiourme, ces lieux communs patibulaires, éveillent un écho dans des âmes qui auraient toujours dû les rejeter avec horreur. Armand Carrel lui-même, cet écrivain hautain, dédaigneux et sévère, publie, neuf jours avant sa mort, un étrange article sur Alibaud dans le *National* du 15 juillet 1836. Il dit que Pepin et Morey ont été les victimes de Fieschi, et il ajoute : « Quant à ce Fieschi, qui a inspiré plus d'intérêt aux agents du gouvernement que ses deux coaccusés, c'est ajouter à sa dégradation que de lui refuser le titre d'assassin politique. » Cette morale de cour d'assises ne fut point de la semence perdue; elle fructifia : Meunier, Darmès, Quenisset, en ont donné la preuve.

Cependant la terreur que « les œillets rouges » avaient éprouvée après l'attentat de Fieschi, les angoisses sous lesquelles ils avaient vécu, s'attendant chaque jour à des révélations qui pouvaient les envoyer devant la cour des Pairs, avaient produit un bon résultat: la *Société des Droits de l'homme* s'était réellement dissoute, les sections étaient dispersées; le parti révolutionnaire exclusivement politique s'était retiré de la lutte, autant par découragement que par impuissance, et il avait laissé le parti jacobino-socialiste la continuer. C'est ce que Barbès, Blanqui et un certain Lamieussens avaient essayé de faire en créant la *Société des Familles,* bientôt découverte grâce aux dénonciations de Pepin. Ses chefs, compromis dans l'affaire des poudres de la rue de Lourcine, avaient été condamnés à la prison, et y méditaient paisiblement quelques nouvelles organisations secrètes.

Le mariage du duc d'Orléans et de la princesse Hélène parut une occasion naturelle de donner un témoignage d'indulgence à « ces hommes égarés, qu'un acte de clémence ramènerait certainement à des sentiments meilleurs ». Une amnistie fut proclamée qui devait, selon certains niais, « ouvrir l'ère de la réconciliation et de la concorde universelles ». Le premier soin des amnistiés fut de créer un journal où ils purent, sans contrainte, baver le fiel qui les aigrissait. Les lois de septembre n'avaient point été abrogées; la presse était toujours « bâillonnée », comme l'on disait alors et comme on l'a si souvent répété depuis; elles exigeaient des autorisations préalables, des cautionnements et autres formalités restrictives que l'on ne pouvait éluder. On se résolut à publier un journal clandestin qui serait distribué de la main à la main; ce fut le *Moniteur républicain;* le premier numéro porte orgueilleusement et puérilement la date : 3 frimaire an

XLVI (novembre 1837). C'est du régicide à haute dose : « C'est à Louis-Philippe seul que nous devons nous en prendre : il est coupable du crime de lèse-progrès, de lèse-peuple et de lèse-humanité ; lui seul a fait obstacle aux glorieuses secousses des trois jours qui doivent ébranler le monde. — C'est à lui que nous devons nous attaquer. Les gens de sa race, les gens de sa suite viendront après. » — Soutenu par des cotisations occultes et peut-être même par des subventions étrangères dont l'origine n'est pas certaine, le journal paraissait à intervalles irréguliers, toujours violent et émettant des maximes dans le goût de celle-ci : « Le régicide est le droit de l'homme qui ne peut obtenir justice que par ses mains. » (N° 6, mai 1838.) Dans le même numéro, on peut lire : « L'homme de bien qui se sent de la force est juge souverain de la vie ou de la mort du tyran. Le tyran, qui ne se fait faute d'aucun crime contre le peuple, doit, à défaut de la Providence qui n'existe que pour les sots, rencontrer enfin un homme qui le traite selon ses œuvres. » Et encore : « Il est sans doute beau d'être athée, mais cela ne suffit pas ; il faut encore se pénétrer de la nécessité que le devoir impose de faire disparaître les rois et les royaumes. » — Le *Moniteur républicain* fut remplacé au mois d'août 1838 par l'*Homme libre,* journal franchement babouviste, ou *communautaire,* ainsi que le disait le jargon radical du moment. Cette transformation ne porta point bonheur à cette gazette immonde. Le 29 septembre 1838, un commissaire de police se fit ouvrir la porte d'un appartement situé rue de la Tonnellerie, n° 53, et saisit la *copie,* la presse et la composition. Les rédacteurs de ce journal, dont le vrai titre eût été : « le *Moniteur de l'assassinat* », étaient quelques amnistiés, parmi lesquels on comptait un ouvrier typographe nommé Martin Bernard et deux hommes qui avaient reçu les confidences de Pepin : Blanqui et Barbès.

Ces trois maniaques ne s'étaient point contentés de « jeter leurs pensées sur le papier » ; ils avaient agi plus pratiquement, et avaient promptement profité de leurs premiers jours de liberté pour organiser une nouvelle société secrète, la *Société des Saisons,* qui était distribuée sur un plan assez ingénieux, dont tout l'honneur revient à Blanqui. Un homme était *un jour*, six hommes étaient *une semaine* obéissant à *un dimanche;* quatre semaines formaient *un mois* commandé par *un juillet;* trois mois composaient *une saison* placée sous les ordres *d'un printemps;* quatre saisons constituaient *une année* soumise au pouvoir souverain d'un agent révolutionnaire. Ce fut la *Société des Saisons* qui « donna » pendant les émeutes du 12 et du 13 mai 1839; ses trois *années* étaient alors Blanqui, « commandant en chef des forces révolutionnaires », Armand Barbès et Martin Bernard.

Brisée par le procès relatif à cette insurrection, par la condamnation des chefs et de la plupart des sectaires, la société se reforma tout aussitôt sous le titre vague d'*Association des travailleurs*. Le but qu'elle poursuivait était le même ; on eût dit que « la grande âme de Morey » planait au-dessus de ce ramassis de meurtriers. Meunier, qui essaya d'assassiner Louis-Philippe en 1837, avait appartenu à la *Société des Familles* et était désigné par Blanqui, comme un homme sur lequel on pouvait compter ; Darmès, qui, le 15 octobre 1841, tira sur le roi et répondit aux premières questions : « J'ai voulu tuer le plus grand tyran des temps anciens et modernes », Darmès était membre de l'*Association des travailleurs* à laquelle il avait été initié par un nommé Borel. Une société de *Communistes révolutionnaires*, une société dite des *Égalitaires*, s'étaient constituées en dehors de l'association et formèrent deux groupes peu nombreux où l'on prêchait ouvertement la destruction complète de la société, afin de la « rebâtir sur de nouvelles bases ». Là aussi le régicide était considéré comme un devoir, et c'est d'un de ces groupes que sortit un assassin qui, ne parvenant sans doute pas à attaquer directement le roi, essaya de tuer un des fils de celui-ci, pour « sauver le principe ».

Le 13 septembre 1840, au moment où le duc d'Orléans et le duc de Nemours descendaient le faubourg Saint-Antoine, en faisant escorte à leur frère le duc d'Aumale qui revenait d'Algérie à la tête du 17º léger, dont il était le colonel, un ouvrier scieur de long, nommé Quenisset, tira un coup de pistolet inutile sur le groupe formé par les princes. Ce Quenisset, qui était un homme lourd et sans portée dans l'esprit, avait été condamné à quelques jours d'emprisonnement pour avoir pris part à une rixe entre camarades de chantier échauffés par le vin. Il avait subi sa peine à Sainte-Pélagie, une de ces hideuses prisons en commun où le crime est professé par des hommes passés maîtres en l'art du méfait. Quelques énergumènes politiques ne manquèrent point cette occasion de faire une nouvelle recrue; l'éducation politique de Quenisset ne fut point lente; on lui expliqua sommairement qu'il suffisait, pour être bon patriote, de « tout chambarder »; ce pauvre homme, qui était fort bête, se laissa endoctriner, entra dans la *Société des Égalitaires* et tomba immédiatement dans le crime (1).

(1) Parmi les tentatives d'assassinat qui furent dirigées contre Louis-Philippe, il en est une, peu connue, qui mérite d'être racontée.

L'Association des travailleurs, les Communistes révolutionnaires, les Égalitaires ne représentaient que des forces disséminées et sans action de propagande. Les vrais chefs des sociétés secrètes, — Blanqui, Barbès et Bernard, — étaient reclus dans des prisons d'État; quelques âmes, peu portées au bien, voulurent ressaisir ce glorieux héritage, afin de perpétuer les saines traditions du régicide et de l'émeute; les trois groupes furent fondus en un seul, que l'on nomma : *les Nouvelles Saisons*, en mémoire des fondateurs, actuellement martyrs de la tyrannie et victimes de leur dévouement pour le peuple. Cette société se fractionna, car elle était composée d'individus dont le degré d'impatience n'était pas égal; les plus violents se détachèrent et formèrent la *Société dissidente*. C'est la *Société des Nouvelles Saisons* et la *Société*

Vers 1844 une caisse fut expédiée aux Tuileries par une maison de roulage ; elle portait une inscription minutieusement explicative : *Pour le roi seul, pour être ouverte par lui ; secret d'État*. Cela ne parut pas net et la caisse fut envoyée à la Préfecture de Police où l'on s'imagina qu'elle contenait une machine infernale. Gabriel Delessert ne voulut laisser à nul autre le soin de l'ouvrir ; malgré le danger auquel il croyait s'exposer, il fit sauter les planches du couvercle à l'aide d'un ciseau et d'un marteau. — La caisse renfermait quatre serpents à sonnettes, roulés dans des couvertures et fort heureusement engourdis par le froid. Les crotales furent adressés au Jardin des plantes et figurèrent longtemps dans la collection des ophidiens avec la mention : donnés par M. Gabriel Delessert, préfet de police. La caisse venue de l'Amérique du Sud était arrivée à Bordeaux et avait été acheminée sur Paris ; c'est là tout ce que l'on put apprendre de cette mystérieuse histoire.

dissidente qui, profitant du mouvement déterminé par les ambitieuses niaiseries de M. Odilon Barrot, firent effort, au mois de février 1848, pour amener enfin le triomphe d'une révolution que l'on avait en vain cherché à imposer par les insurrections, les émeutes et les assassinats. Un hasard, que nous avons raconté ailleurs (1), fit craindre la victoire possible d'une poignée de malfaiteurs politiques, que la France rejeta avec dégoût aussitôt qu'elle les eut vus à l'œuvre, à la journée du 15 mai et pendant l'insurrection de juin. Les élections pour la Constituante, pendant lesquelles le suffrage universel parla sans contrainte et dit toute sa pensée, leur prouva qu'ils n'étaient point les maîtres et que leur temps n'était pas encore venu.

S'ils avaient été les maîtres, si le parti conservateur auquel incombe — sous peine de périr — le devoir de protéger les intérêts sociaux qui sont la sauvegarde de la nation tout entière, du plus petit comme du plus grand, du plus riche comme du plus pauvre d'entre nous, si le parti conservateur s'était effaré ou endormi ; s'il avait abdiqué par peur ou par indifférence, que serait-il advenu ? quel gouvernement eût été infligé à notre pays, quelles modifications essentielles eussent été ap-

---

(1) Voir *Souvenirs de l'année* 1848 ; Hachette ; Paris, 1876.

portées aux relations des hommes entre eux ; comment ces vétérans du régicide et des sociétés secrètes, ces admirateurs de Morey, ces amis de Pepin, ces complices inconscients de Fieschi auraient-ils usé de leur victoire ? Était-ce de simples perturbateurs mus par le besoin de destruction qui tourmente les âmes envieuses ? Était-ce réellement des philosophes animés d'idées pratiques et rêvant sincèrement la rénovation de la vieille humanité ? Nous pouvons répondre, car nous possédons le texte même de ce programme mystérieux dont l'application devait rajeunir la face de la terre ; le lecteur jugera lui-même si cette pitoyable rapsodie a jamais valu une seule goutte du sang que ses auteurs ont fait verser, en s'appuyant sur l'horrible doctrine qu'ils ont appelée eux-mêmes « la légitimité du but ».

XX

L'IDÉAL RÉVOLUTIONNAIRE.

Le groupe socialiste-communiste. — Divergence entre les politiques et les socialistes. — Réunion à Londres. — Le Code nouveau. — Rapport à la Société démocratique française. — Participation à l'éducation, au travail, au pouvoir, aux jouissances. — Triumvirat. — Définition des mots *révolution* et *révolutionnaire*. — Ce que devra faire le gouvernement révolutionnaire. — L'organisation du travail. — L'enseignement. — Vieilleries du xviiie siècle. — Projets financiers. — Conclusions du rapport adoptées à l'unanimité. — Hostilité des politiques et des socialistes après la victoire, alliance après la défaite. — Le docteur Recurt en 1848. — 15 mai, juin 1848; 4 septembre, 31 octobre 1870. — Le 18 mars 1871. — Les petits-fils des assassins de 1835. — Il faut honorer les ancêtres.

Après l'attentat du 28 juillet, nous l'avons dit, le groupe doctrinaire et politique qui avait dirigé la Société des droits de l'homme se désagrégea, s'affaissa et disparut presque complétement. Il ne se signala plus que par l'âpreté de sa polémique dans les journaux de l'opposition. C'est alors que le groupe socialiste-communiste se forma pour obtenir par la violence, non pas comme les républicains doctrinaires, la substitution d'un gouvernement à un autre, mais la substitution d'un État social à un État social. Ce groupe regardait peu à l'étiquette ; république ou monarchie ne lui importait guère ; ce qu'il voulait, c'était le nivellement général, la destruction des fortunes et la main-mise sur tous les biens, au profit de l'État qu'il eût gouverné. Ce groupe, — qui aujourd'hui se nomme Légion, — est d'autant plus dangereux qu'il est exclusivement composé d'hommes volontiers portés aux moyens extrêmes, d'une ignorance fabuleuse et rêveurs. Le côté pratique des choses leur échappe complétement, et ils croient, avec une naïve outrecuidance, qu'il suffit d'un décret, libellé par eux, pour modifier les instincts de la nature humaine, les aptitudes d'une nation et les coutumes traditionnelles d'un peuple.

En 1837, aussitôt après l'amnistie, en 1838, dans les conciliabules secrets où l'on agitait les destinées futures de la France, où l'on osa même proposer une conscription pour la prostitution, comme il en existait une pour le service militaire, dans ces séances occultes où l'on passait en revue les doctrines de Marat et celles de Babœuf, on ne parvenait pas toujours à s'entendre ; l'élément politique et l'élément socialiste avaient quelque peine à marcher d'accord vers un but défini, et l'on s'ajournait pour reprendre l'étude de problè= mes dont la solution ne paraissait point facile à formuler, dès que l'on sortait des mots vagues et des rêveries sans consistance.

Après l'échauffourée odieuse et ridicule du mois de mai 1839, lorsque les fortes têtes du parti, sauvées de la guillotine par la clémence de Louis-Philippe, eurent tout loisir pour méditer à Doullens et au Mont-Saint-Michel, les nouveaux chefs de la tribu révolutionnaire voulurent en finir avec toutes les hésitations. Ils essayèrent de déterminer un programme dont l'application serait immédiatement faite au lendemain d'une victoire. Il s'agissait de rédiger la loi dont ils étaient les prophètes. Paris, très-surveillé, ne leur offrait point un asile sûr où l'on pût discuter en paix ; ils se doutaient bien, du reste, que la police, invisible et muette, assistait à toutes leurs séances ; ils se transportèrent alors à Londres, où, réunis à différents réfugiés, ils purent élaborer le code du monde nouveau.

Le rendez-vous était fixé au 4 novembre 1839. On y fut exact. Une commission fut nommée pour donner une forme déterminée aux aspirations de la « démocratie », et le rapporteur put lire son travail « à la Société démocratique française », dans la séance du 18 novembre. Cette élucubration est intitulée : *Rapport sur les mesures à prendre et les moyens à employer pour mettre la France dans une voie révolutionnaire, le lendemain d'une insurrection victorieuse effectuée dans son sein.* Ce document a cela pour lui, qu'il est net et ne laisse place à aucune hésitation ; il ne s'enveloppe pas de circonlocutions superflues, et dit hautement ce qu'il veut dire.

Dix-huit questions sont posées, auxquelles le rapporteur répond ; mais, dans une sorte de préambule, il est dit que les opinions émises sont « toutes marquées au coin du système communautaire » ; la communauté est « la participation de tous à tout, c'est-à-dire, participation de tous les hommes à l'éducation, au travail ou aux fonctions (pouvoir), et aux jouissances. » Ceci posé, on entre en matière.

Dès que la révolution aura triomphé, on installera un gouvernement provisoire composé d'un triumvirat choisi parmi des hommes révolutionnaires ou de progrès qui auront les idées sociales les plus avancées ; ces hommes seront nommés « non pas par la grande majorité du peuple qui pourrait se tromper, mais par les auteurs de l'insurrection ». La direction imprimée à ce gouvernement devra être révolutionnaire, « et ici, dit le rapporteur, nous prendrons occasion de dire ce que nous croyons qu'il faut entendre par les mots révolution et révolutionnaire : *révolution* est, selon nous, application successive d'idées nouvelles au fait d'association ou société ; *révolutionnaire* est ce qui réalise par des actes le principe de révolution. » La durée du gouvernement provisoire est limitée à l'acceptation, par les masses, des idées révolutionnaires et à l'application de celles-ci. L'opinion publique sera dirigée par les clubs, les journaux, les théâtres et les fêtes. Les journaux et les théâtres devront « changer entièrement de nature ». On ne créera pas d'armée révolutionnaire, car « le peuple armé et bien dirigé » suffira à toutes les éventualités. Le triumvirat, « directeur de la nation », nomme à tous les emplois publics.

La dixième question est ainsi conçue : « Quels devront être les premiers actes du gouvernement provisoire ? » La réponse contient un aveu précieux : « Le lendemain de l'insurrection, le peuple sera sur la place publique, sans travail et sans pain. Le commerce ou ce qu'on appelle commerce sera anéanti, ou au moins tout à fait arrêté. » Le gouvernement provisoire devra : 1° faire une proclamation pour rétablir la grande devise : liberté, égalité, fraternité ; 2° décréter l'abolition de la monarchie et proclamer la république ; 3° décréter que tout homme a droit à l'existence ; suspendre l'exportation des grains et s'emparer de ceux-ci ; 4° décréter l'abolition des impôts sur les denrées alimentaires, et établir un maximum sur les susdites denrées ; 5° décréter des peines aussi sévères que les circonstances le permettront, contre les individus qui chercheraient à émigrer ; 6° nommer à la direction des ministères ; 7° changer les ambassadeurs près les cours étrangères ; 8° déclarer que la patrie est en danger ; « en un mot, remettre en avant le décret de Barrère » ; 9° réorganiser l'armée ; 10° réorganiser la garde nationale, dans laquelle seront admis seulement « les individus qui auront fait preuve de civisme et ceux qui n'ont jamais fait opposition à la cause démocratique. » Une note, ajoutée un peu arbitrairement à cet article, dit que le gouvernement provisoire devra rédiger la Constitution et la faire accepter par les clubs, avant de la présenter à la « Convention » future.

Les membres du gouvernement, à l'expiration de leurs pouvoirs, seront jugés par la représentation nationale. Tous les chefs de l'armée, jusqu'au grade de colonel inclusivement, seront mis à la retraite ; toutes les croix, toutes les médailles, toutes les distinctions honorifiques sont supprimées ; l'armée est commandée par des représentants du peuple. « La République devra immédiatement déclarer la guerre à tous les rois, renvoyer leurs ambassadeurs, » et fomenter l'insurrection dans tous les pays étrangers. — Les récompenses à accorder aux citoyens seront toutes morales.

L'organisation du travail est facile, et le procédé

préconisé est à retenir. Le gouvernement devra :
« 1° Se faire, au profit de la nation, premier manufacturier, directeur suprême de toutes les industries ; 2° avoir une seule caisse et une seule direction pour elles (les industries) ; 3° comme moyen de circulation des produits, avoir des magasins où ils seront déposés et vendus ; 4° créer des ateliers nationaux (1). »

Le système d'éducation est péremptoire ; l'enfant est retiré, dès l'âge de cinq ans, à la tutelle, à l'influence de son père et de sa mère ; le gouvernement seul se charge de lui « inculquer les bons principes » ; l'éducation devra être *une*, elle sera appliquée à *tous ;* « un père ne devra pas avoir le droit d'instruire ni d'élever son enfant à sa guise, » car la génération, au lieu d'être dévouée, intelligente, régulière, « ne serait qu'un composé d'éléments qui se choqueraient par leur hétérogénéité. »

Ces élucubrations pédagogiques pouvaient paraître neuves à quelques nigauds ignorants ; elles sont cependant ramassées bribe à bribe dans le *Code de la nature* de Morelly, dans les rêveries trouvées parmi les papiers de Saint-Just, et surtout

---

(1) La suppression des ateliers nationaux, créés après la révolution de février, produisit les journées de juin 1848; la suppression de la solde accordée aux gardes nationaux armés pour la défense de Paris, pendant la guerre de 1870-71, fut une des principales causes de l'insurrection du 18 mars.

dans *le Contrat social*, dans l'*Émile*, dans le *Discours sur l'Économie politique,* de J.-J. Rousseau, qui est le grand-père indirect et inconscient de tous ces saccageurs de société.

La liberté de la presse, que ces hommes invoquent toujours et imperturbablement lorsqu'ils ne sont pas au pouvoir, est traitée à peu près comme la liberté de l'enseignement : « Nous pensons que tout article de journal, toute brochure, tout livre ou tout pamphlet qui, par les idées qu'il contiendrait, tendrait à faire revenir à l'ancien ordre de choses, devrait causer la poursuite et la punition de son auteur comme contre-révolutionnaire (1). »

Nous arrivons enfin à la dix-huitième question, la dernière, qui est la question économique : « Quels seront les moyens à employer pour se procurer l'argent nécessaire à toutes les dépenses publiques ? » Ici le résumé ne suffit pas, il faut citer textuellement : « Nous pensons que les meilleurs moyens seraient : 1° une émission de papier-monnaie qui serait une représentation réelle,

---

(1) Le programme relatif à la presse fut religieusement exécuté pendant la Commune ; tous les journaux contraires, — non pas aux doctrines, il n'y en avait pas, — aux faits de violente bêtise dont Paris eut alors à souffrir, furent supprimés ; les écrivains qui, fort courageusement, luttèrent contre les insanités brutales que nous eûmes à supporter, furent traqués, poursuivis et réduits à chercher leur salut dans la fuite.

soit du sol, soit de l'industrie ; 2° une séquestration des biens appartenant aux familles des individus ayant participé aux actes gouvernementaux depuis 1793 ; 3° la capitalisation de l'impôt dans certains cas ; 4° l'abolition de l'hérédité des fortunes en ligne collatérale, même au premier degré ; 5° l'appropriation par l'État de la portion (quotité) disponible dans les héritages en ligne directe ; enfin, le rapport de tous les impôts qui pourront être appliqués sans gêner le peuple. Puis la nation pourrait compter au nombre des profits à faire : *A :* une immense diminution des traitements énormes des divers employés ; *B :* l'abolition immédiate et entière de toutes les pensions et de tous les traitements alloués au clergé. »]

Puis le rapporteur, parlant de son rapport, dit : « L'impartialité et la franchise ont présidé à l'émission des idées qu'il contient. »

Ce rapport fut imprimé à Londres et distribué aux sectaires intéressés à l'étudier ; ceux-ci comprirent que de telles questions exigeaient des méditations approfondies ; ils demandèrent à réfléchir, et l'on s'ajourna à un an, au mois de septembre 1840, pour prendre une décision définitive et émettre un vote souverain. On fut fidèle au rendez-vous donné ; on discuta ; chacun dut formuler son opinion motivée ; les héritiers de

Morey, de Pepin, de Fieschi, d'Alibaud, de Meunier, les disciples de Blanqui, de Barbès s'éclairèrent mutuellement et firent une autopsie attentive du projet de la commission. Le vote fut favorable à l'unanimité, dans la séance du 14 septembre 1840, les habitués des sociétés secrètes, réunis sous le titre de *Société démocratique française*, adoptèrent les conclusions du rapport.

C'a été et c'est encore le code révolutionnaire par excellence ; c'est l'Évangile des temps futurs ; c'est la condensation de toutes les idées qui tourmentaient la cervelle des régicides de 1835 et des révoltés de 1839 ; ce sont là les théories que l'on eût essayé d'appliquer si, l'attentat réussissant, la population indignée n'eût pas étouffé sur place toute tentative de soulèvement.

Ces idées ne sont point mortes et, à l'heure qu'il est, elles hantent plus d'un esprit troublé. Aux hommes qui souffrent de ce mal, fait de haine et d'envie, on peut répéter impunément la grande parole de Franklin : « Si quelqu'un vous dit qu'il est d'autres moyens pour s'enrichir que le travail et l'économie, vous pouvez lui répondre qu'il en a menti ; » ils ne l'admettront et ne la comprendront jamais. Les fauteurs de ces pensées de destruction, ces échappés de la Société des Familles, de la Société des Égalitaires, de la Société des Saisons, ont bien cru, au mois de février 1848, que leur heure avait enfin sonné. L'effort de Blanqui, au lendemain même de la révolution, pour faire adopter le drapeau rouge, n'était qu'un premier essai vers la réalisation de ces théories extravagantes.

Ceux qui détenaient alors le pouvoir sortaient, pour la plupart, de l'ancienne Société des Droits de l'homme ; ils furent implacables pour les révolutionnaires socialistes qu'ils avaient côtoyés, parmi lesquels ils s'étaient fourvoyés jadis, au temps de la jeunesse, des conspirations et des émeutes. Depuis qu'ils étaient devenus les maîtres, ils reniaient leurs vieux complices, refusaient de partager avec eux et, terrifiés des périls qu'ils entrevoyaient, ils tendaient lamentablement leurs mains vers le parti conservateur si souvent outragé, et parlaient à leur tour de « l'hydre de l'anarchie », qu'ils avaient tenue en laisse et caressée pendant les dix-huit années du règne de Louis-Philippe.

Le parti socialiste et le parti politique, les sectaires des Saisons, les sectionnaires des Droits de l'homme étaient maintenant des frères ennemis ; il y eut des transfuges, et le premier confident de Pepin, celui « qui ne le détourna pas de son projet », selon l'expression même du régicide, le docteur Recurt, vice-président de l'Assemblée nationale, ministre des travaux publics, ministre de l'intérieur, préfet de la Seine, repoussa de toutes ses forces ceux dont, jadis, il avait été au moins l'allié.

A la journée du 15 mai, les auteurs de la proclamation qui, le 28 juillet 1835, devait être adressée au peuple, avortèrent misérablement ; leurs adeptes nous valurent l'insurrection de Juin réprimée sans merci par le frère de celui auquel on avait demandé les fusils destinés à armer la machine infernale du boulevard du Temple, et qui, quatorze jours avant l'attentat, reçut les confidences de Morey. Entre ces deux partis, la lutte continua jusqu'au jour où l'empire imposa silence à toutes les voix, et regarda de près dans tous les conciliabules.

Dès que le droit de réunion est concédé, dès que la liberté de la presse est rétablie, on les retrouve côte à côte, s'étayant mutuellement, combattant le mauvais combat pour la mauvaise cause, la cause de juin 1832, d'avril 1834, de juillet 1835, de mai 1839, de mai et de juin 1848. En s'étonnant de s'être haïs aux jours de la victoire, ils s'embrassent et, comprenant qu'ils sont également vaincus, qu'ils ont, par incapacité, perdu le pouvoir issu du coup de main de février, ils sont fraternellement d'accord dans la propagande révolutionnaire et l'opposition systématique. En présence de l'ennemi qui s'avance à marches forcées sur Paris, ils font ensemble la poussée du 4 septembre. Les doctrinaires s'emparent du pouvoir, et immédiatement leurs amis de la veille, ceux qui se font gloire, à cette heure, d'avoir dirigé la Commune, les attaquent à outrance et sont bien près de triompher dans la soirée du 31 octobre 1870.

Pour que ces hommes, ces descendants des émeutiers et des régicides d'autrefois, puissent se hisser momentanément aux affaires, il faut l'effondrement de la France, et il faut surtout, à la tête de notre pauvre pays, le gouvernement le plus incapable qui fût jamais. La victoire du 18 Mars reste une tache ineffaçable au front de la ville qui l'a supportée. Ce mardi-gras babouviste dura deux mois, pendant lesquels nos maîtres, — les maîtres de Paris, — essayèrent d'appliquer le programme voté à Londres le 14 septembre 1840. L'âme du vieux Morey et celle de Fieschi ont dû tressaillir d'aise dans les Champs-Élysées des assassins, et le fantôme de Pepin, de ce « patriote » qui rêvait de voir rouler les têtes des riches comme des tas de pavés, a dû voltiger joyeusement au-dessus des murs de la Roquette. Deux mois pour faire prévaloir les doctrines nouvelles, c'était bien peu, dans un temps où il fallait se défendre contre la France qui accourait, et mettre en pratique la théorie de « l'égalité des jouissances ».

Si ces gorilles avaient réussi à imposer leurs sinistres billevesées, celles-ci eussent-elles satisfait les exigeants? Non ; car derrière un parti violent, il y a toujours un parti plus violent encore ; au-delà d'Hébert, il y a Marat ; c'est comme dans les asiles d'aliénés : d'abord les demi-paisibles, puis les agités, enfin les fous furieux. Le programme, suffisant aux besoins de la Société des Saisons, eût paru faible et un peu décoloré au « parti de l'action », qui déjà s'agitait derrière la Commune lorsque celle-ci s'écroula (1).

Ceux qui ont profité de notre défaite pour s'insurger contre toute loi, ceux qui ont achevé de leurs propres mains l'œuvre de l'ennemi armé devant nos portes, ceux qui ont massacré les otages et brûlé Paris, ne peuvent désavouer ni Pepin, ni Morey, ni Fieschi ; ce sont là leurs pères spirituels. Ils les ont dépassés, il est vrai, mais cette noble émulation ne doit point leur permettre de les répudier ; ils sont bien de la même race et de la même famille. Si les héros de la Commune parviennent, — comme ils l'espèrent

(1) Dès la fin de 1793, Pitt, reconnaissant cette loi fatale de toute insurrection, avait dit : « Quel que soit le parti qui domine dans la révolution française, il sera toujours remplacé par un plus violent. »

et comme cela est probable, — à installer légalement leur gouvernement au pétrole, si, mus par un sentiment de reconnaissance cher aux cœurs généreux pour les maîtres qui leur ont indiqué la voie où ils ont si glorieusement marché, ils veulent dresser un monument commémoratif des hauts faits de leurs prédécesseurs directs, ils feront bien d'ériger quelques statues aux auteurs de l'attentat du 28 juillet 1835. En le faisant, ils honoreront leurs ancêtres, et ce sera justice.

NOTES

ET

ÉCLAIRCISSEMENTS

Note n° 1.

Voici la lettre confidentielle qui, par ordre du maréchal Lobau, fut adressée à chacun des colonels de la garde nationale du département de la Seine :

ÉTAT-MAJOR GÉNÉRAL.

SECRÉTARIAT.

Confidentielle.

GARDE NATIONALE DE PARIS

et de la Banlieue.

Paris, le 4 juillet 1835.

Mon cher Colonel,

L'époque de notre grande revue anniversaire de Juillet approche ; et trop de graves et imposantes conséquences s'y rattachent pour qu'à l'avance nous ne nous occupions pas de toutes les mesures qui peuvent concourir à rendre cette fête nationale digne de celles qui l'ont précédée.

Convaincu de la grande influence que ces solennités exercent sur l'esprit public, non-seulement en France, mais aussi dans l'Europe entière qui n'y peut rester indifférente, M. le Maréchal me charge de vous exprimer, en son nom, son désir de voir à cette revue le plus grand nombre possible de Gardes nationaux sous les armes. Après tant d'efforts infructueux pour altérer chez eux les sentiments élevés de leurs devoirs, les ennemis de l'ordre public, les ennemis du pays, chercheront sans doute à les tromper dans cette circonstance, et tenteront de les détourner de ce service que nous regardons comme non moins important que tous ceux qu'ils accomplissent avec tant de zèle ; c'est à vous, mon cher Colonel, c'est à vos chefs de Bataillon, à vos Capitaines, qu'il appartient de combattre ces manœuvres perfides, et M. le Maréchal attend de vous cette nouvelle preuve de dévouement sur lequel vous lui avez bien appris à compter.

Cette lettre, qui est confidentielle et pour vous seul, ne devra être l'objet d'aucun ordre du jour ou d'une publicité quelconque, mais elle peut venir à l'appui des pensées qui préoccupaient votre esprit à l'occasion de la revue, et elle sera doublement utile alors puisqu'elle vous convaincra de nouveau de la sympathie de sentiments qui nous unit avec vous.

Agréez, mon cher Colonel, l'assurance de mon dévouement bien sincère.

Le Chef d'état-major général,

JACQUEMINOT.

Note n° 2.

»Je dois à M. Amand Jacob (de Villenauxe) communication de la lettre ci-jointe, dont il a bien voulu mettre l'autographe à ma disposition. Cette lettre est d'autant plus intéressante, qu'elle met à nu l'âme de Pepin, qu'elle parle des émeutes de Juin 1832, dans lesquelles l'épicier révolutionnaire fut gravement compromis, et enfin qu'elle est adressée à M. Rieussec qui, trois ans plus tard, devait être une des victimes de l'attentat Fieschi. A ces titres, il m'a paru qu'elle devait être mise sous les yeux du public.

Monsieur Rieusec, lieutenant-colonel de la 8me légion (1).

A la Conciergerie, 16 juin 1832.

Mon Colonel,

C'est les larmes aux yeux et le cœur navré que je prant la liberté de vous ecrire anouveaux pour vous donner plus de detailles sur mon etat et pourquoi l'on a porté un jugement aussi mal fondé sur mon compte.
Dans la matiné j'ai été plusieurs fois à la legion pour

(1) On a scrupuleusement respecté l'orthographe et la ponctuation.

connaitre si il y avait des ordre j'ai consigné mes 2 tambourt soit a la legion ou qui ce rende chez moi, pour etre tous pret aux 1^r ordres il pourrons la testé sur le 8res 1/2 le matin jai anouveaux été a la legion ou jai rencontré un adjudant major et Mr Voury capit^{ne} des grenadier nous convenames de rasembler nos comp^{nes} dabord de convoquer nos officier sous officier pour avoir plus De monde ce que je fit desuite je prya Mr Guitard, Roland et forest de ce rendre chez moi ou court damois ou le point de ralignement était areté par ma comp^{ne} ces messieu pourons vous le dirre ainsi que le serg^t major q/q serg^t et garde nationneau, ausitot rentré chez moi je m'abillet en uniforme pour ce qui etais convenu lorsque des detachement de ligne ariverent pour serner la place en tirant pour dispercer les bandis comme je revetais de mon uniforme toute acout ma maison faisant le coin du f$_{\text{g}}$ ce trouve asaillie de balles nous nous atames de transporter nos enfants dans les pieces de deriere voyant que les balles venait encore nous atteindre nous sommes hates de les descendre dans un profond magasin donnant sur la court du chantier au cheval blanc ou jai parlé a divers persone par une croissé qui venait de ramasser un boullet entre eautre des commis de M^r farré davide et Mr Ponceau grenadier, nous etions dans cette position le monde de chez moi et ma famille, nossant bougé de place de peure detre victime enfin le feux paraisait un peux ce suspendre je crois bien faire me presenter en uniforme a la croisse la moins exposé et de madresser a un capit^{ne} troupe leger mon chapeau a la mein et de le suplier de ne point tirer et empecher de tirer sur mon domicile dont nous alions être victimes tous puisque il n'en partais aucun cout les croissés et vollés fermé il me dit de desendre cè dont je me disposais afaire des cout part anouveaux jatendet que ce fut passé, toute acoup l'on enfonce mes porte acout de crosse a fusil je me présente avec confiance sans sautres armes que, mon epé dans son foureau et a cotté l'on me perce de cout de bayonnette me traine dans mon magasin de couleure par les cheveux et sur le planché en me donnant tout espèce de cout grace a un slieutenant du regiment Leger decoré de Julliette il se precipite sur mes assassins le menacent de sen servir si il me lachais alinstant grace et honneur à ce brave 1/2 segonde plus tard cetais finis de moi je desirerais bien quil fut atendu ainsy que le capitaine decorré quil ce trouvais faire face a ma maison (troupe leger) je fut remis entre les mains d'un vieux grenadier pour etre protége quelque temps apret arrive Mr Bellond serg^t majord de la legion m^d de tabac rue St Antoine ce monsieur je ne sais sous quel pretexte ni le motif il me prent me conduit vers un officier supperieur colonel ou general dit que lon luis a dit que l'on avait tiré de chez moi me promene ledit a divers eautre grand dieu qu'aige fait a ce monsieur pour ma cussés d'une tel barbarie aussi m'ensonger c'est la seul persone que jai trouvé m'accusé et sans luis l'on me laissé libre pour faire cause commune avec eux, c'est luis quil me demanda ma decoration hausse colle et epaulette je vous le repette monsieur le colonel je prant le ciel a temoin de mon innocence faite moi le plaisir de faire faire une enquette dans mon kartier et en face de mon domicile si quelqun de mes voisin dit avoir vue tirer de ma maison je vous permet de me chargé au lieux de prandre ma defance ce dont je vous pris si apres information inutil v/ me croyez innocent ditte bien je v/ pris tel chose qui marrive a messieurs les garde nationneaux de notre legion que suis victime d'erreur la plus complette ou de cruelle absurdité pas une once de poudre chez moi pas darme avec lequelle l'on a pu remarqué avoir tirré au surplus me sentant coupable je ne serais point présenté volontiers ainsi que je lai fait a messieurs les militair a l'exemple de ma famille je me serais sové par les derriere de chez moi dans le chantier je ne me serait point non plus presenté a la legion ausitot que l'on ma dit que vous me fesiez demandé jetais en surté chez un ami ou personne ne serait venu me trouver, l'on nous a dit que les chambres doivent sa sembler si Mr Niay Deputé de laine et ministeriel mon cousin germain et amis revient a paris sa demeure ord^{re} est rue des S^t perres faub^g St Germain 26 ou 28 v/ m'obligerez beaucoup de luis faire dirre de venir me voir que je trouve aumoins un defenseur a des paraille a acertions et un consolateur puis que je suis sans aucune nouvelle de ma famille malheureuse me croyant enbandonnée de tous le monde ma seule consolation est que l'on ne me jugera pas pour un republquain chef de plusieurs etablissement brreveté de plusieurs inventions une certaine haisance dont majeur partie gagné a la sueure de mon front par 12 anné d'établissement au meme domicille pere de 3 enfants et un neveux orphelin en bas ages personne aussi bien que moi ne doit etre ami de lordre et la tranquilité.

L'on ne macusera pas non plus de carliste decoré de Julliette jamais l'on ne ma vue frecanter ni l'une ni l'eautre que jai en horeure jai un parent a ma femme a paris dont l'opinion est equivoque jai toujours évitée de fréquenté ne le voyant pas une fois tous les 2 ans, j'ai toujours voté ministeriellement lors des assemblé electoral et cette ainsi que je suis soubsonné surtout Mr le colonel la seul grace que je reclame de votre bonté que je ne soit point jugé avant detre entendue est ceux qui connaisse mon caractaire et si je suis ou non coupable.

Adieu monsieur le colonel agrée je vous pris mes salutations les plus distingué

Th{re} Pepin.

Note n° 3.

Je crois devoir ajouter à ces notes et éclaircissements une pièce de vers imprimée clandestinement qui, dans le courant du mois d'avril 1837, fut adressée par la poste au roi et à différents hauts personnages de la politique, de l'administration et de la magistrature :

AU ROI.

Quand ton orgueil repu digère la louange,
Que tes flatteurs soldés clabaudent dans leur fange,
Et moi je viens aussi t'apporter mon tribut ;
Moi, soldat de juillet, républicain dans l'âme,
Je t'étreins dans mon vers, toi déserteur infâme,
    Toi des vils Bourbons vil rebut !

En vain de Fieschi la rage s'est trompée ;
Raffermis sur ton front la couronne usurpée

Que ses lingots devaient disperser en éclats :
A travers les échos de la rumeur publique
Écoute les accents de ma voix prophétique :
    Louis-Philippe, tu mourras !

Si Dieu n'a point voulu qu'à l'heure aux tiens funeste
Tu fermasses les yeux à la clarté céleste,
Échappant au courroux du parti montagnard,
C'est qu'il doit un exemple aux tyrans de la terre ;
Il jette aux mains du peuple, à défaut de tonnerre,
    La guillotine et le poignard.

Philippe, il faut choisir... Sans doute il est sublime
Le peuple quand, brisant la chaîne qui l'opprime,
Aux repaires des rois il court donner l'assaut ;
Qu'il aiguise à leurs yeux la hache vengeresse ;
Que des débris du trône en grondant il leur dresse
    Un marchepied à l'échafaud.

Mais le peuple est bien long à couver sa colère ;
Bien du temps passe avant que le flot populaire
N'ait miné sourdement la digue qui l'étreint.
Plus d'un tyran, bravant son impuissante audace,
Lègue du lit de mort, à ses fils qu'il embrasse,
    Son peuple et sa verge d'airain.

Quand un peuple abruti s'endort dans l'esclavage,
Ou qu'il n'a que des pleurs pour venger son outrage,
Qu'il s'épuise à briser des images de rois,
Comme ces Irlandais qui, pour tromper leur haine,
Font sauter par les airs, n'osant rompre leur chaîne,
    Le bronze de Guillaume-Trois ;

Lorsqu'enfin tout sourit au despote tranquille,
Du milieu de la foule au désespoir stérile,
Un homme sort un jour, las de gémir tout bas,
Un homme au cœur de fer, à la main forte e sûre,
Regardant en mépris la mort et la torture,
     Qui dit au tyran : Tu mourras !

Il lui faut du courage... Oh ! frapper par derrière
L'ennemi qu'il voudrait jeter dans la poussière
L'épée au poing, le jour, en un loyal combat,
Ouïr la tourbe vile, entourant son supplice,
Flétrir stupidement son noble sacrifice
     Du nom de lâche assassinat :

Il lui faut du courage.... Et pourtant à toute heure
Il n'a qu'une pensée... *Il faut que le roi meure.*
Et qu'importe après tout le cri des furieux ?
Des sicaires royaux qu'importe la menace ?
Demain le régicide ira prendre sa place
     Au Panthéon avec les dieux !

Oui, quel que soit l'élu pour le saint homicide,
Dans son bras la patrie honore son égide ;
Du peuple son poignard sait racheter les droits ;
De vols, d'assassinats eût-il flétri sa vie,
Il redevient sans tache et vierge d'infamie
     Dès qu'il se lave au sang des rois.

Retrempant dans le sang leurs âmes abattues,
C'est ainsi que les Grecs vous dressaient des statues,
O mâle Harmodius, fier Aristogiton ;
C'est ainsi que Brutus et Scævola dans Rome,

Qu'aux âges d'aujourd'hui Louvel et Sundercome,
    Ont au trépas ravi leur nom!

C'est ainsi qu'Alibaud, dégonflant sa poitrine
Devant la foule esclave, et sous la guillotine,
D'énergiques adieux sanglant la royauté,
Malgré l'arrêt de mort de juges fanatiques,
Mêle aux plus beaux rayons des âges héroïques
    Son rayon d'immortalité!

C'est ainsi que Meunier, quand pour dernière épreuve
Sa tête loin du tronc, pâle et sanglante veuve,
Aura roulé, luira sur la postérité,
Avec Pepin, Morey, sublime cul-de-jatte,
Champion qu'affranchit le nœud de sa cravate,
Pléiade d'assassins, fils de la Liberté!

Et nous, nous le jurons en face de la France,
Nous républicains purs : si, malgré sa souffrance,
Le peuple trop longtemps marchandait ton trépas,
Nous serons tes bourreaux. Nous avons de la poudre
Et du plomb de juillet assez pour nous absoudre;
    Louis-Philippe, tu mourras!

                            (*Imprimerie de la République.*)

TABLE DES MATIÈRES

	Pages.
I. — Pater is est quem scelus demonstrat	1

Un Livre à faire. — La volonté du peuple. — Capeluche. — Similitude. — La ligue. — La terreur. — La postérité de Caïn. — Indulgence coupable. — La vertu des régicides. — Auguste Blanqui. — Ses états de service. — Les incendies prémédités. — Un lever de rideau. — Le parti républicain en 1835. — Les républicains modérés. — Les révolutionnaires. — Leur république. — Le génie de la liberté. — Quels services les régicides de 1835 auraient rendus à la Commune. — Légende et réalité. — Conseils à demander à l'expérience.

II. — Le 28 juillet 1835	16

Anniversaire de la révolution de 1830. — Congé dans les colléges. — Un maître d'études. — Empressement vers la revue. — Le boulevard du Temple. — La foule. — La garde nationale. — Louis-Philippe. — Le cortége. — Le maréchal Lobau. — L'explosion. — La panique. — Auprès du Jardin-Turc. — La maison maudite. — M. Thiers. — Exaspération de la foule. — Le général Colbert. — Girard. — Au collége. — L'œillet rouge. — *Desideratum*.

III. — Les Sociétés populaires	30

Les adversaires de Louis-Philippe. — L'état des esprits. — Les bouzingots. — La barbe. — La *Némésis*. — *L'Aurore*

TABLE DES MATIÈRES.

Pages.

d'un beau jour. — Les carbonari. — Les quatre partis du carbonarisme. — Les ralliés. — L'opposition systématique. — Les centres d'action. — La Société des droits de l'homme. — L'article 291 du Code pénal. — Cent soixante-trois sections. — Les présidents. — Les prétextes à émeutes. — Les pompiers. — Le maréchal Lobau et Gabriel Delessert. — Saint-Merry. — Le comité d'action. — La loi du 10 avril 1834. — Les émeutes d'avril. — Soulèvement avorté. — La victoire du gouvernement. — Le procès monstre. — Évasion des détenus politiques. — Prévision d'un attentat.

IV. — LES EXCESSIFS 45

Illuminations et anniversaires. — Armand Carrel à Sainte-Pélagie. — La Société de la Tête-de-Veau. — L'attentat du 19 novembre 1832. — Un propos de Godefroi Cavaignac. — La presse incendiaire. — *Le Pilori.* — *Le Charivari* du 27 juillet 1835. — *La Poire.* — Prédiction des journaux de l'opposition. — Forces du gouvernement. — Population de Paris. — Personnel de la préfecture de police — La garde municipale et l'armée. — Embauchage des soldats. — « Proclamation d'un homme du peuple. » — La garde nationale. — Coquetterie de Louis-Philippe à son égard. — Emplacement déplorable choisi pour la revue du 28 juillet 1835. — Responsabilité.

V. — LA REVUE 61

Révélation. — Fausse piste. — Rapports concernant Victor Boireau. — *Note urgente et secrète.* — Le complot dévoilé. — Indication précise. — L'Ambigu. — Dénomination officielle. — Cause d'erreur. — Maladresse de la police. — Propos attribué à Gisquet. — Le roi part pour la revue. — On croit que l'endroit périlleux est franchi. — Le boulevard du Temple en 1835. — Estaminets. — La maison numéro 50. — Négligence. — L'ordre du cortège. — « Ceci me regarde. » — Quarante-deux personnes atteintes. — Courage du roi. — Les morts. — Les blessés. — M. Frédéric Legonidec. — La chambre du crime. — L'assassin arrêté. — Épidémie d'arrestations. — « Girard est un faux nom. » — Transport des blessés. — Allard, chef du service de sûreté. — « Cherchez la femme. »

TABLE DES MATIÈRES.

Pages.

VI. — LES DÉNONCIATIONS 76

Proclamation dans les théâtres. — Les deux courants de l'opinion. — Carlistes ou républicains? — Perplexité de Gisquet. — Arrestations multipliées. — Le mot d'ordre. — Attitude de la presse radicale. — On accuse les légitimistes. — Le premier *canard*. — La fleur de lis. — *Le National*. — Le « tissu protecteur ». — Enquête sur certains légitimistes. — Le prince de Rohan-Chabot. — Erreurs officielles. — Démarche diplomatique. — La duchesse de Berry et sa fille. — Une mystification. — Raspail. — Les niaiseries. — Un spécimen de dénonciation. — Une idée d'apothicaire. — Un souvenir d'août 1830. — Fatigue des magistrats. — Exigence de l'opinion publique. — L'enterrement des victimes de l'attentat. — Panique dans les prisons.

VII. — NINA LASSAVE. 91

Note secrète du chef de la sûreté. — Perspicacité. — Le trajet de la malle. — Morey. — Le commissionnaire Dubromet. — Bon vouloir et bêtise. — Temps perdu. — Canler. — La rue du Long-Pont. — *La Borgnotte*. — « La fille et la malle. » — Nina. — Ses adieux à la vie. — Elle hésite, elle avoue. — Sa déclaration. — Elle ne met point de restriction dans ses aveux. — Elle nomme tous les coupables. — Sa conduite le jour de l'attentat. — Sa conversation avec Morey. — On vérifie immédiatement l'exactitude de sa déposition. — Les dénégations de Morey. — On cherche Pepin. — Il est arrêté le 28 août.

VIII. — THÉODORE PEPIN. 105

L'attitude de Pepin. — Perquisition à son domicile. — L'article 39 du Code d'instruction criminelle. — La fosse d'aisance. — Somnolence. — Évasion. — Lettre de Pepin. — La presse républicaine essaye d'égarer les recherches. — Surveillance mal ordonnée. — Le meunier Collet. — Consultation demandée au *National*. — Un intermédiaire peu scrupuleux. — Le prix de la délation. — L'expédition nocturne. — La ferme de Belesme. — Recherche vaine. — Le nid est chaud. — Capture. — Fortune du délateur. — Interrogatoires de Pepin. — Il s'y montre lâche et misérable. — Franchise de Fieschi.

TABLE DES MATIÈRES.

Pages.

IX. — Les Révélations. 119

« Pour la gloire. » — Le premier interrogatoire de Fieschi. — Les blessures. — Procès-verbal des médecins. — Confrontation de Fieschi et de Boireau. — « Une idée folâtre. » — La mère de Nina. — M. Lavocat. — Entrevue de M. Lavocat et de Fieschi. — Les aveux. — Caractère de Fieschi. — Influence de Nina. — Importance et vanité. — Les autographes. — Sentiments de vengeance. — Victor Boireau. — Viterbi. — Projets d'avenir. — Empressement à découvrir la vérité. — On arrive à reconstituer toute l'existence de Fieschi.

X. — Les Antécédents 133

L'acte de baptême de Fieschi. — Sa famille. — Berger. — Engagement militaire. — Campagne de Russie. — Expédition de Murat. — Retour en Corse. — Voleur et faussaire. — Condamnation. — La prison d'Embrun. — Contre-maître. — Laurence Petit. — Tisseur de drap. — Arrivée à Paris. — Faux certificats. — Les vétérans. — Faveurs accordées à Fieschi. — Sa maîtresse. — Le moulin de Croulebarbe. — Pension de 500 francs. — Agent secret. — Pourquoi il quitte la police. — Le choléra de 1832. — Dévouement de Fieschi. — Chef d'équipe. — Malversation. — Fieschi congédié. — Rayé des cadres. — Pension supprimée. — La misère. — Amour pour Nina. — Laurence Petit chasse Fieschi. — Entrée de Nina à la Salpêtrière. — Mandat d'amener. — Fieschi se cache et prend de faux noms. — Sans domicile. — Il se réfugie chez Morey.

XI. — Le Complot. 147

Pierre Morey. — Décoré de juillet. — Son idéal politique. — Membre de la Société des droits de l'homme. — Le baron de Richemont. — Le feu partout. — Le tireur de prix. — Première idée de la machine infernale. — L'idée du régicide. — Le projet du père Morey. — L'épicier Pepin. — Son caractère et son portrait. — Ancien agent secret. — Morey met Fieschi en rapport avec Pepin. — Le modèle réduit de la machine. — L'attentat est résolu. — Fieschi familier de Pepin. — Les *idées* de Pepin. — Le dîner. — Le docteur Recurt. — Extrait d'un livre d'écrou. — Le Brutus moderne. — Choix du logement. — Morey approuve, Pepin paye.

XII. — La Machine infernale 161

L'appartement. — Fuite possible. — Le Renard subtil. — Les meubles. — Achat du bois. — L'œuvre de la machine. — Le métier à filer. — Insistance de Morey. — Visite de Pepin à Sainte-Pélagie. — Il demande vingt-cinq fusils à Godefroi Cavaignac. — Henri Leconte. — Évasion de Sainte-Pélagie. — Le quincaillier Bury. — La répétition. — La traînée de poudre. — Le dernier conciliabule. — Achat des canons de fusil. — La malle. — La membrure. — Victor Boireau entre en scène. — Boireau et Pepin. — Le foret. — Le pistolet. — Boireau à cheval. — Morey se rend chez Fieschi.

XIII. — L'Attentat 175

Morey charge les canons de fusil. — Quelques-uns sont chargés de façon à éclater. — Deux cent quarante projectiles. — Dernières précautions. — Recommandation suprême. — Fieschi cherche Nina. — Au café des Mille Colonnes. — Entrevue avec Boireau. — Mauvaise nuit. — Fieschi se lève au point du jour. — Tiraillements de conscience. — Le Corse Sorba. — Dispositions pour la fuite. — Sur les bords du canal. — Rencontre de Morey. — Rencontre de Boireau. — On entend battre aux champs. — Hésitation. — Feu ! — L'assassin est blessé. — Il se sauve. — Est arrêté. — Est conduit au poste du Château-d'Eau. — Fanfaronnade. — Fable inventée par Fieschi. — Pourquoi le roi n'a pas été tué.

XIV. En dehors de l'instruction 188

Les lois de septembre. — Fureur de la presse de l'opposition. — La machine infernale de Sauzet. — *Paris révolutionnaire.* — Son influence sur la presse. — Intérêt suscité en faveur de Pepin et de Morey. — « L'héroïque vieillard. » — Anorexie. — On prétend que Morey veut se laisser mourir de faim. — Une citation du *National.* — Transport de

TABLE DES MATIÈRES.

Pages.

Morey à Bicêtre. — A la Pitié. — Surveillance. — Complot. — Efforts vers Nina Lassave. — Elle est successivement transférée dans deux maisons de santé. — Menaces adressées à M. Lavocat. — La chimie officielle. — Une lettre de Bourg. — Mise en liberté de cent soixante-huit inculpés. — Transfert des cinq accusés au Palais du Luxembourg.

XV. — Le Procès 203

Trois avocats. — Vanité de Fieschi. — Une âme multiple. — Impassibilité de Morey. — Inquiétude de Boireau. — Lâcheté de Pepin. — Abjection des accusés. — Fieschi paternel. — Aveux de Boireau. — Aveux de Pepin. — Maladresse de M. Pasquier. — Le réquisitoire. — Cinq jours de plaidoiries. — Le jugement. — La statue de Bayard. — Une lettre de Fieschi. — « Se mettre en règle avec l'histoire. » — A quoi pense Pepin.

XVI. — L'Exécution 217

État de Pepin. — Dernière tentative. — Les aveux suprêmes. — On exige de Pepin plus qu'il ne sait. — M. Zangiacomi délégué. — Morey. — Le recours en grâce. — Annotation de Louis-Philippe. — Les condamnés sont prévenus. — Jactance de Fieschi. — Départ. — Le soldat de Gaëte. — Le duc de Brunswick. — Dernier effort sur Pepin. — Le véritable rôle de celui-ci. — « L'héroïque vieillard. » — Légende et réalité. — « C'est une vieille canaille. » — La mort de Fieschi. — Le mot de la fin. — Phrénologie. — Le fils de Fieschi. — Protestation.

XVII. — La Complicité latente. 232

Inquiétude du gouvernement. — Propos d'un pair de France. — Incendies du 28 juillet. — Erreur de M. Guizot. — Le registre du Mont-Anvert. — Le registre de la grotte de Balme. — Prédictions en province et à l'étranger. — Effervescence dans quelques villes. — Tentatives de barricades. — Le hussard Guth. — Nina Lassave. — Dame de comptoir dans un café. — Sa protestation au *Constitutionnel*. — Conférence secrète entre Louis-Philippe, Pasquier et Martin du Nord. — La raison d'État. — La poudrière de la rue

TABLE DES MATIÈRES. 307

Pages.

de Lourcine. — Laurence Petit. — Encore Boireau. — Une lettre de lui. — Les remords d'un coupable.

XVIII. — Les Œillets rouges 246

Voyage de Pepin en province. — Le dîner du 14 juillet. — Godefroi Cavaignac et Morey. — Les réunions secrètes du 27 juillet. — Dans un chantier. — Dans un cabaret. — Barbès et Blanqui. — Dernière entrevue de Blanqui et de Pepin. — La proclamation au peuple écrite par Barbès. — La nourrice et l'enfant. — Horrible précaution. — Tout le monde à son poste. — Emplacement des sections. — Les armes. — Visite à Sainte-Pélagie. — La fuite des « œillets rouges ». — Les passe-ports de M. Dugabé. — Embarquement de Godefroi Cavaignac en Baie-de-Somme.

XIX. — Les Régicides 260

Volte-face des journaux radicaux. — Béatification de Morey. — La religion du régicide. — Lettre de Marc Dufraisse. — Alibaud. — Opinion d'Armand Carrel. — *Société des familles.* — L'amnistie. — Journaux clandestins. — *Le Moniteur républicain.* — *L'Homme libre.* — La *Société des saisons.* — Organisation ingénieuse. — Meunier. — Darmès. — Quenisset. — *Les Nouvelles Saisons.* — La *Société dissidente.* — Triomphe momentané. — Qu'auraient-ils fait s'ils eussent été les maîtres ?

XX. — L'Idéal révolutionnaire 274

Le groupe socialiste-communiste. — Divergence entre les politiques et les socialistes. — Réunion à Londres. — Le Code nouveau. — Rapport à la Société démocratique française. — Participation à l'éducation, au travail, au pouvoir, aux jouissances. — Triumvirat. — Définition des mots *révolution* et *révolutionnaire*. — Ce que devra faire le gouvernement révolutionnaire. — L'organisation du travail. — L'enseignement. — Vieilleries du xviii siècle. — Projets financiers. — Conclusions du rapport adoptées à l'unanimité. — Hostilité des politiques et des socialistes après la victoire, alliance après la défaite. — Le docteur Recurt en 1848. — 15 mai, juin 1848 ; 4 septembre, 31 octobre 1870. — Le 18 mars 1871. — Les petits-fils des assassins de 1835. — Il faut honorer les ancêtres.

	Pages.
NOTES ET ÉCLAIRCISSEMENTS	289
Lettre du général Jacqueminot	291
Lettre de Pepin	293
Au Roi	297

FIN DE LA TABLE DES MATIÈRES.

Paris. — Typographie G. Chamerot, rue des Saints-Pères, 19.

PETITE-BIBLIOTHÈQUE-CHARPENTIER

COLLECTION DE CHEFS-D'ŒUVRE

Chaque volume orné d'eaux-fortes par les principaux artiste

PRIX DE CHAQUE VOLUME : 4 FRANCS

EN VENTE :

ALFRED DE MUSSET

PREMIÈRES POÉSIES, avec un portrait de l'auteur gravé par M. Waltner, d'après le médaillon de David d'Angers, et une eau-forte de M. Lalauze, d'après Bida.. 1 vol.
LA CONFESSION D'UN ENFANT DU SIÈCLE, avec un portrait de l'auteur dessiné à la sanguine par Eugène Lami, fac-simile par M. Legenisel, et une eau-forte de M. Lalauze, d'après Bida....................... 1 vol.
POÉSIES NOUVELLES, avec un portrait de l'auteur, réduction de l'eau-forte de Léopold Flameng, d'après le tableau de Landelle, et une eau-forte de M. Lalauze, d'après Bida................................. 1 vol.
COMÉDIES ET PROVERBES, tome Ier, avec un portrait de l'auteur gravé par M. Leroy, d'après la lithographie de Gavarni, et une eau-forte de M. Lalauze, d'après Bida.. 1 vol.
— Tome II, avec un portrait de l'auteur gravé par M. Alph. Lamothe, d'après le buste de Mezzara, et une eau-forte de M. Lalauze, d'après Bida.. 1 vol.
— Tome III, avec un portrait de l'auteur gravé par M. Monziès (copie d'une photographie d'après nature), une eau-forte de M. Abot représentant le tombeau d'Alfred de Musset, et une eau-forte de M. Lalauze, d'après Bida.. 1 vol.
NOUVELLES ET CONTES, avec deux eaux-fortes de M. Lalauze, d'après Bida, et un portrait de l'auteur gravé par M. Waltner, d'après une aquarelle faite spécialement pour ce volume, par Eugène Lami............... 1 vol.

PROSPER MÉRIMÉE

COLOMBA, avec deux dessins de M. J. Worms gravés à l'eau-forte, par M. Champollion... 1 vol.

SOUS PRESSE :

JULES SANDEAU. — Le docteur Herbeau, avec deux dessins de M. Bastien Lepage, gravés à l'eau-forte par M. Champollion............... 1 vol.
ALPHONSE DAUDET. — Contes choisis...................... 1 vol.
TH. GAUTIER. — Mademoiselle de Maupin.................. 2 vol.

ENVOI FRANCO CONTRE LE PRIX EN MANDATS-POSTE

Paris. — Imprimerie E. Capiomont et V. Renault, rue des Poitevins, 6.

EXTRAIT DU MONITEUR UNIVERSEL, 5 FÉVRIER 1876

La Bibliothèque-Charpentier inaugure une collection qui fera une digne suite à la série de chefs-d'œuvre qui doit à cette célèbre maison son nom et son format. Cette collection réalisera l'idéal du genre; elle formera ce qu'on appelle l'édition bijou; ce sera l'in-32 de poche par excellence. Tous les chefs-d'œuvre de la littérature moderne défileront ainsi sous nos yeux et dans nos poches, accompagnés d'eaux-fortes dues aux graveurs les plus célèbres. Alfred de Musset ouvre la série; il sera la première publication de la *Petite Bibliothèque Charpentier*; l'on peut juger par ce commencement de toutes les merveilles qui vont suivre.

Nous sommes heureux de rendre à cette intelligente innovation l'hommage qui lui est dû; évidemment, l'édition nouvelle que nous annonçons répond à un besoin. Elle est donc assurée du succès. Personne ne voudra plus se mettre en route sans avoir son in-32 dans la poche; grâce à la maison Charpentier, il n'y aura plus de voyageur, ni même de promeneur, qui n'ait à cœur de se faire accompagner, au plus juste prix, par ses auteurs préférés, et de puiser, dans cette fréquentation de tous les instants, un goût chaque jour plus vif pour les maîtres de la langue, pour les hommes qui sont restés, à travers les vicissitudes du temps présent, l'honneur des lettres françaises.

E. G.

EXTRAIT DE LA GAZETTE, 8 MAI

Voilà trois volumes mignons, les plus jolis peut-être de la collection des chefs-d'œuvre de la Petite Bibliothèque-Charpentier, de vrais volumes de poche, de vrais compagnons de voyage ou de promenade, car ils tiennent peu de place et, dans une enveloppe élégante, renferment de précieuses choses.

Les *Premières poésies* sont ornées d'un portrait de l'auteur à vingt ans, d'un portrait gravé par Waltner, d'après le beau médaillon de David d'Angers, médaillon qui date de 1831; puis, devant le conte de *Namouna*, d'une eau-forte de M. Lalauze, d'après Bida, le grand dessinateur.

La *Confession d'un enfant du siècle* est également enrichie de deux délicieuses gravures : un portrait de Musset dessiné à la sanguine, par Eugène Lami, et une eau-forte de M. Lalauze, toujours d'après Bida. Le portrait date de 1841; ce n'est déjà plus le Musset de David d'Angers.

Les *Poésies nouvelles* ont, comme les volumes précédents, deux gravures adorables : un portrait de l'auteur d'après le tableau de Landelle — de l'auteur à quarante ans — et une illustration de Bida, reproduite par Lalauze et représentant une scène de la *Nuit d'octobre*.

Nous félicitons la maison Charpentier de ces charmantes publications. Musset, présenté de cette façon élégante et artistique, c'est Musset tel qu'on le rêve sous la forme du livre.

Favart.

LE SIÈCLE, 19 MARS

C'est une charmante édition que celle-ci, et la plus portative que je connaisse. Deux volumes ont déjà paru, les *Premières poésies* et la *Confession d'un enfant du siècle*. Les *Poésies nouvelles*, ainsi que les

Contes, *Comédies* et *Proverbes*, viendront prochainement. Chaque volume doit être orné d'un portrait différent d'Alfred de Musset. Le portrait des *Premières poésies* est gravé à l'eau-forte par M. Waltner, d'après le médaillon de David (d'Angers). Celui de la *Confession* est plus curieux encore, c'est un portrait dessiné à la sanguine par M. Eugène Lami et reproduit en fac-simile par M. Legenisel. Il est daté de 1841 et d'une étonnante vérité. Quelques eaux-fortes d'après les dessins de Bida ajoutent encore à l'intérêt de ces ravissants volumes, qui sont de petits bijoux de finesse et d'exécution.

***

RÉPUBLIQUE FRANÇAISE, 25 FÉVRIER

...... Pour Musset, nous avons sous les yeux deux petits volumes d'un format exquis, la *Confession d'un enfant du siècle*, qui sera toujours un roman vrai et un document historique, et les *Premières poésies*, où l'amateur retrouve avec délices ce qu'il y a de plus durable et de plus spontané dans ce génie de la jeunesse. (Charpentier, 1876, in-32.)

LA PRESSE, 11 AVRIL

La maison Charpentier, qui, depuis longtemps, a le monopole des éditions des œuvres d'Alfred de Musset, nous en donne aujourd'hui une nouvelle. Ce sont encore les œuvres complètes de Musset, mais chaque partie peut être détachée de l'ensemble, auquel elle n'est reliée que par le nom de son auteur. D'un tout petit format, ces volumes, magnifiquement imprimés, joignent la beauté à la commodité. Ajoutons que chacun des sept volumes dont se composera cette édition sera orné d'un portrait différent de Musset et d'une eau-forte par M. Lalauze, d'après un des dessins faits par Bida pour la grande édition dédiée aux amis du poëte. Deux volumes ont déjà paru ; le premier contient les *Premières poésies*, datées de 1829 à 1835, et est orné d'un portrait de Musset d'après le médaillon de David d'Angers ; le second, qui renferme la *Confession d'un enfant du siècle*, possède un fac-simile du portrait en pied du poëte, dessiné à la sanguine par Eugène Lami. Nous annoncerons l'apparition des volumes suivants.

REVUE POLITIQUE, 4 MAI

Signalons aux amateurs une nouvelle édition charmante de Musset. Petit format, élégant et commode, impression très-nette, eaux-fortes, toutes les séductions en un mot.

Maxime GAUCHER.

JOURNAL DES DÉBATS, 5 FÉVRIER

La librairie Charpentier vient de mettre en vente les deux premiers volumes d'une nouvelle collection qui paraîtra sous ce titre : *Petite Bibliothèque Charpentier, collection de chefs-d'œuvre*, et qui renfermera, dans le format in-32 de poche, les ouvrages principaux des meilleurs écrivains contemporains. Cette collection, destinée à un succès général, ne s'adresse pas uniquement, comme celles de M. Jouaust ou de M. Lemerre, aux amateurs de beaux livres ou de jolis vignettes, à ceux qui se préoccupent beaucoup plus de la forme que du fonds, et pour lesquels toute œuvre est bonne qui est imprimée en caractères antiques sur un papier élégant, avec des culs-de-lampe et des illustrations dus au crayon d'artistes renommés. Il y a longtemps que la librairie Charpentier a la spécialité des éditions populaires, bien imprimées d'ailleurs, en gros caractères, commodes pour les gens qui aiment à avoir toujours un livre dans leur poche ou sous leur bras, afin de le lire et de le relire sans cesse dans leurs moments perdus. On lui doit une véritable révolution, essentiellement démocratique, qui a mis à la portée de tout le monde des ouvrages réservés longtemps à un public restreint : celle qui a substitué à l'in-8° d'un prix élevé et de dimensions gênantes l'in-18, plus maniable et accessible à toutes les bourses, même aux plus modestes. On ne voulait plus que des livres à bon marché : la librairie Charpentier en a fait : elle en a jeté dans le commerce des masses énormes. Historiens et philosophes, poëtes et romanciers, anciens et modernes, elle a tout imprimé et réimprimé. Grâce à elle, les chefs-d'œuvre de la littérature classique ont pu se trouver dans toutes les mains. Et, quant aux auteurs contemporains, combien d'entre eux ne lui sont-ils pas redevables d'une partie de leur rapide célébrité !

Mais, ce qui était jadis une nouveauté est presque passé de mode aujourd'hui. Le *format Charpentier* nous semble déjà lourd et épais. Combien de novateurs l'ont réduit, aminci, sont allés plus loin encore dans la voie de la librairie populaire et portative ! C'est pour ne pas se laisser distancer par des rivaux plus hardis que M. Charpentier a entrepris une collection de poche, élégante et solide, imprimée en caractères modernes, mais d'une netteté parfaite, décorée d'un petit nombre d'illustrations choisies avec goût, de manière à satisfaire la passion des délicats, tout en restant à la portée du grand public. Les deux volumes qui ont paru nous donnent une idée très-nette de ce que seront les autres. M. Charpentier a voulu commencer par Alfred de Musset, et c'était justice : parmi tous les auteurs contemporains qu'il a édités, aucun n'a obtenu un succès plus universel et plus durable. Mais ce ne sont pas les œuvres complètes d'Alfred de Musset qu'il compte publier dans ce nouveau format ; ce sont seulement les chefs-d'œuvre ou, si l'on préfère, les œuvres capitales, celles que tout le monde veut avoir, que tout le monde a lues, que beaucoup de personnes relisent souvent. Les *Premières poésies* et la *Confession d'un enfant du siècle* ouvrent la série, qui se continuera par les *Poésies nouvelles*, les *Comédies et Proverbes*, et que termineront les *Contes et Nouvelles*. Chaque volume sera orné d'un portrait différent d'Alfred de Musset et d'eaux-fortes par M. Lalauze, d'après M. Bida. En sept petits volumes on aura donc toute la substance d'Alfred de Musset, tout ce qui mérite de vivre, tout ce qui restera de cet étrange et charmant esprit, auquel il a manqué si peu de chose pour être un des premiers et le plus touchant des poëtes. Après Alfred de Musset viendront les principaux écrivains de notre époque, représentés également par leurs grands ouvrages, ceux qui sont en quelque sortes les monuments littéraires du siècle. N'est-ce pas une idée excellente de les réunir dans une collection à la fois artistique et populaire, dans de modestes quoique élégants volumes qui pourront aisément figurer dans toutes les bibliothèques, être emportés à la campagne, en chemin de fer, dans les promenades, dans les voyages, partout ? *Delectant domi, non impediunt foris ; pernoctant nobiscum, peregrinantur, rusticantur.*

BIBLIOTHÈQUE-CHARPENTIER
13, rue de Grenelle-Saint-Germain, Paris.

En vente :

L'ANNÉE POLITIQUE
Par ANDRÉ DANIEL
(PREMIÈRE ANNÉE)
1874

Précédée du récit des événements du 24 mai au 31 décembre 1873.
1 vol. grand in-18 jésus. 470 pages. — Prix : 3 fr. 50.

L'ANNÉE POLITIQUE
Par ANDRÉ DANIEL
(DEUXIÈME ANNÉE)
1875

Avec un Index raisonné
Un Tableau chronologique et synchronique, des Notes et des Documents.
1 vol. grand in-18 jésus. 450 pages. — Prix : 3 fr. 50.

Le 15 janvier 1877, paraîtra :
LA TROISIÈME ANNÉE
DE
L'ANNÉE POLITIQUE
(1876)
Par ANDRÉ DANIEL

Ce recueil, qui sera publié tous les ans vers le 15 janvier, contiendra l'histoire des événements de chaque année, ainsi que toutes les pièces et tous les documents importants relatifs à ces événements, une Table analytique, des Tableaux chronologiques et synchroniques, etc.
Chaque ANNÉE forme un vol. gr. in-18 jésus de 400 à 500 pages.
Prix : 3 fr. 50.

On souscrit d'avance à la Bibliothèque-Charpentier.
Pour recevoir les volumes parus, *franco et par retour du courrier*, accompagner sa demande du montant des ouvrages demandés en timbres ou mandats-poste.

L'ANNÉE POLITIQUE
Par ANDRÉ DANIEL

OPINION DE LA PRESSE
EXTRAITS DES JOURNAUX FRANÇAIS ET ÉTRANGERS [1]

JOURNAL DES DÉBATS.

Nous avons annoncé, il y a déjà longtemps, le premier volume d'une collection qui est appelée à rendre de bien grands services à tous ceux qui s'intéresseront au mouvement historique de notre époque : l'*Année politique*, de M. André Daniel.

... Le second volume, qui a paru au commencement de cette année, nous a paru sous bien des rapports supérieur au précédent : il est plus clair, mieux ordonné, et en quelque sorte mieux nourri. M. André Daniel y a donné une plus large place aux pièces diplomatiques, etc. C'est sur ces fondements et sur cette charpente réellement solide que M. André Daniel a élevé un récit très-simple, très-élégant et aussi impartial que possible de l'histoire des années 1874 et 1875.

... Nous recommandons en particulier l'exposé de la question d'Orient, dans l'*Année politique* de 1875. Nous venons de le relire afin de nous rappeler les origines de l'agitation qui trouble, préoccupe et tient en suspens toute l'Europe, et nous l'avons trouvé tellement complet et tellement lucide, qu'il nous a paru bon de le signaler aux personnes qui tiennent en ce moment leurs regards fixés sur la presqu'île des Balkans.

LE XIXᵉ SIÈCLE.

... L'auteur a commencé en 1875 son entreprise, et la revue qu'il a donnée alors de l'année 1874 se recommandait par l'impartialité des jugements et la sobriété du style. Son résumé de l'histoire politique de 1875, que nous venons de lire, nous paraît encore plus près de la perfection.

Tout libéral et tout républicain qu'il soit, M. André Daniel s'est fait une règle absolue de l'impartialité. Il est impartial au point d'en devenir, à nos yeux, quasiment angélique.

Ce que le lecteur lui demande, ce sont des informations qu'on ne puisse jamais suspecter d'avoir été altérées par le parti pris ; or, il les trouvera toujours, complètes, précises et sûres dans cet annuaire historique écrit froidement par un honnête homme qui parle de M. Buffet avec le même flegme que d'un contemporain de Sésostris.

Le succès de l'œuvre entreprise par M. André Daniel et son excellent éditeur, était déjà grand l'année dernière, et nous sommes certains qu'il ira croissant cette année.

PETIT JOURNAL (29 janvier 1876).

On oublie vite en France et on se lasse facilement.

Par bonheur, il y a des travailleurs patients qui colligent des matériaux pour les futurs historiens ; je recommande surtout l'*Année politique* 1875

---

1. Ne pouvant citer tous les articles publiés sur l'*Année politique*, nous nous sommes particulièrement attachés à donner des extraits des journaux français et étrangers appartenant aux opinions politiques les plus diverses.

que publie M. André Daniel. C'est un résumé très-clair et très-vivant, très-libéral et très-impartial des événements qui se sont déroulés du 1er janvier au 31 décembre dernier.

JOURNAL DE GENÈVE (20 mars 1876).

Le journal procède au jour le jour, et bien souvent l'enchaînement des événements disparaît au milieu des nouvelles complications qui surgissent d'un autre côté de l'horizon politique. M. Daniel a cherché et, il y a fort bien réussi, à renouer cette trame et à présenter un ensemble là où il semblait qu'il n'y eût que détails.

LA GAZETTE DU MIDI.

. . . .

Tous ceux qui sont mêlés aux événements trouveront là le plus utile auxiliaire de leurs travaux, et le répertoire exact de tous les faits qui se sont passés.

C'est à ce titre de répertoire que nous signalons le livre de M. Daniel. *Ses idées politiques ne sont pas les nôtres.*

... Aussi ce volume n'est-il pas un traité dans lequel nous conseillons au lecteur d'aller étudier la politique de notre temps ; c'est comme *memento* avec documents et pièces justificatives qu'il rendra de grands services aux hommes qui s'intéressent aux événements contemporains.

LE RAPPEL (22 mars 1876).

C'est une excellente idée qu'à eue M. Daniel de publier tous les ans, en janvier, un résumé des événements politiques de l'année précédente. Il en est à sa deuxième année et à son deuxième succès.

REVUE DU MONDE CATHOLIQUE (25 mars 1876).

L'*Année politique* de M. Daniel est, comme l'indique son titre, le résumé des faits et des événements qui ont eu trait à notre politique intérieure pendant l'année 1875. Ce résumé, écrit avec soin et généralement exact, est fait surtout au point de vue républicain. Toutefois, il faut reconnaître que l'auteur s'est efforcé de rester impartial et courtois pour tous les partis, sauf quelquefois pour les bonapartistes, envers lesquels il se montre peu sincère.

Par contre, il ménage les radicaux, à qui toutefois, il faut l'avouer en toute sincérité, il ne craint pas de donner tort à l'occasion.

LE SIÈCLE (30 janvier 1876).

Voici un bon livre. Ce n'est pas un livre brillant, c'est mieux, c'est un livre utile.

. . . .

... Ce livre a donc sa place marquée dans toutes les bibliothèques. Un appendice composé de pièces justificatives complète ce volume. On y trouve le compte rendu des principales séances de la chambre, etc., etc.

BULLETIN DE LA RÉUNION DES OFFICIERS (de terre et de mer).

« C'est icy un livre de bonne foy, lecteur, » où se trouvent réunis avec ordre et analysés avec impartialité les événements les plus marquants de l'année 1875.

Après avoir lu avec attention ce deuxième fascicule de la revue périodique annuelle fondée par M. André Daniel, nous ne pouvons que souhaiter la bienvenue à l'*Année politique*, et conseiller à ceux qui ne veulent pas rester étrangers aux questions politiques ou militaires de la classer dans leur bibliothèque.

LA PATRIE (31 janvier 1876).

Le premier volume de cette publication a paru l'an dernier, et nous devons ajouter qu'il a obtenu un grand succès.

... Environ quatre cent cinquante pages consacrées chaque année à la politique, c'est beaucoup plus que n'en donne d'ordinaire l'histoire.

LA PRESSE (24 mai 1876).

Le second volume de l'*Année politique*, contient un récit serré, net et clair, de tous les événements qui se sont accomplis en France et à l'étranger pendant l'année 1875. Le récit de M. Daniel offre le même attrait que la représentation d'une pièce intéressante que l'on a déjà vu jouer une fois, dont on connaît toute l'intrigue et tous les détails, mais que l'on est heureux de revoir dans son ensemble.

L'ÉCHO UNIVERSEL (29 avril 1876).

... Dans ces pages, écrites avec la plus sincère impartialité, M. Daniel a compris qu'il importait surtout de réunir des textes disséminés dans les publications quotidiennes et que le lecteur ne saurait retrouver sans beaucoup de temps et de recherches.

LA LIBERTÉ (8 février 1876).

Sobre de détails et d'anecdotes, mais n'omettant aucun trait caractéristique, ce volume est indispensable à tous ceux qui s'occupent de politique et qui ont besoin, pour éviter des recherches souvent très-longues, d'un *memento* assez étendu où chaque fait important soit enregistré et classé.

SATURDAY REVIEW (à Londres).

Le second volume de l'*Année politique* de M. Daniel est, à certains égards, un perfectionnement décisif du premier. En outre, donnant un aperçu très-complet et impartial de l'histoire de France durant les douze derniers mois, il y est accordé une plus large place aux pièces politiques et autres documents officiels, et le volume est complété par un tableau synchronique.

LA PATRIE (de Genève).

J'ai à signaler aujourd'hui un excellent ouvrage; je veux parler de l'*Année politique* 1875, par M. André Daniel, qui a paru chez Charpentier.

Cet ouvrage est bien le mémorandum le plus utile que je connaisse pour tous ceux qui ont besoin de chercher dans le passé soit un événement, soit une date.

LE COURRIER DE L'EUROPE (à Londres).

L'*Année politique* 1875, par André Daniel, en est à sa deuxième année et à son deuxième succès.

. . . .

Tous ceux qui éloignés de France ne peuvent suivre au jour le jour les événements de la politique, se trouvent en quelques heures informés et mis au courant de toutes les questions qu'il leur importe de connaître.

Paris. — Impr. Viéville et Capiomont, 6, rue des Poitevins.

BIBLIOTHÈQUE-CHARPENTIER

13, rue de Grenelle-Saint-Germain, Paris.

En vente

LES ANNALES DU THÉATRE

ET DE LA MUSIQUE

Par Édouard NOEL et Edmond STOULLIG

(PREMIÈRE ANNÉE)

1875

Avec une Préface
DE FRANCISQUE SARCEY

1 vol. grand in-18 jésus, 680 pages. — Prix : 3 fr. 50.

Pour paraître dans le courant de janvier 1877 :

LES ANNALES DU THÉATRE

ET DE LA MUSIQUE

Par Édouard NOEL et Edmond STOULLIG

(DEUXIÈME ANNÉE)

1876

1 vol. grand in-18 jésus. — Prix : 3 fr. 50.

Chaque année paraîtra vers janvier un volume des *Annales du théâtre et de la musique* de M. Éd. NOEL et Edm. STOULLIG.

Prix de chaque volume, 3 fr. 50. Envoi *franco* par la poste dans toute 'union postale.

OPINION DE LA PRESSE

EXTRAITS DES JOURNAUX FRANÇAIS ET ÉTRANGERS

LE FIGARO.

La librairie Charpentier vient de publier les *Annales du théâtre et de la musique*, avec une préface de Francisque Sarcey, par MM. Édouard Noël et Edmond Stoullig.

Ce livre est un curieux recueil contenant les faits et gestes de tous les théâtres parisiens pendant l'année qui vient de s'écouler.

Ce volume ne sera pas, comme tant d'autres, un ballon d'essai lancé au hasard et qui crèvera en l'air. C'est le premier anneau d'une chaîne qui se continuera longtemps. La collection est de celles qui auront leurs places marquées dans toutes les bibliothèques, et chaque volume s'y ajoutant, augmentera le prix de ses devanciers.

Le Masque de Fer.

GAULOIS (18 février).

... Ce premier volume, qui est accompagné d'une très-intéressante préface de M. Sarcey, renferme l'histoire du théâtre à Paris, en province et à l'étranger pendant l'année 1875, et de tous les événements se rapportant à la littérature dramatique et musicale. Il a sa place marquée d'avance dans la bibliothèque de tous ceux qui s'occupent des choses théâtrales.

F. Oswald.

L'ÉVÉNEMENT (13 février).

Nous recevons un gros volume intitulé : les *Annales du théâtre et de la musique*, par MM. Édouard Noël et Edmond Stoullig.

C'est le relevé complet, fait avec le plus grand soin et une parfaite exactitude, des œuvres et des événements dramatiques et lyriques qui se sont produits dans le courant de l'année 1875.

Nous prédisons un réel succès à cette nouvelle et intéressante publication.

Georges Duval.

JOURNAL DES DÉBATS (15 février).

Francisque Sarcey présente les auteurs ainsi au public : « M. Noël s'est voué à la littérature dramatique et a fait jouer, en attendant mieux, en province, à Lyon, plusieurs pièces de sa façon. M. Stoullig a donné et donne encore à divers journaux des feuilletons de critique théâtrale. Ils sont, comme vous le voyez, gens du métier. » J'ajouterai que les feuilletons de M. Stoullig sont généralement fort bien pensés et fort bien écrits, et qu'on retrouve la netteté de son style et la sûreté de son jugement dans les courtes appréciations que renferme l'ouvrage patronné par M. Francisque Sarcey, et qu'à mon tour je recommande aux artistes et au public.

E. Reyer.

LA LIBERTÉ (20 mars).

Une préface de M. Francisque Sarcey explique parfaitement la valeur et la difficulté d'un semblable travail. Ainsi fait, il devient à la fois très-curieux et très-utile à consulter. Notre théâtre revivra tout entier dans ces *Annales*. Nous avons pu déjà remarquer, dans cette première série, une grande exactitude dans les faits et une scrupuleuse intégrité dans les jugements.

L. P. Laforêt.

LE TEMPS (22 février).

Les auteurs ont évidemment cherché à être aussi complets et aussi exacts que possible. Pour rendre leur volume plus intéressant, ils ont donné un compte rendu sommaire de toutes les représentations qui ont offert quelque importance. Ils ont reproduit aussi les programmes des concerts du Conservatoire, mais seulement à partir du mois de novembre.

J. Weber.

LE MONITEUR UNIVERSEL (24 février).

Tout en restant méthodiques et précis, les jeunes auteurs ont su donner à ces espèces de procès-verbaux une couleur séduisante et variée ; les incidents de chaque représentation, les indispositions des acteurs, les changements d'affiches, tout s'y trouve noté avec une exactitude sténographique.

Quelquefois même nous sommes initiés discrètement aux petits drames ou aux petites comédies qui se passent derrière la toile ; ici l'on nous montre les embarras et les désespoirs d'un directeur, là on nous laisse entrevoir telle petite rivalité, telle petite jalousie d'artistes, qui parfois suffisent pour arrêter dans son vol vers le succès la pièce la mieux lancée.

LE SIÈCLE (28 février).

J'ai lu avec intérêt et je consulterai souvent ce volume, excellent, clair, bien écrit, méthodiquement composé, d'une grande impartialité, et qui s'offre aux curieux des choses du théâtre et de la musique comme le fidèle tableau du mouvement dramatique pendant l'année 1875. Rien de ce qui peut intéresser la littérature dramatique et l'art musical n'a été omis dans ce recueil.   E. DE BIÉVILLE.

LE XIXᵉ SIÈCLE (15 février).

Mon confrère Francisque Sarcey a mis en tête des *Annales du théâtre et de la musique* une introduction, en forme de préface, qui recommande, avec cette autorité qu'il possède aujourd'hui, l'œuvre intéressante de MM. Noël et Stoullig. Ayant aussi quelque compétence en la matière, j'oserai offrir à mon tour aux courageux chroniqueurs qui nous présentent aujourd'hui leurs premiers travaux, mes félicitations bien sincères et mes encouragements.   CH. DE LA ROUNAT.

LA PRESSE (15 février).

J'ai reçu le premier volume d'une collection qui, d'année en année, rendra un véritable service à tous ceux qui s'occupent des choses du théâtre, écrivains ou amateurs.....

Le volume est compact, plein de faits curieux et complets. Rien de plus utile et de plus intéressant que ces sortes de répertoires. Celui-ci est excellent.   JULES CLARETIE.

REVUE DE FRANCE (mars 1876).

Ce volume est un résumé complet et assez détaillé de tout ce qui touche aux choses du théâtre. Il peut et doit être utile à ceux que les questions de cette nature intéressent et qui trouveront ainsi sous leur main tous les renseignements qu'ils peuvent désirer, date et nombre de représentations de chaque ouvrage, distribution des rôles, analyse et examen critique des pièces.

OPINION NATIONALE.

Les *Annales du théâtre et de la musique*, c'est tout simplement le résumé très-complet, très-soigné, très-exact des œuvres et des événements dramatiques et lyriques qui se sont produits dans le courant de l'année 1875 ; la liste et l'analyse raisonnée des pièces jouées à Paris et en province, les concours du Conservatoire, les comptes rendus des Assemblées des sociétés des auteurs et des artistes dramatiques, un rappel de tous les faits saillants rendu intéressant par des appréciations consciencieuses et réfléchies.

Ce n'est plus de la critique improvisée au jour le jour, c'est, en quelque sorte, de l'histoire écrite avec calme et impartialité.

GUSTAVE RICOUART.

SATURDAY REVIEW.

... Nous avons nommé M. Sarcey en connexion avec les *Annales du théâtre*, mais il serait plus exact de dire qu'il agit seulement comme chaperon de MM. Ed. Stoullig et Ed. Noël ; il est néanmoins responsable à un certain degré des écrivains qu'il introduit, et la collaboration de ces trois gentlemen a produit une œuvre très-intéressante (*and the collaboration of his three gentlemen has produced a very interesting work*).

Des listes bibliographiques et nécrologiques complètent ce volume qui épuise le vaste sujet (*which exhausts the wede subject*) du drame et de la musique pour l'an 1875.

LE TEMPS (14 février).

C'est le premier volume d'une série qui sera continuée. Il me semble que c'est ce qu'on a fait jusqu'à ce jour de plus complet, de mieux ordonné, et même de plus agréable à lire en ce genre.

FRANCISQUE SARCEY.

LE GUIDE MUSICAL (17 février).

A part quelques imperfections de détails, inhérentes d'ailleurs à la première année d'une publication de ce genre, il est fort bien fait et de nature à rendre d'utiles et réels services aux amateurs, aux gens du monde et surtout aux travailleurs.

ARTHUR POUGIN.

REVUE POLITIQUE (11 mars).

... Leur volume, très-exact, très-complet, contient l'histoire du mouvement dramatique et musical tant en province qu'à Paris. C'est plus qu'une nomenclature : les ouvrages sont analysés et appréciés selon leur importance ; à la fin même on trouve une conclusion philosophique et morale. M. Sarcey a présenté l'ouvrage et les auteurs au public dans une très-agréable préface.

MAXIME GAUCHER.

JOURNAL DE PARIS (14 février).

La France aime le théâtre avec passion. Une publication destinée à passer en revue tous les événements dramatiques de l'année est donc assurée d'y recevoir un bon accueil, sans compter que, si elle est faite avec soin, avec conscience, elle rend un véritable service à tous ceux qui, par profession, ont à se tenir au courant des faits et gestes de l'art dramatique.

Tel est précisément le caractère de l'ouvrage publié par MM. Noël et Stoullig. Il est composé avec un soin minutieux ; aucun fait, si petit qu'il soit, aucune date n'y sont oubliés.

JULES GUILLEMOT.

Paris — Typ. G. Chamerot, rue des Saints-Pères, 19.

www.ingramcontent.com/pod-product-compliance
Lightning Source LLC
Chambersburg PA
CBHW060401170426
43199CB00013B/1960